宮崎正勝 著　葉婉奇 譯

◎中華世界的演變

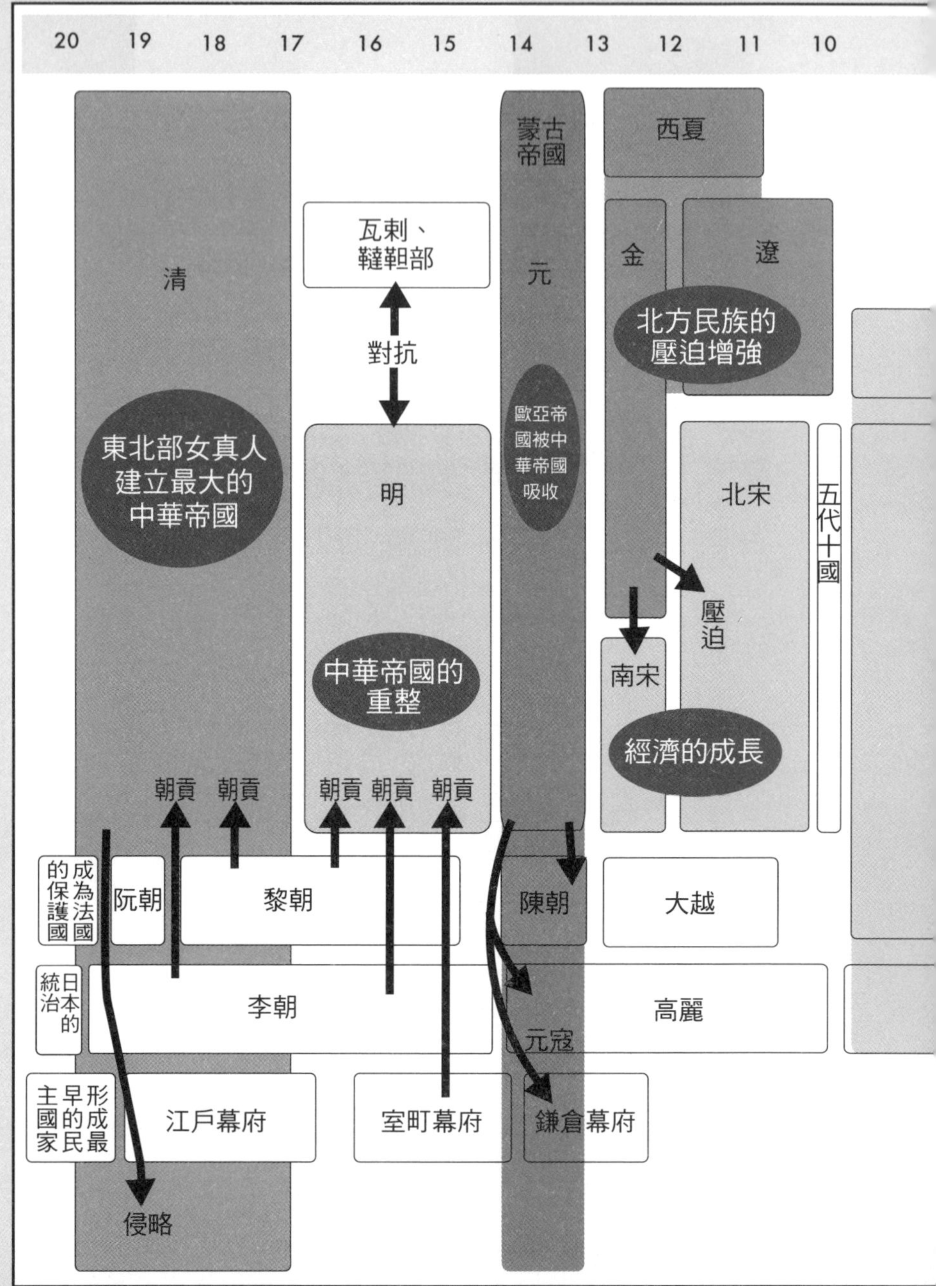

20
19
18
17
16
15
14
13
12
11
10
清
東北部女真人
建立最大的
中華帝國
瓦剌、
韃靼部
對抗
明
中華帝國的
重整
蒙古
帝國
元
歐亞帝
國被中
華帝國
吸收
西夏
金
遼
北方民族的
壓迫增強
北宋
五代十國
壓迫
南宋
經濟的成長
朝貢
朝貢
朝貢
朝貢
朝貢
成為法國的保護國
阮朝
黎朝
陳朝
大越
日本的統治
李朝
高麗
元寇
形成最早的民主國家
江戶幕府
室町幕府
鎌倉幕府
侵略

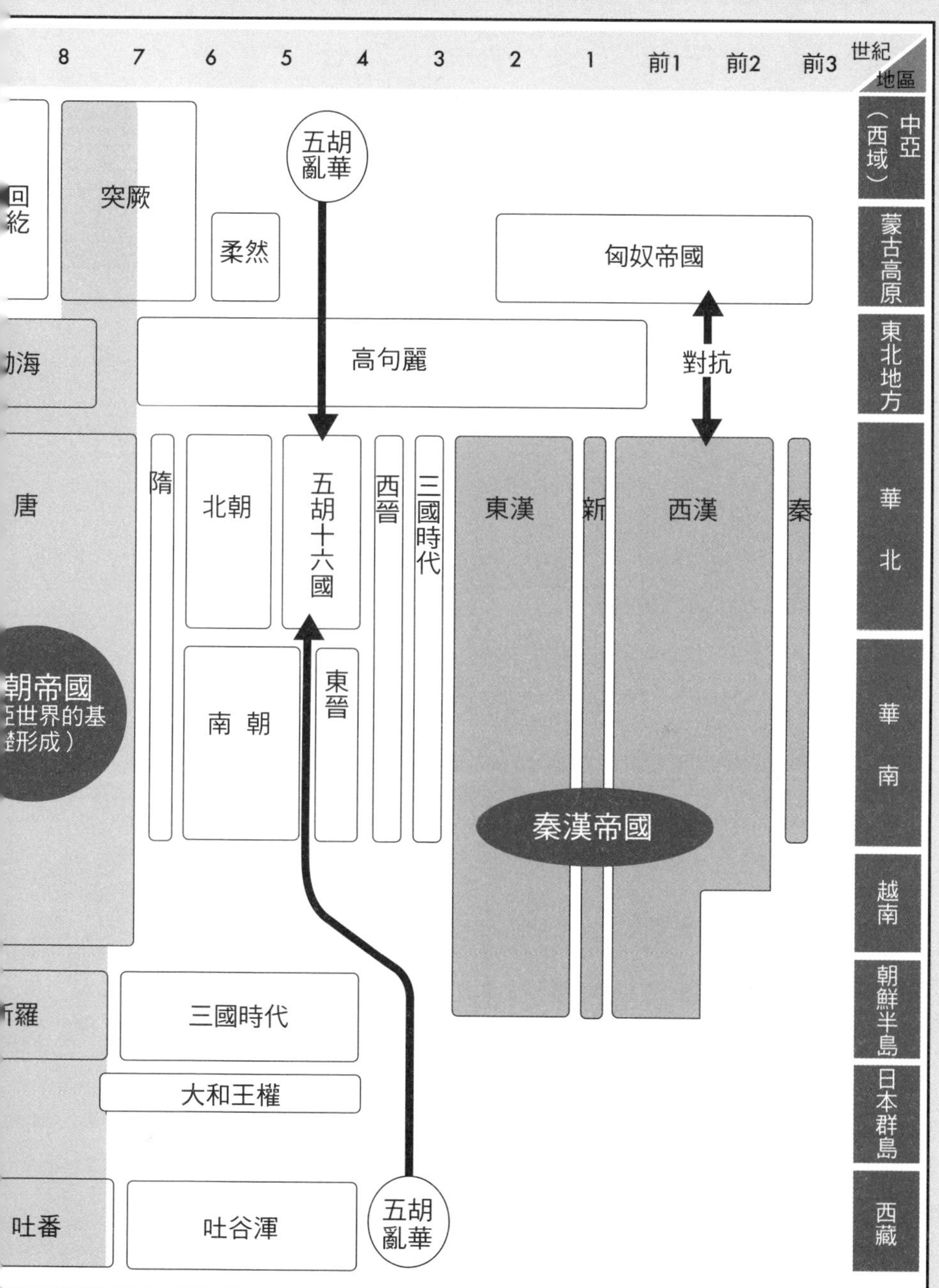

世紀
地區
8
7
6
5
4
3
2
1
前1
前2
前3
中亞（西域）
蒙古高原
東北地方
華北
華南
越南
朝鮮半島
日本群島
西藏
回紇
突厥
五胡亂華
柔然
匈奴帝國
渤海
高句麗
對抗
唐
隋
北朝
五胡十六國
西晉
三國時代
東漢
新
西漢
秦
朝帝國
世界的基
形成）
南 朝
東晉
秦漢帝國
新羅
三國時代
大和王權
吐番
吐谷渾
五胡亂華

◎從歐美各國的入侵、中華秩序的瓦解

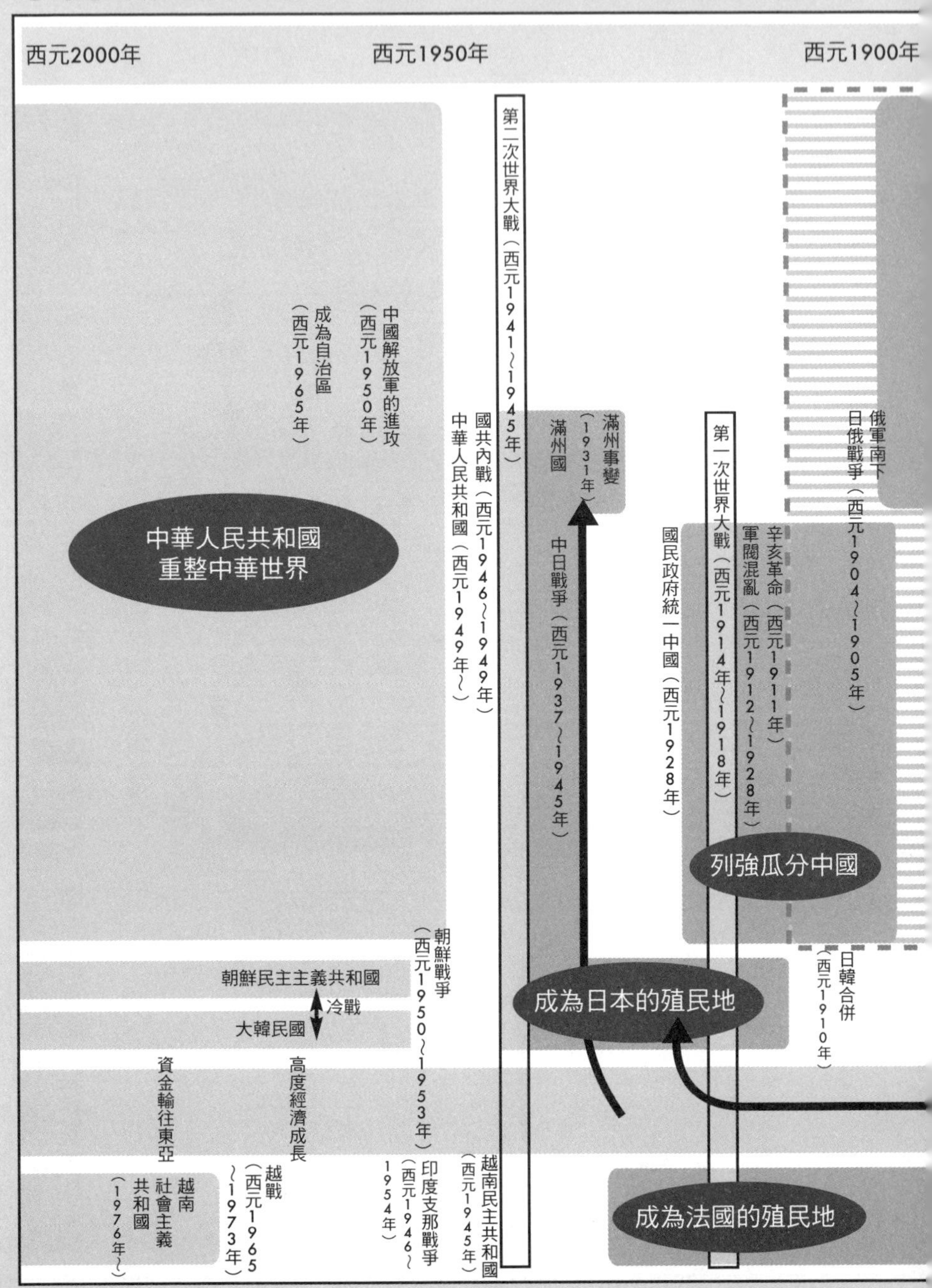

西元2000年
西元1950年
西元1900年
第二次世界大戰（西元1941～1945年）
中國解放軍的進攻（西元1950年）
成為自治區（西元1965年）
國共內戰（西元1946～1949年）
中華人民共和國（西元1949年～）
滿州事變（1931年）
滿州國
中日戰爭（西元1937～1945年）
第一次世界大戰（西元1914年～1918年）
國民政府統一中國（西元1928年）
軍閥混亂（西元1912～1928年）
辛亥革命（西元1911年）
俄軍南下
日俄戰爭（西元1904～1905年）
中華人民共和國
重整中華世界
列強瓜分中國
朝鮮戰爭（西元1950～1953年）
朝鮮民主主義共和國
冷戰
大韓民國
日韓合併（西元1910年）
成為日本的殖民地
資金輸往東亞
高度經濟成長
越南社會主義共和國（1976年～）
越戰（西元1965～1973年）
印度支那戰爭（西元1946～1954年）
越南民主共和國（西元1945年）
成為法國的殖民地

到民主國家的形成

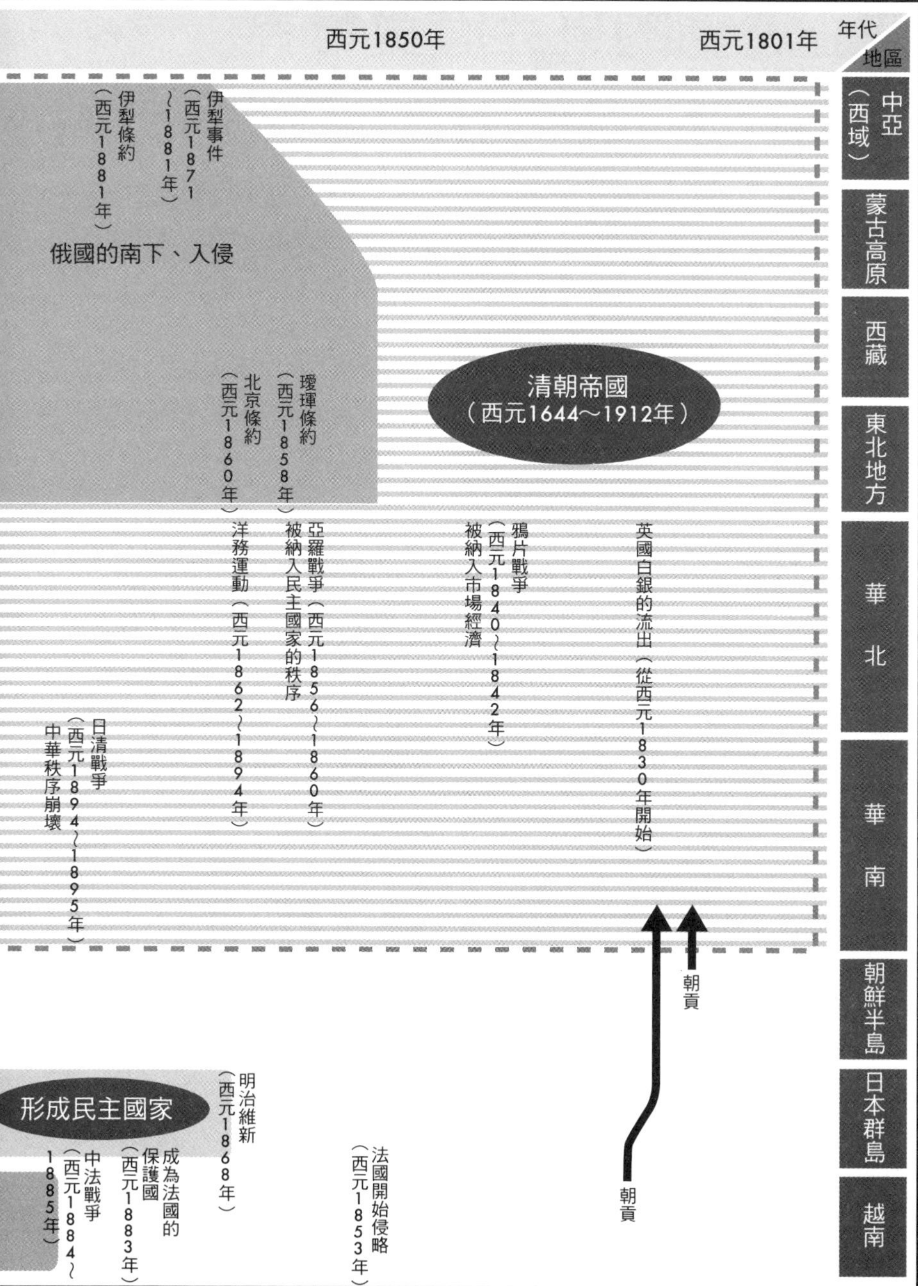
年代
地區
西元1801年
西元1850年
中亞（西域）
蒙古高原
西藏
東北地方
華北
華南
朝鮮半島
日本群島
越南
清朝帝國（西元1644～1912年）
伊犁事件（西元1871～1881年）
伊犁條約（西元1881年）
俄國的南下、入侵
瑷琿條約（西元1858年）
北京條約（西元1860年）
英國白銀的流出（從西元1830年開始）
鴉片戰爭（西元1840～1842年）
被納入市場經濟
亞羅戰爭（西元1856～1860年）
被納入民主國家的秩序
洋務運動（西元1862～1894年）
日清戰爭（西元1894～1895年）
中華秩序崩壞
朝貢
朝貢
明治維新（西元1868年）
形成民主國家
法國開始侵略（西元1853年）
成為法國的保護國（西元1883年）
中法戰爭（西元1884～1885年）

波心連動的東亞歷史世界

文◎甘懷真
（台灣大學歷史學系教授）

《圖解東亞史》的中譯本即將問世。承易博士出版社主編之囑託，為本書寫序，並向讀者略加介紹。多年來，我一直推動歷史普及教育，或稱「歷普」，尤其是以中國史為主的東亞史的歷史教育，故樂意向讀者推薦本書。

據我所知，《圖解東亞史》一書是易博士出版社繼《圖解哲學》、《圖解心理學》、《圖解社會學》等書之後，另一本圖解系列的歷史普及書。日前，台灣社會激情地討論高中歷史教科書，沒有人會否認高中歷史教科書對於歷史教育的重要性，我自己也正是教科書的作者之一。但台灣當下需要的不是一本由國家所推出的教科書，而是民間社會所呈現的多元思考觀點下的各類專書，且是優質的普及書。而目前台灣的史學界由於法規的束縛，學院中的學者多僅能致力於專業的研究。故藉由翻譯外國的歷史普及書也不失為一種突破的方式，或許能為台灣的歷史教育帶來一絲新氣象。至少我是這樣期待著。

本書作者宮崎正勝教授任教於日本北海道教育大學，是日本的師範體系出身，長期從事歷史教育與歷普書寫作，尤其是以中國史為中心的世界史，成果斐然。日本有很好的歷普書寫作發行的傳統，我想不用提供數據，只要各位有機會去逛日本的大型書店，應該會驚訝於日本的歷史普及書的質精量多。日本歷普書的發達與專業，是台灣文化界要迎頭趕上的。我也希望將來有更多的日文歷普書能在台灣翻譯出版。

「東亞史」對於許多讀者而言，或許有些陌生。我因近年來，負責台灣大學新設立的「東亞文明研究中心」若干行政與研究工作，故也積極推動台灣的東亞史研究。東亞史一詞及其概念源自日本。自十九世紀後期起，有一些日本有志之士在面對西方帝國主義時，不只思考日本的命運，也一併思及中國及其周邊地域，於是有「東洋」與「東亞」概念的形成。在前近代，中國及其周邊地區，尤其是今天的日本、韓國與越南等國，是一個「歷史世界」。即這個地區做為一個整體，其文化發展有別於其他「歷史世界」，如伊斯蘭世界、基督教世界等。遺憾的是，日本的軍國主義者利用「東亞」概念發動侵略戰爭，使二次大戰期間，東亞地區生靈塗炭。這也使得「東亞」一詞在戰後的某些場合成為禁忌。

在戰後的新時代，隨著全球化的發展，「世界史」的呼聲高漲。誠然，未來的歷史教育是以世界史為主軸。然而，也如戰後東亞史研究的奠基者日本東京大學名譽教授西嶋定生所說，我們要將國家的歷史放入世界史的視野中，但前近代的世界是複數的世界，各有其發展的法則。而中國與日本是屬於「東亞世界」。也在這些東亞史先驅的努力下，戰後日本的中國史研究，相較於其他學術社群，更重視東亞的整體觀點。但我要提醒讀者的，東亞做為歷史學的概念，其空間範疇為何，自可因不同的研究目的而有不同的定義。如有些學者在談「東亞民主」時，此東亞可能包括印度。而日本的東亞史之東亞，通常是指中國及其周邊的農業地區，主要包括日本、韓國與越南。

我也強調東亞的視野與方法。十九世紀以來，歷史學的主流是國別史，如中國史、日本史、法國史等。但「民族（國家）」(nation)卻是一個起源於西歐的近代事物。如果我們僅以國家的框架去思考歷史，如以當代中國的空間概念去思考中國歷史的發展，即使沒有誤解，也留下太多盲點。好比儒學源於中國，但在歷史上，其發展的範圍並不以中國為限。歷史上沒有「中國儒學」的概念。又如本書所提及的近世「東亞海上貿易」，這些歷史事實既不屬於中國，也不屬於日本、韓國，卻對這些國家影響深刻。過去的中國史研究少談東亞海域，即是受限於國別史的視野。

東亞史是一個鉅大的學術分野，自可以有不同的立足點。本書作者宮崎正勝教授是站在中國史的立場上，考察東亞歷史。即作者自序所說的「以『中國世界』為中心的東亞歷史。」故本書的重點置於中國的政治、社會與文化發展如何與周邊地區互動。我想這個層面是過去教科書少著墨，而台灣讀者應該重視與感興趣的。過去台灣的中國史研究太強調中國做為一個自我完成的體系，其實中國的各種政治運動與社會經濟發展經常猶如波心，震盪及於日、韓等國。另一方面，中國周邊的歷史躍動，也屢屢撼動自以為不動的「天朝」。

在歷史學說競逐的今天，不可能有一本歷史專書代表史學界的共識。本書所言雖然許多地方仁智互見，但多有所依據。而且像這樣「圖解」的書，方便閱讀與思考，必定是將來各類知識普及書的趨勢。我希望讀者在繁忙的正業之餘，能在一個禮拜內讀畢本書。然後對歷史學產生更大興趣，進而接觸五花八門的歷史圖書。如果是這樣，這本書就算成功了。

甘懷真

2004年12月12日於台大歷史系研究室

重新省視亞洲世界

二十一世紀對我們來說，是一個眾多課題急需解決的時代。雖然諸課題產生的原因之一，是來自於已陷入金屬疲勞的日本諸制度，但最大的原因還是經濟全球化，和八〇年代以後日本四周世界情勢的急劇變化。冷戰結束後，以中國為中心的東亞、東南亞世界產生了很大的變化，不管我們喜不喜歡，當今我們不得不重視身旁的亞洲世界。

日本被中國（面積占全世界的七．二％，人口占二十一．二％）、蘇俄（面積占全世界的十三％，人口占二．六％）、以及已經在東亞建立霸權的美國（面積占全世界的七％，人口占四．六％）這三個世界（雖然形式上是一個國民國家，但實際上卻是一個世界）所包圍。這三個世界加起來，面積占全世界的二十七％以上，人口占二十八％以上。

想想從明治維新到太平洋戰爭的歷史、以至於戰後的歷史，也都和這三個世界有關連。尤其是中國與日本的發展關係密切，但日本年輕人卻鮮少關心這個國家。

回頭看看我們自己的青春時代，想必像記者A（Agnes） Smedley、EdgarSnow那樣寫下對中國革命運動懷抱浪漫共鳴的著作、對新生的中國充滿美麗的幻想、對人類社會的未來充滿夢想的年輕人一定很多。就連我也是因為受到女記者作家Smedley著作的影響，被中國所吸引而開始學習東亞史。

但是，往後中國社會的發展，卻讓人看到實際上一點也不浪漫的情事。激烈震盪、充滿苦悶的中國社會，已經逐漸失去Smedley筆下所描繪的幻影。

當有人找我寫《世界史》的姊妹版《東亞史》時，我雖然認為「東亞史」這個主題很老舊，但卻非常希望寫下以中國世界為中心的東亞歷史。這是因為我對跟隨自己大半輩子的中國世界有難以割捨的情感。現代史往往有很強烈的意識形態色彩，所以我想採連貫四千年歷史的方式，簡明地描述和過往歷史之間產生斷層的中國世界。

可是進入實際的寫作後，快樂的背後卻是一連串的艱困作業。附在每章開頭的概念地圖，以及附在本文內的地圖、略圖、概念圖等，到底可以將包含日本群島在內的「中華世界（東亞世界）」發展至今的歷史活力、樂趣印象提高到哪個程度，只有仰賴各位讀者的判斷。

日本人所處的世界，直到十九世紀都是中華世界，之後又被納入以歐洲為中心的世界，變成前述三極結構的世界，然後更進一步地變成地球規模的世界。尤其是八〇年代以後，中國發生了戲劇性的變化，劇烈改變外貌的龍，將對人類社會的未來帶來多方面的影響。如果大家可以重新正視中國歷史的厚度、能量、可能性和不安定的因素，那就太好了。

宮崎正勝

第2章 秦漢帝國和匈奴帝國

第3章 隋唐帝國和中華世界的成長

第4章 成熟的都市與來自北方的威脅

第5章 被納入歐亞帝國的中華世界

第6章 萬里長城和大量白銀的往來

第7章 清朝帝國和歐洲入侵

第8章 民族主義的興起

第 9 章 世界大戰和改變了樣貌的東亞

第10章 朝向全球化革命的時代

第1章 廣大的黃土高原

在遼闊土地上不斷出現的都市國家

⊙文明從黃河流域中游展開

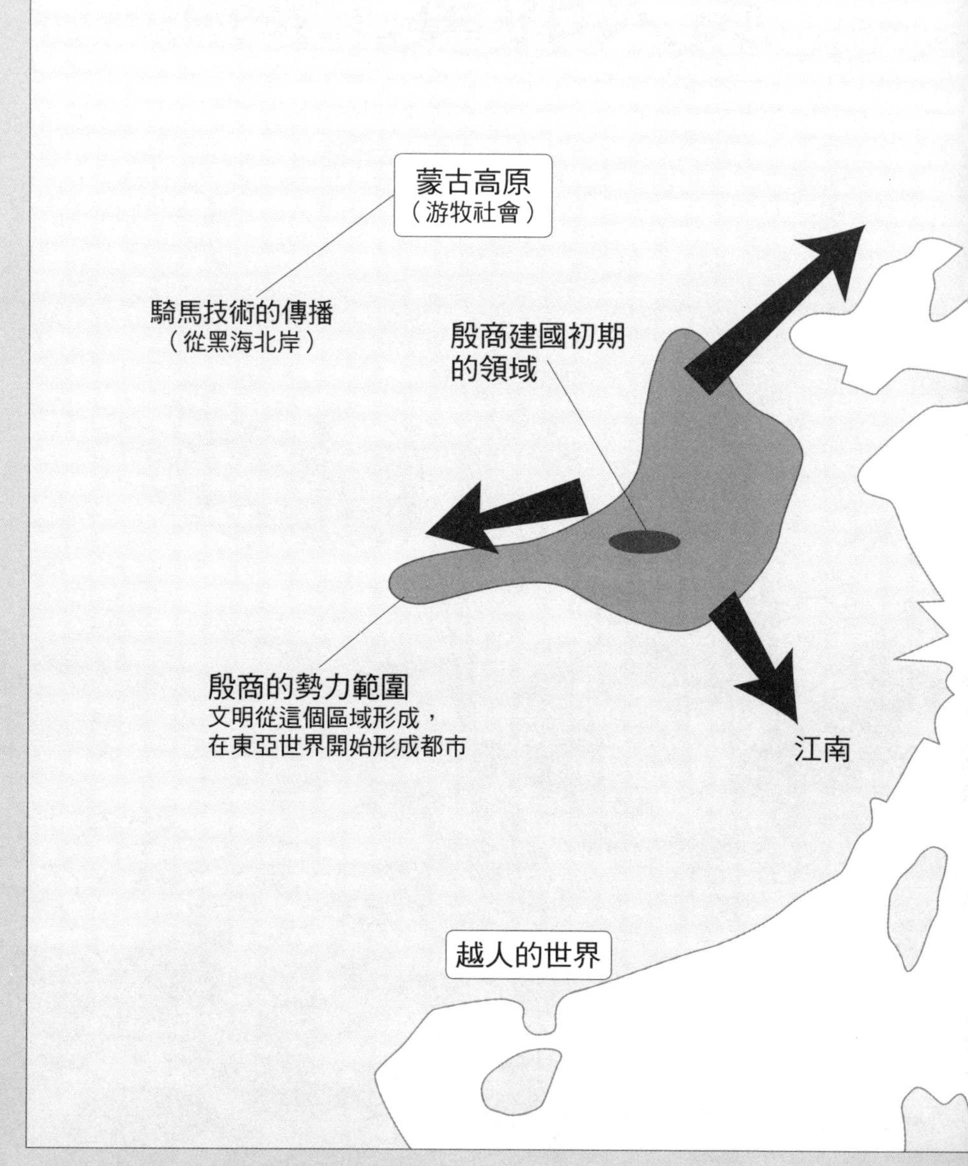

東北
（狩獵、採集社會）
朝
鮮
日本群島
（狩獵、採集社會）

【先祖的出現】

中華世界是形成自歐亞大陸東側、獨立而強大的一大世界。但人類的祖先是何時在這塊土地上出現的呢？

目前以雲南省所發現的一百萬年前的元謀原人化石最為古老。而陝西省藍田原人約六十萬年前、在北京周口店發現的北京原人則約五十萬年前。我們的直系祖先則約在五萬年前出現。

【被開墾的原野】

在肥沃黃上堆積著二十～三十公尺高的黃土高原，大約從六千年前開始農耕。栽培小米、稗，飼養豬隻、使用彩紋土器（彩陶），這段時期被稱為仰韶文化。最近，在長江流域又發現青蓮崗文化等以稻作為中心的古農耕文化。

到了約四千年前，因人口增加，聚落的規模逐漸擴大，形成了以黃河下游為中心、薄而黑的黑陶為代表的文化，稱之為龍山文化。此時已經開始有小規模的都市出現。

公元前4000年左右	公元前2000年左右	公元前1600年左右	公元前1027年左右	公元前770年
仰韶文化	龍山文化	殷商王朝建立	商周革命 ◆建立周朝	周平王遷都洛邑 ◆春秋時代開始

【都市國家結盟和封建制度】

不久，血緣性的聚落（稱作「邑」）以都市為中心相互結合，形成了都市國家。反覆不斷的征服行動，形成以大邑（大都市）為中心的都市國家聯盟。夏、商、周雖然規模不同，但都屬都市國家聯盟。在殷商，君王是上帝（宇宙的統治者）的後裔，負責占卜神旨，進行統治；但到了周朝，則是以君王為頂點的統治階級（貴族），透過血緣的大家族制度（封建制度）進行統治。

【相互競爭的七大國】

從公元前七七〇年因為西方蠻族的入侵，將首都遷移到東邊的洛邑（洛陽）之後，直到公元前二二一年秦統一天下的約五百五十年間，史稱春秋戰國時代。在這個時期，因為鐵器和新農耕法的普及、大規模的開墾、人口的增加、都市和經濟的成長，中華世界範圍逐漸擴大，並透過不斷的戰爭，出現了統治幅員廣大的領域國家。之後，史稱「戰國七雄」的七大國家相互爭霸，最後由已成為壓倒性大國的秦併吞六國，統一天下。

公元前551年左右	公元前473年	公元前403年	公元前372年	公元前359年
孔子誕生（～公元前479年）	吳越之爭 ◆吳王夫差被越王勾踐打敗	戰國時代開始	孟子出生（～公元前289年）	商秧改革（變法）

公元前2500年～前1500年　中國文化的黎明期

從黃河和長江產生的中華文明

古代的中國文化誕生於乾燥的黃河流域平原和潮濕的長江流域平原。

打敗妖怪軍團的黃帝

中華文明的故鄉是黃土地帶，所以尊崇「黃色」。最初的皇帝被稱為「黃帝」，歷代的皇帝身穿黃袍（衣服）、住在覆蓋黃色屋瓦的宮殿，連死後的世界也叫做「黃泉」。

傳說中的中華文明創造者黃帝，大敗吃鐵石、能夠呼風喚雨、引發濃霧的怪物蚩尤、以及他的七十二個兄弟所結成的妖怪軍團，發明了農業、養蠶、文字、衣服、房屋、弓箭、船等。

乾燥的大地和潮濕的大地

在東亞，由西往東流貫乾燥大地、長五千四百公里的黃河以及長六千三百公里的長江流域上，產生了獨特的農耕文化。兩條巨大的河流成了中華文明的搖籃。

所謂「南稻北麥」、「南粒北粉」，現在的中國農業被畫分為乾燥黃河流域的旱田地帶和多濕長江流域的水田地帶，其實遠在農業開始之初就已經如此了。

黃河流域的農業，以栽培小米、稷等雜糧為主，飼養豬、牛之外，也豢養狗。一九二一年在河南省仰韶遺址，發現了紅土製彩繪黑色花紋的土器（彩陶），所以稱此農耕文化為仰韶文化。

一九五四年被挖掘、也是目前發現最古老的半坡村遺址（陝西省西安附近），是大約六千年前的聚落，河岸台地上挖掘有深壕（寬深各五公尺），當中興建了二十幾戶半穴居的家屋，人口約一百人。在極為乾燥、食物有限的黃河流域，麵類、粥、春捲等多彩的飲食文化已經相當發達。

另一方面，長江流域的農業，雖然以栽培水稻和飼養水牛、豬為主，但因為地處多森林的低濕地區，很難快速擴大農地的開墾，所以直到距今二千數百年前，才開

關於三皇當中的燧人氏，有人認為是伏羲氏的妹妹（一說是妻子）、也就是捏黃土造人的女媧。

始形成社會。但是，在長江下游杭州灣南岸發現的河姆渡遺址（浙江省），卻有比黃河流域更古老、約有七千年的歷史。

萌芽的都市文明

一九三〇年在山東省北部的龍山，發現用轆轤製造、高溫燒烤、薄如蛋殼而堅硬的黑色土器（黑陶）。

之後，以此土器為主的龍山文化擴大到黃河中、下游，已確定是距今四千年前開始的文化。

這個時期農業技術進步，牛、馬、雞等家畜的種類增加，出現小規模的都市，並且燃燒獸骨占卜吉凶等，是屬於邁向「文明」的過渡時期文化。

在這個時期，也出現了中國固有的鬲、鼎等三隻腳的土器（三足土器）。

●展開中國歷史的神話英雄（三皇五帝）

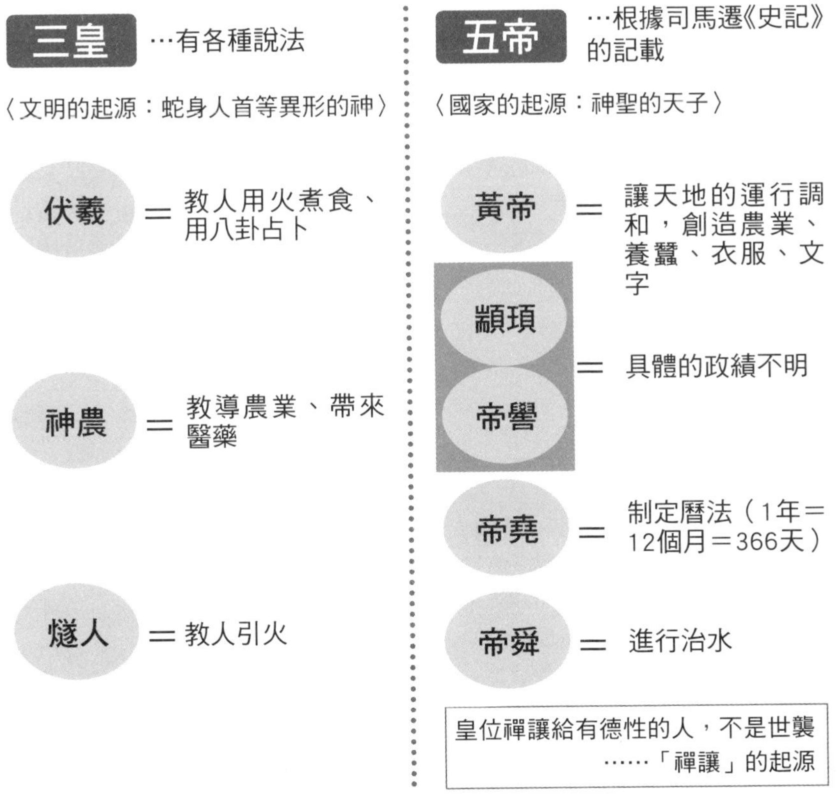

三皇 …有各種說法

〈文明的起源：蛇身人首等異形的神〉

- **伏羲** ＝ 教人用火煮食、用八卦占卜
- **神農** ＝ 教導農業、帶來醫藥
- **燧人** ＝ 教人引火

五帝 …根據司馬遷《史記》的記載

〈國家的起源：神聖的天子〉

- **黃帝** ＝ 讓天地的運行調和，創造農業、養蠶、衣服、文字
- **顓頊**、**帝嚳** ＝ 具體的政績不明
- **帝堯** ＝ 制定曆法（1年＝12個月＝366天）
- **帝舜** ＝ 進行治水

皇位禪讓給有德性的人，不是世襲……「禪讓」的起源

公元前25世紀～前12世紀　夢幻的「夏」朝和殷商

夢幻的王朝和刻在龍骨上的歷史

雖然夏朝依然是個謎；殷商卻因為「龍骨」而證明確實存在過。

「夏」是夢幻王朝嗎？

公元前二世紀的歷史學家司馬遷，在《史記》開頭的部分記載了：疏浚河床（疏）、導引水路（導），整治黃河有功的大禹，建立了傳承十七代的夏朝，是中國史上最早的世襲王朝。

有關夏朝是否為實際存在過的王朝至今尚有爭論。雖然在中國認為夏朝確實存在過，且在紹興酒聞名的紹興縣會稽山麓還有禹的墳墓禹陵，但在日本卻仍遭到質疑。

據說，「夏」可能原本是居住在南方地區的貿易民族，進入黃河中游之後，在往來要衝的洛陽盆地興建首都，夏王對都市聯盟團體的統治是鬆弛的，而非集權。

解開謎底的「龍骨」

打倒暴君夏桀、消滅夏朝的成湯（湯王），其所建立的商朝最初也被認為是不存在的王朝。但後來中藥的「龍骨」證明了商朝的存在。

一八九九年，清朝的某官員發現瘧疾特效藥「龍骨」表面刻有像是文字的花紋。當時剛好寄住在他家的古文字學者，認定那是古代文字，便走訪北京各家中藥房收集「龍骨」；一九〇三年，證明「龍骨」上的文字確實是殷商時代的文字。

之後，得知上述「龍骨」是農民從自古即傳說是殷商首都遺址（殷墟）的河南安陽縣小屯村所挖掘出來時，從一九二八年以來，進行了十五次有組織的挖掘。

結果，挖出約十萬片刻有文字的骨片、大量的青銅器、宮殿遺跡、和十一座巨大的皇帝地下墳墓，證實了殷商的存在。

焚燒龍骨明白神的旨意？

一九五〇年發現了殷商後期

歷史筆記

占卜的「卜」字、「占」字，其字形即是燒烤獸骨時所產生的裂痕。

的都市。在殷墟南方一百九十公里的鄭州發現四周土牆高約十公尺、邊長約一千七百公尺的四方形殷商中期都市遺址，解開了商朝從公元前十六世紀開始，長五百年、傳承三十代的王朝全貌。有學者推算說：鄭州城牆的興建，一天約動用一萬名工人，歷經十八年才完工。

商朝是以首都大邑商為中心，所形成的都市和聚落聯盟團體，商王直接統治的區域直徑不過四十公里，與其他都市都處於同盟的關係。

商王率領占卜師團，用火燒烤獸骨、龜甲腹部，利用其表面的裂痕占卜宇宙主宰者「天」的旨意，依此實施政治。所刻下的占卜內容，就是漢字的起源甲骨文（卜辭），數量約三千字（其中有八百字已經被解讀）。

●商朝的甲骨文

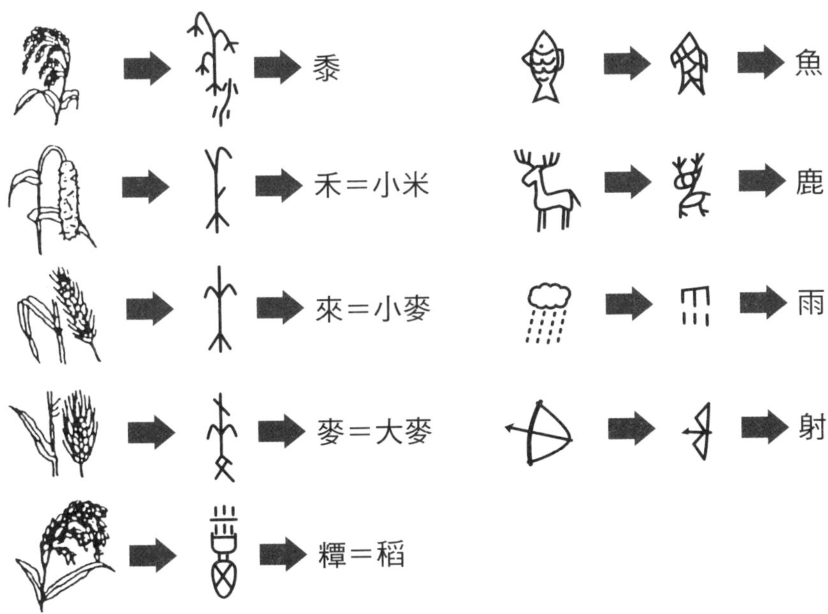

公元前1120年～前1050年　殷周革命

因「酒池肉林」而滅亡的殷商

王權來自上天所賜，當權力從不符天命的暴君轉移給德高望重的君王就叫「革命」。

崇拜十個太陽的商朝人

傳說在殷商，地裡面有十個太陽（甲、乙、丙、丁、戊、己、庚、辛、壬、癸），每天輪流出現，十天一輪的太陽是大家信仰的中心。如果國王去世，就會給他冠上這十個太陽名稱中的一個，成為眾神的一員。

太陽一個輪迴十天被稱為「旬」，在迎接新的「旬」之前，會先占卜災禍，稱為「卜旬」。還有，商朝人因為害怕日落之後的黑暗，所以每晚也會進行占卜災禍，稱為「卜夕」。

商王如果去世，為了讓他盡可能接近地底下太陽的世界，會將其埋葬在深掘至地底的巨大墳墓中。為了伺候他死後的生活，還在不同層穴裡埋入如同獻祭牛羊一樣、被身首分離的陪葬者、陪葬品，以及嗅覺敏銳、可以在地底下帶路旅行的狗。

尋求酒池肉林的美女

傳承三十代的商朝，最後一位國王是紂王（帝辛）。《史記》記載說他能言善道、行動敏捷、力氣大、有智慧。但在征服有蘇氏時，有蘇氏為表示降服而獻上的美女妲己卻攪亂了他的人生。寵愛妲己、一心只為討她歡心的紂王，對人民課徵重稅以聚斂財寶，用以建造名曰「鹿台」的樓閣和壯麗的離宮。並且在注滿酒的池子、樹上吊掛肉的林子裡，讓男男女女裸奔穿梭其間，日以繼夜地在「酒池肉林」裡歡宴。

如果有人向紂王提出諫言，紂王就課以重刑。為了讓妲己高興，紂王對罪犯施以「炮烙之刑」，將塗滿油膏的銅柱架在炭火上，讓受刑人赤腳走過銅柱，百般痛苦折磨之後再殺死。受刑人往往一腳滑就熊熊的烈火燒死。紂王極度地欺壓百姓，成了前代少見的暴君。

根據中國神怪小說《封神榜》的描述，妲己因為狐狸精附身作怪，因而讓紂王變成了暴君。

公元前一〇五〇年左右，在西方擴展勢力的周武王，趁紂王遠征之隙，與不滿紂王的都市聯合，開始舉兵攻打商朝，六天就打到了首都西南方的牧野。欠缺主要軍力的紂王，於是武裝起大量的奴隸，以壓倒性的軍力迎擊（牧野之戰），但因為很多士兵陣前倒戈，而慘敗給了周武王的軍隊。

權力輪替因此得以正當化

之後的儒家學者便認為，國王的權力乃是上天、亦即上帝所賜予的。變成暴君的紂王，因為喪失天命，所以權力移轉給德高望重的周王，因此周的行使武力被認為是正當的。

天命改變、王族也跟著改變（改朝換代），這就叫做「革命（天命變革）」，在中國認為歷史會因此而改變，所以此時行使武（「討伐」）也是正當的。然而，經過眾人和議而推舉賢能的讓位（「禪讓」）方式還是較理想的。總之，之後的中國便以各種方式建立了權力轉移的體制。

●殷商人的太陽崇拜

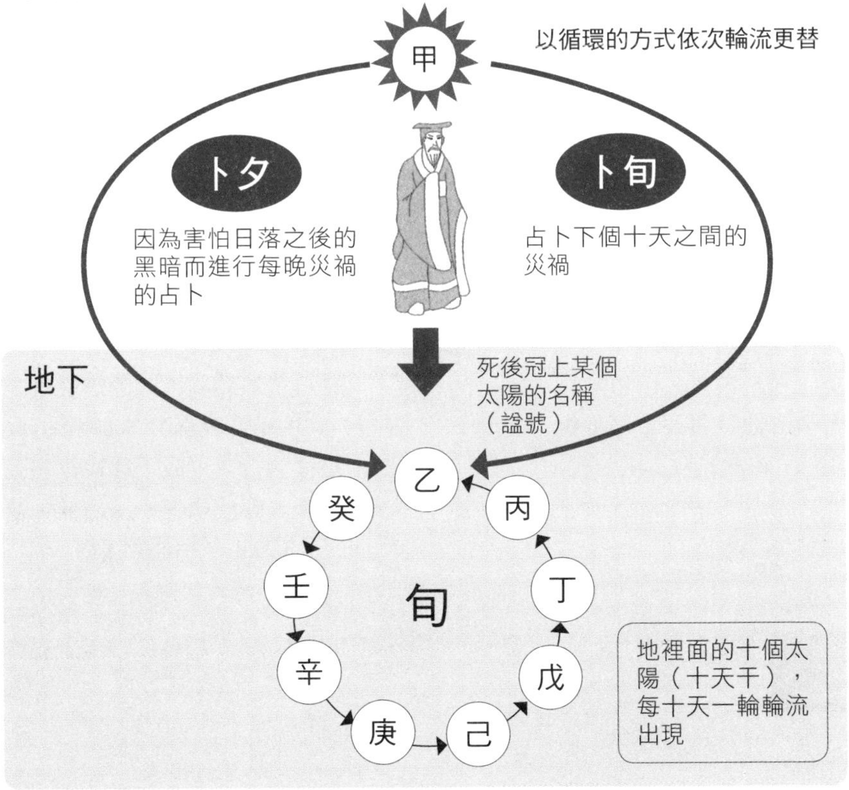

「宗族」治理的周朝

周朝利用以血緣關係為基礎的大家族制度和「宗法」加強團結。

被文王拔擢的太公望

從西方移居到渭水流域、附屬於殷商的周，在西伯姬昌（後來的周文王）的時代，向東方伸展勢力，開始威脅到殷商。當時的軍師就是傳說中在政治、軍事上極具手腕的太公望（呂尚）。

他在渭水邊垂釣時與西伯相遇。景仰他人格的西伯說：「我曾聽父親太公說聖人不久將會來到周，我想你正是他所說的那位聖人」，便迎接他為師。之後，因為他是所謂「太公所望之人」，呂尚被人稱為「太公望」。

當時，呂尚因為日以繼夜努力於學問，所以家裡非常貧窮，妻子受不了逃回了娘家。後來，當他成功、被封為齊（山東地方）的統治者後，他曾對要求再度復合的妻子說過「覆水難收」這句話。

孔子所景仰的周公旦

文王之子武王，在即位後十一年舉兵消滅了商朝。但是，卻在建國兩年後、體制尚未完全建立之前去世了。

之後，年幼的成王繼承武王登基，而身為攝政輔佐成王的是武王的弟弟周公旦。他花了三年的時間鎮壓與紂王遺孤、殷商餘黨聯合起來、引發大規模叛亂的三個弟弟，並在洛邑（現在的洛陽）興建周城，當做是經營東方的據點。此外，周公旦還實施「封建制度」，封宗族的勢力者、功臣為世襲的統治者，派遣他們到各個都市，讓他們統治人民、維持納貢與治安、以及負責祭祀等事務，謀求秩序的建立。

建立了新體制根基的周公旦，在七年之後將政權完全歸還給成王。這樣的行為，成了往後年輕孔子的理想。孔子傾倒於周公旦，夢想周公旦這樣的統治能夠復活。

歷史筆記　孔子曾說：「甚矣，吾衰也！久矣，吾不復夢見周公！」（《論語》述而篇）。

大家族制度和「封建制度」

周朝任命被分封為公、侯、伯、子、男五級爵位的宗族有勢力者、或是異姓功臣為諸侯，派遣他們治理一百里到五十里四方領地的都市國家（邑國）（譯註：又稱為諸侯國），這叫做「作邑」（之後的封建制度）。

這是一個宗族占諸侯一半以上、異姓諸侯也與周王一族聯姻，以血緣關係為基礎的大家族制度。周王是「本家」，其地位就像茶道、花道的本家源流一樣。

周王和諸侯都尊重為了加強一族團結的「宗法」。諸侯有義務參加祭祖等為加強一族團結的儀式、並且對周王朝軍隊供應一定比例的士兵與武器。

然而，如此這般本家、分家的結合，隨著世代的更迭逐漸疏遠，諸侯也逐漸從周王身邊獨立。

●殷商和周的統治領域

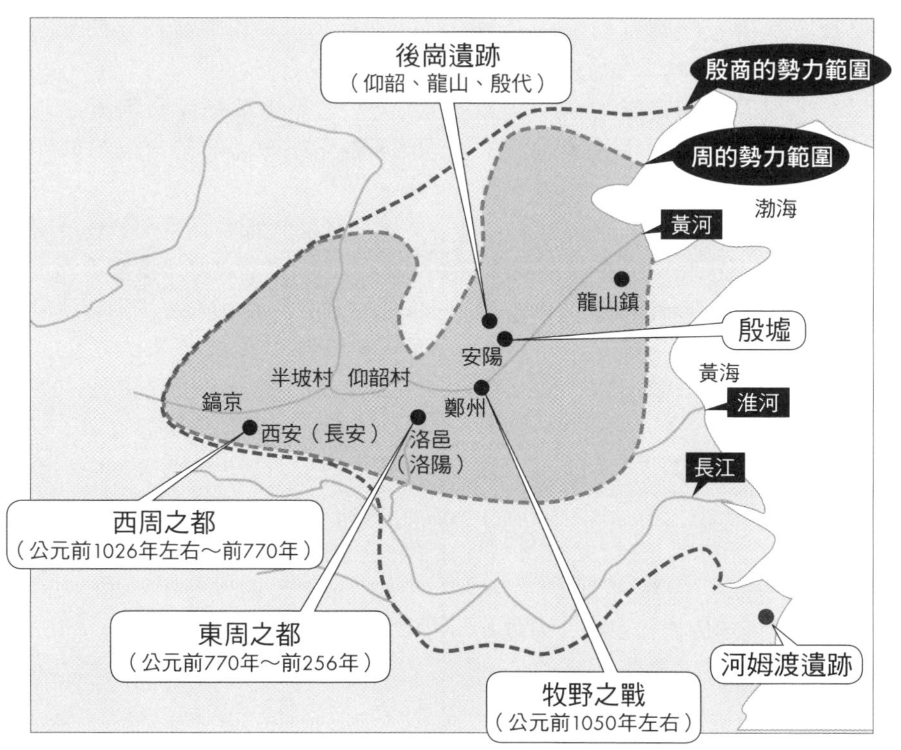

公元前11世紀～現在　中華思想

「中國等於世界」的中華思想

中華思想裡的世界觀，充滿認為自己居於最高地位，而四周都是蠻族的偏見。

天圓地方

漢人認為宇宙是天圓、地四角，所謂「天圓地方」的存在。中國的貨幣，外圓、內有方孔的形狀，就是這種思想的表現。

戰國時代以後，人們認為四周被城牆所包圍的首都，是聯繫「天」、「人」和「地」的神聖空間。上天下方的寬廣大地，全都是「中國」的世界，沒有其他的世界，萬物全都要受居住在神聖首都、身為上帝兒子的天子所統治。

這種以上天為至高之神的想法，一般認為是來自中亞的游牧民族。

代理至高之神的天子，不僅要進行政治上的統治，還要居於世界的中心，讓一年四季順利運行，風調雨順。

世界的中心如何被建立？

根據描述周朝社會的《周禮》記載，在天下的中心興建了四周城牆長九里的王城（周王朝首都），當中設置君王居住的宮殿，左右兩側邊設置了祭拜君王祖先的「宗廟」和祭拜土地之神的「社稷」。王宮的前後方則設有君王施行政治的「朝堂」、和進行商業交易的「市場」。

總之，首都是神聖的君王住所，也是宗教、政治、交易的中心。

這種將首都視為特別神聖空間的想法，產生了只要是遠離首都，文化水準便會降低的想法，而逐漸變成對鄙俗地區的歧視。

首都四周一千里見方的土地為「王畿」，地位僅次於首都；王畿四周每五百里，被區分為從「侯服」到「藩服」的九個世界（九服）。在這個範圍內均是「中華之地」，而其外則被視為文明未開的「夷狄世界」。

「中國」是「位於中央之都市」的意思，指首都城牆內的空間，但後來擴大變成指首都影響力所及的區域。

被「野蠻」所包圍的文明

法國學者蒙田（譯註：公元一五三三年～一五九二年，法國思想家。他根據豐富知識和深度反省人性的主要著作《隨想錄》，是道德主義文學的先驅，對後世有極大的影響。）曾經說：人類對於和自己不相同的事物、以及無法理解的事物，都會稱之為「野蠻」。所以自認為「中華」、「中國」，將四周世界視為「夷狄」的漢人想法，可以說是充滿偏見的。

他們稱居住在北方地區的民族為「北狄」、稱居住在南方地區的民族為「南蠻」、稱居住在東方地區的民族為「東夷」、稱居住在西方地區的民族為「西戎」，並且給予差別待遇。

「夷」、「戎」都是未開化、野蠻人的意思。這樣的東亞固有世界觀，不僅是中國，也影響到日本、朝鮮、越南，成為阻撓發展東亞世界共同體的無形障礙。

●中國人的宇宙觀

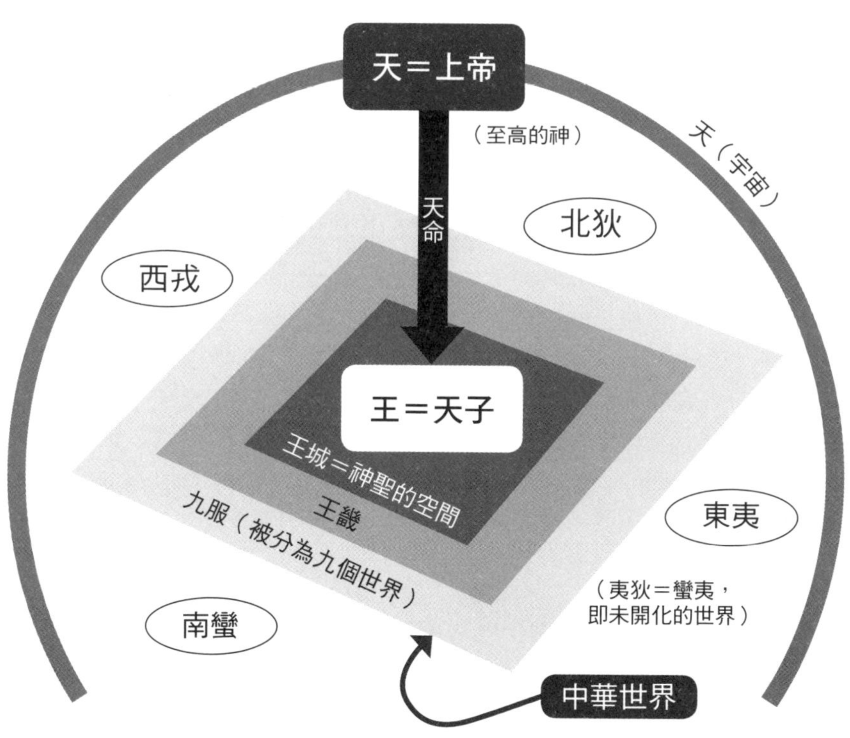

公元前770年～前403年 春秋時代

利用周王勢弱的霸者們

周王和諸侯間的團結關係鬆動後，導致了都市國家（諸侯國）之間的對抗日益激烈，「霸者」陸續出現。

傾倒周朝的諸王

公元前九世紀，周王和諸侯的關係變成徒具形式的儀式化，周王的權威急速衰退。

第十代的厲王因為獨占山、川資源，將狩獵、漁業納入統治之下，並且刑罰異議者，因而引發了大規模的諸侯、人民叛亂，周厲王於是在公元前八四一年逃亡到山西，造成重臣們不得不共同代為統治的窘境。周厲王最後沒有返回首都，於公元前八二八年死在山西。

第十二代的幽王，寵愛不會諂媚君王、臉上沒有笑容的美女褒姒。褒姒生下兒子後，幽王廢了申后和太子，改封褒姒之子為太子。

當時，每當有外敵入侵，就會燃起烽火聯絡各諸侯。有一回，因不小心弄錯而燃起烽火，諸侯軍隊都集結到了首都。這時，不見敵軍的諸侯們一臉錯愕，但褒姒看了卻不禁笑了起來。從此之後，每當幽王想看褒姒的笑容，就會燃起烽火戲弄諸侯。以致當前申后的父親進攻首都時，首都中雖然燃起了向諸侯求援的烽火，但諸侯的軍隊都以為又是假的而不再集結，使得首都很快便被攻陷了。

新繼承王位的原太子（平王），因為害怕西方游牧民族犬戎的威脅，公元前七七〇年，將首都從鎬京（編按：今陝西長安縣境）遷到了洛邑。時代自此進入了東周（春秋戰國時代）。

霸主的出現

在東周前半時期的春秋時代，周王和諸侯之間的關係鬆動了，不但周王朝與都市國家（諸侯國）之間的上下關係不保，都市國家（諸侯國）彼此之間也為了爭奪霸權而對抗日益激烈。周朝建國之初約有一千八百個都市國家（諸侯國），而此時已經被縮減為兩百

歷史筆記 在管仲著作《管子》的卷頭，出現了所謂「衣食足，則知榮辱」的名言。

個，各地有勢力的諸侯結成了區域同盟，利用周王的權威擴張自己的勢力。諸侯間結成同盟的儀式叫做「盟會」，而主宰的諸候叫做「霸主」。最初的霸主是齊桓公，而輔佐他擴張勢力的是有名的宰相管仲。管仲過去曾經暗殺過齊桓公失敗，但因為管仲朋友鮑叔牙的推薦，桓公亦顯示了自己的大度量，重用管仲；而管仲為了強化齊的國力，努力振興商業、充實內政。

接著成為霸主的是為了躲避國內鬥爭、在外國流浪了十九年、六十二歲繼位為晉王的重耳（晉文公）。他在公元前六三二年擊退進攻中原的南方楚國，確立了霸主的地位。

「問鼎輕重」與尊王攘夷

春秋時代的特色之一是，長江流域新興勢力的抬頭。楚雖然是興起於長江中游的夷狄之國，但逐漸往北擴張勢力，與中原強國比鄰而處。

公元前七世紀末，楚莊王揮軍北上，詢問前來迎接的周王使者，有關自殷商傳承下來的寶鼎（「九鼎」）的大小和重量，這就是史上「問鼎輕重」的故事。就這樣，輕視周王的楚莊王也自封為霸主而揚名，而中原諸侯則在「尊王攘夷（尊崇周王、討伐夷狄）」的口號下，加強團結。

●春秋五霸和戰國七雄的興亡

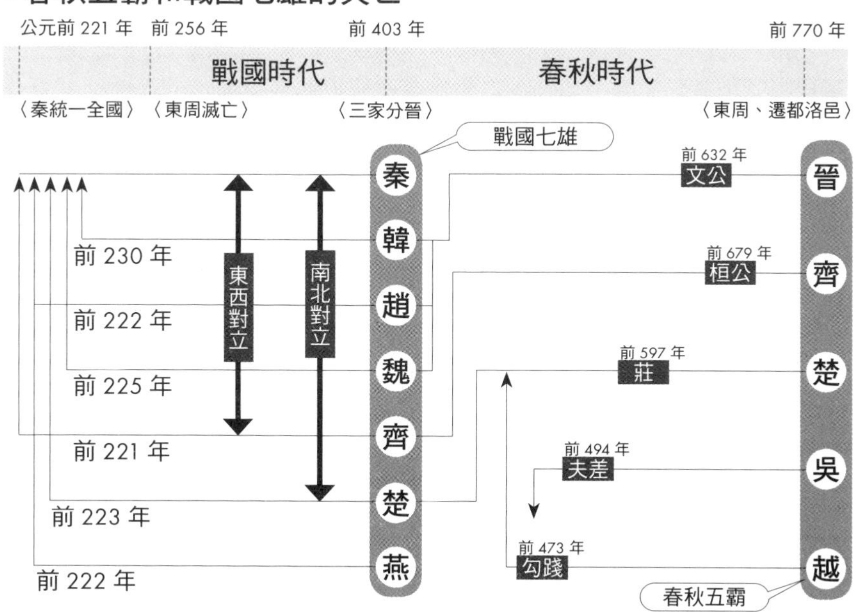

公元前6世紀～前3世紀　諸子百家

孔子與諸子百家的出現

各國諸侯培養新統治階級以取代世襲貴族，促進了各種學問的成長。

震撼中國的「孔子」私塾

魯國出身的孔子（孔丘），十五歲立志向學，三十五歲以後前往齊國首都留學，回國後開設了中國史上第一所私塾，開始培養弟子學生。

他以「仁（藉由雙方之間的友好，建立正確的愛與人際關係）」為根本主軸，以魯國始祖周公旦為理想目標，希望重建統治體制。此外，他也是致力於復興周朝禮樂制度（祭祀的儀禮和音樂）的政治家。

孔子五十一歲時當上了魯國的高官，但不久就失去了官位，之後的十四年間他周遊列國四處遊說，但都未被採納。六十八歲時，他回到了魯國，專心培養弟子學生，在公元前四七九年去世，享年七十四歲。他一生的言論學說被收集編成《論語》一書。

孔子門下的弟子超過三千人，戰國時代繼承其學說的是孟子、荀子。

孟子重視仁，提出性善說；而荀子講求禮，提出性惡說。荀子的學說後來被法家的韓非所繼承。

以孔子言論為中心的儒家學說，在漢代被列為國學，成為中國政治、道德的中心。

為什麼思想家陸續出現？

春秋時代，以宗法（大家族原理）為中心的社會體系瓦解，原本的諸侯、卿、大夫、士、庶人的身分秩序也開始動搖。各地的諸侯得招攬有能力的官僚、建立新制度，才有辦法擴張勢力。這種以實力為本位的風潮，讓有能力的個人有出人頭地的機會，取代世襲貴族的新統治階級也因此形成，而這也是各種學問得以成長的理由。

到了戰國時代，因此出現了很多的思想家（諸子），形成了各種的學派（百家），後世稱之為「諸子百家」。

《老子》收錄了「富貴而驕，自遺咎也。功遂身退；天之道也。」等充滿智慧的處世教訓。

相互競爭的明星

除了儒家之外，以老子為開山祖師、強調生活要依據天地萬物根源的「道」、「無為而治」的道家，其所留下的《老子》中有充滿智慧的處世教訓。

還有，韓非等人強調君王要制定「法」、並適當運用「術」來治理人民，此派為法家。以墨子（墨翟）為創始者、強調基於公平天理的「兼愛（博愛）」和「互利（相互扶持）」，主張戰爭是最大的浪費（「非戰」）的是墨家。據說，原本是工匠團體的墨家，其思想是在進行防禦工程之際所想出來的學說。

此外，還有希望藉陰陽和五行（木、火、土、金、水五個元素）以明天地之理的陰陽家、專論兵法的兵法家、論外交之術的縱橫家、論名分和實質關係的名家等主流學派。

●諸子百家的時代

時代	儒家	道家	墨家	法家
公元前770年～公元前403年 春秋時代	孔子（公元前551年～前479年） 實現以實踐「孝」、「悌」、「仁」和周代禮儀為理想的國家。 ➡《論語》	老子（公元前579年？～前499年？） 探尋「道」，主張「無為而治」。批評儒家的「禮」、「仁義」。 ➡《老子》	墨子（公元前480年～前390年） 主張沒有差別的愛「兼愛」，批判儒家的「仁」。倡導「交相利」（相互扶持）、「非攻」、「節用」（節儉）。 ➡《墨子》	
公元前403年～公元前221年 戰國時代	孟子（公元前372年～前289年） 主張性善說。倡導德治的王道政治。 ➡《孟子》 荀子（公元前298年～前235年） 主張性惡說，並倡導以禮矯正。認同霸道政治。 ➡《荀子》	莊子（公元前370年～前300年） ➡《莊子》		商鞅（公元前390年～前338年） 主張法制，實施「變法」。 ➡《商君書》 韓非（公元前280年～前233年） 集法家思想之大成。主張君主獨裁、中央集權體制。 ➡《韓非子》
公元前221年 秦				

公元前403年～前221年　戰國時代

勝出的戰國七雄

為了實現富國強兵，諸子們進行了徹底的國家制度改革。

勝者為王的諸侯們

公元前四五三年，中原大國晉發生了以下犯上的事件，韓、魏、趙三家三分了晉的領地。到了公元前四〇三年，周王正式承認他們三家為諸侯，自此，周王的權威盡失，變成實力統治一切的世界。從公元前四〇三年，到秦統一天下的公元前二二一年為止的時代，史稱戰國時代。

春秋時代的都市國家未必都是國境相鄰，但隨著大規模排水、灌溉工程的農地開墾，以及因征戰的都市國家合併，於是產生國境相互鄰接的大國（領域國家）。

到了公元前四世紀中葉，中國被大致分割成秦、燕、齊、韓、魏、趙、楚七個大國（戰國七雄），不斷持續激烈的爭戰。

周王變成了僅統治洛邑四周的弱小勢力，有勢力的諸侯任意自封為「王」。

在戰國時代，以戰車為主的軍隊被改成以步兵為主的軍隊，這使得動員數十萬大軍成為可能，並且編造戶籍徵調成年男子、課征人頭稅「賦」籌措軍費。

還有，在春秋時代，超過一千戶的都市屈指可數，但到了戰國時代卻出現了超過一萬戶的巨型都市。例如：公元前四世紀中葉的第一大諸侯國－齊（山東地方）的首都臨淄（編按：今山東淄博），戶數就有七萬戶之多。

活躍的「法家」和富國強兵

戰國七雄之中，最先嶄露頭角的是魏。領土內出產鹽的魏，在財政方面占盡優勢，魏王聘請法家的李悝建立法制，成功興建了大規模的灌溉工程、擴大農地，使魏成為最早的強國。而各國也都學習魏國，致力於「富國強兵」。

據説在臨淄的市場上，各式各樣的商店櫛比鱗次，寬達二、三十公尺的道路上，馬車一輛接著一輛，行人彼此摩肩接踵而過，非常擁擠。

商鞅和成為超大國的秦

位於西方邊境的秦，原本是游牧民族的野蠻國家，政治改革得很遲。但自從公元前三五九年，秦孝公聘用法家學者商鞅進行政治改革（變法）之後，秦的勢力迅速增強，成了併吞六國的超級大國。

在魏國學習法制的商鞅，是一個為了實現富國強兵，什麼都可以不擇手段的合理（合理化）主義者，他強行打破舊有的習慣、接受來自其他國家的移民、承認個人的土地私有和買賣、獎勵農業、實施郡縣制度、實施嚴刑峻罰的統治等，藉以削弱貴族的勢力，讓權力集中在君王的身上。

在他歷經十幾年的改革下，秦雖然變成了強國，但秦孝公病死之後，舊有的貴族勢力再度抬頭，因為大膽改革而遭到怨恨的商鞅，最後被以謀反之罪逮捕，判處五馬分屍之刑。

建立新制度、奠定大國——秦的商鞅就這樣悽慘地死去。

●春秋戰國時代的社會變遷和統一帝國的出現

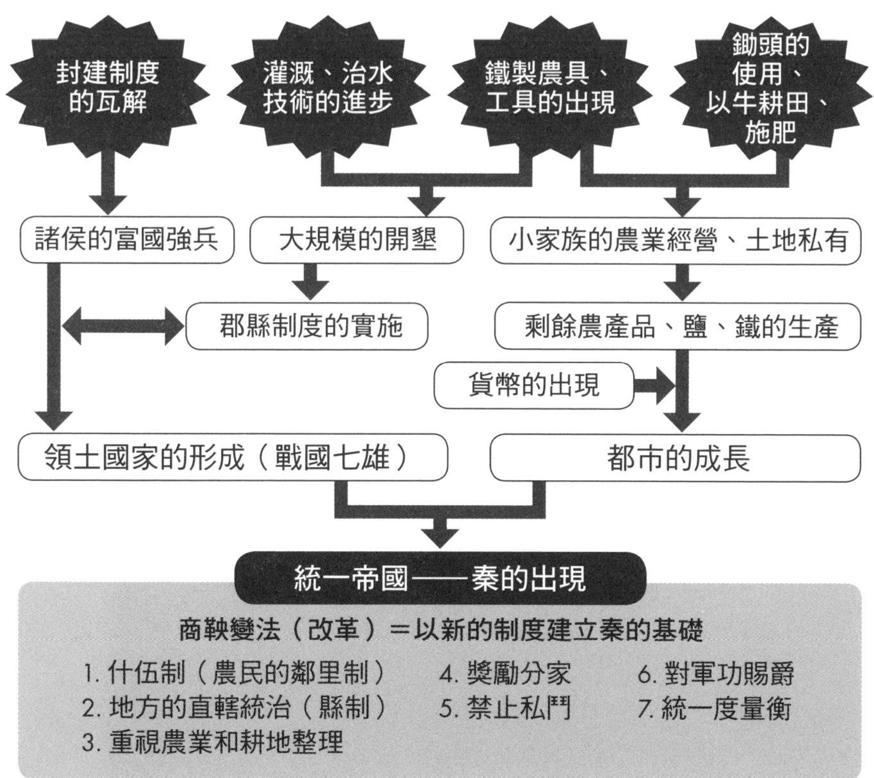

專欄

中國豐富的飲食文化
從黃土高原的生活中產生

在黃土地帶，細微的黃土累積可達數十公尺高，即使到今天，每當季節風強烈的春秋二季，一天甚至可累積一到二公分厚的黃土，從「刮風」二字可以想見風切割大地的強度。而中華世界的人們就在那樣嚴苛的環境下，不斷生活至今。

黃土高原上的居民食用或煮、或蒸的小米、蕎麥、稗，但到了漢代，因為經由絲路從西亞傳來了小麥和臼，粉類於是普及。但是，在中華世界並沒有製作成麵包，而是發展出水煮麵類、燒餅類、以及裡頭包餡或蒸或炸的包子類為主食的文化。

直到周朝末期，主食一般都還是用手拿著吃，到了漢朝，才變成用筷子吃飯。中國筷子的前端不尖，是因為它只被用來挾食物，不像日本人需要用筷子來進行切斷魚肉等飲食作業。

人民吃魚的習慣是到了漢朝以後才有的。但在肉食方面，並不食用耕田用的牛，而是以食羊和狗為主，且相較於肉，更喜食內臟。此外，也不太食用蔬菜，僅以取代味噌湯的小米粥、以及用綠豆、大豆加工的豆汁、豆漿來增添飲食的變化。

在調味料方面，有用麴發酵穀類所製造的醬（味噌），以及將糯米煮成粥加入麴發酵後、在冬天一邊冷凍一邊除去水分以增加濃度的醋。在這樣嚴苛的環境下，所思考出來的豐富主食文化，不久渡海傳播到了日本，豐富了日本人的飲食生活。

秦漢帝國和匈奴帝國

帝國的興亡與游牧民族的力量

⊙農業大帝國和北方游牧大國的對立

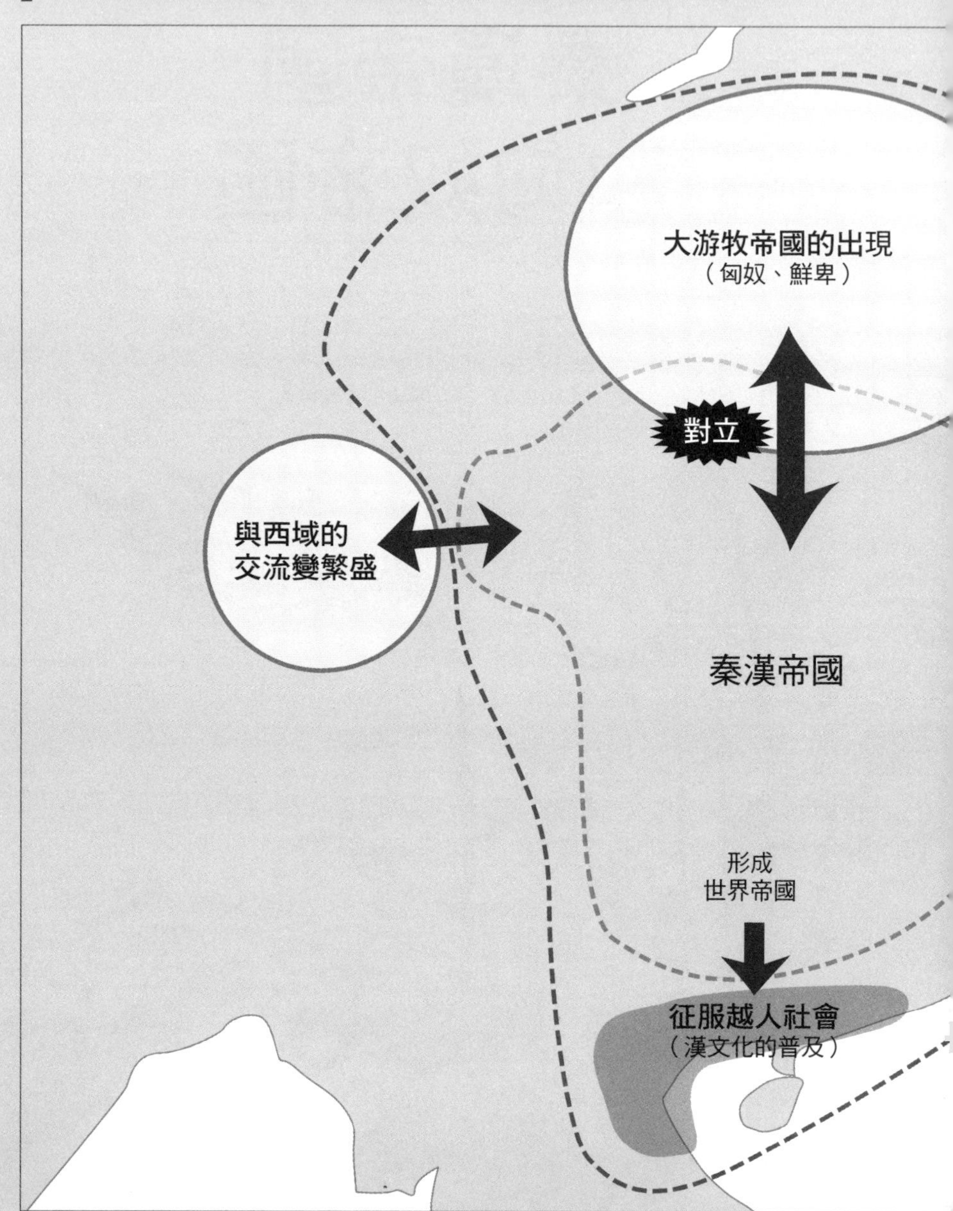

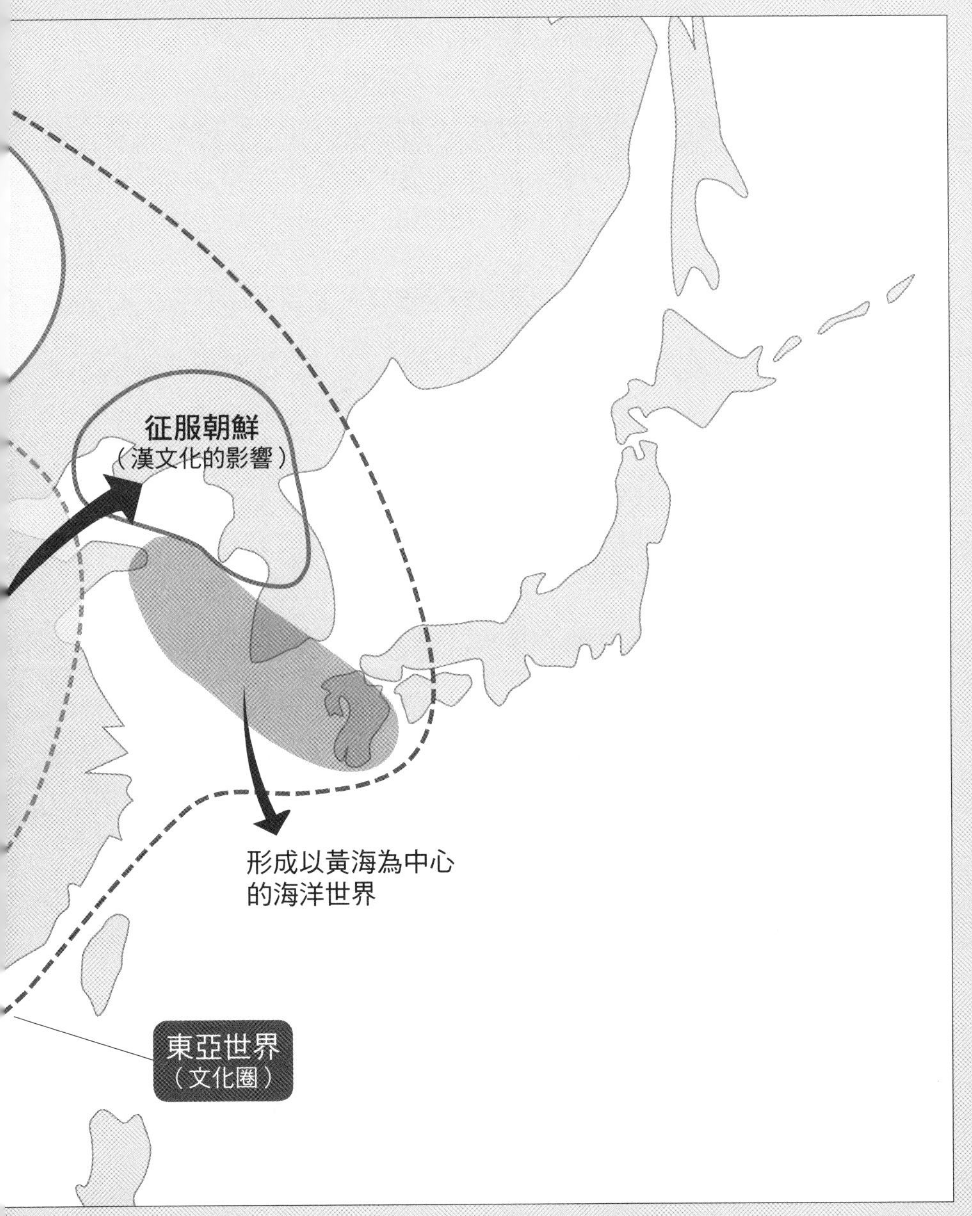
征服朝鮮
（漢文化的影響）
形成以黃海為中心
的海洋世界
東亞世界
（文化圈）

【CHINA的語源和秦朝帝國】

到了戰國時代末期，由於經濟活動的規模擴大、人與人之間的交流變得頻繁，使天下統一的時機漸漸成熟。秦王政（後來的秦始皇）利用巧妙的外交政策和騎兵軍隊，在公元前二二一年成功建立了空前的大帝國。秦朝實施一元化的法制與集權的官僚制度，興建完整的道路網、統一度量衡，建立了長達兩千多年之久的中華帝國原始雛型。秦朝的強大遠播四方諸國，於是拉丁語出現了SINAE、英語出現CHINA、支那等稱呼。

【相互爭奪霸權的貴族和貧農】

由於嚴苛地統治人民，秦朝不到十五年便滅亡了。農民叛亂、各地有勢力的人不斷蜂起，楚國豪族項羽和在各方面都呈現對比的楚國舊領地沛的貧農之子劉邦相互爭霸。獲得勝利的劉邦，建立了「漢字」、「漢民族」等語源由來、延續約四百年的大漢帝國。

【草原的霸主冒頓】

中華世界在與擁有騎馬軍隊之強大游牧世界對抗的緊張關係中，逐

公元前221年	公元前202年	公元前200年左右	公元前141年	公元前126年
秦始皇統一天下（～公元前206年）	西漢的建立（～公元8年） ◆高祖劉邦即位	匈奴帝國進入全盛時期 ◆冒頓單于的活躍	漢武帝即位（～公元87年）	張騫從西域回國

漸改變樣貌。草原最初的英雄冒頓單于，統一諸侯、建立游牧帝國，統治了「西域」，威脅著才剛建立不久的漢朝帝國。整個漢朝時代，和匈奴的大戰成了漢朝的一大事業。

【武帝和廣大的中華世界】

漢朝（西漢、東漢）共約延續了四百年。西漢全盛時期的武帝，與匈奴展開激烈戰爭，在爭戰過程中，統治了「西域」也「發現」了「西方世界」。那是一個與中華世界完全不同的世界，當時越南北部、朝鮮半島也被納入中華世界，但龐大的軍費卻破壞了人民生活、動搖了漢朝國本。

【被侵蝕的巨大帝國】

中央政府的混亂和豪族的抬頭，讓中華世界走向分裂與混亂。王莽推翻西漢，建立新朝；接受豪族支援的劉秀建立東漢，以儒家為口號，謀求體制的重建。但終究無法改變社會的動盪，後來黃巾之亂發生，使延續兩百年的東漢滅亡，時代進入了豪族分立的三國時代。

公元前108年	公元前91年左右	公元25年	公元57年	公元184年
漢武帝在朝鮮設置樂浪等四郡	司馬遷完成《史記》	劉秀（漢光武帝）建立東漢（～公元220年）	倭奴國王的使者到洛陽朝貢 ◆被授與金印	黃巾之亂

公元前3世紀　秦始皇

因秦始皇統一而出現的中華帝國

統一全國的秦始皇，建立了之後橫跨兩千年的中國專制體制基礎。

以外交戰奪得天下

變成強國的秦，積極進行軍事活動，與齊、楚之間的緊張關係於是升高。在這樣的緊張中，列國之間在外交上的往來相當頻仍，人稱縱橫家的策士活躍於各國之間。趙的宰相蘇秦遊說燕、趙、韓、魏、齊、楚六國，以南北聯合對抗超級大國秦（合縱政策，即是縱向結合的政策），登上六國宰相的地位。

但是，這時秦也策畫打破「合縱政策」，被蘇秦派到秦的張儀背叛了蘇秦，遊說秦和魏同盟，使其主張的連橫政策（六國應該分別與秦同盟，以確保自身的安全）得以成功，創造出對秦有利的政治環境。之後，因為秦的策動，齊、魏聯合攻打趙，六國同盟於是瓦解，蘇秦也在齊國遭到暗殺身亡。

公元前二四六年，秦國的秦王政十三歲即位，十年後肅清握有實權的母親和商人出身的宰相呂不韋，率領騎兵軍隊開始征服行動，首先消滅了韓、其次是趙。

暗殺秦始皇失敗

對此局勢深感危機的燕太子丹，派刺客去暗殺秦王政，但失敗了。秦王政採取報復行動，派兵占領燕國首都；更在公元前二二五年破壞黃河堤防，水淹魏的首都，占領魏國，同年先是派遣二十萬，接著又再派六十萬大軍一口氣消滅了南方大國楚國。

之後，打敗燕國的秦軍，在回國路上攻入齊國，齊王投降，秦王政終於在自己即位二十六年後的公元前二二一年統一全國。

中華帝國出現

成為全國統治者的秦王政，更改戰國時代權威較低、所謂「王」的稱號，制定象徵天下唯一統治者之意的「皇帝」稱號，「始皇帝」

歷史筆記　後代之所以給予秦始皇是暴君的評價，主要是為了正當化取而代之的漢朝。

則是秦王政給自己死後的稱呼。

秦王政將全國分成三十六郡（之後變成四十郡），郡下分設很多的縣，實施徹底的中央集權體制（郡縣制）。統一各國不同的度量衡、車軌（馬車車軸的寬度）、文字、貨幣。文字以李斯建議的篆書為標準，篆書到漢代變成隸書，然後變成現代的楷書。貨幣則統一使用圓型，中間有方形孔的「半兩錢」。半兩錢的形狀，之後更成為東亞貨幣的基準。

然後，以首都咸陽為中心，興建寬七十公尺的南北兩條幹線道路（馳道）聯繫全境，還破壞各地城池、要塞，沒收武器，禁止民間擁有武器。

為了箝制思想，秦王政下令除了秦的史書、醫藥、占卜、農業書籍之外，一律全都燒毀，還在首都活埋了抗議此項命令的四百六十多名儒者（焚書阬儒）。

●秦始皇的統一政策

實施郡縣制
（強化中央集權體制）

使用「皇帝」的稱號
（「煌煌帝王」之意）

修築萬里長城
（防禦游牧民族）

統一文字
（採用簡便的篆書體）

興建阿房宮
（遷都咸陽時）

統一度量衡
（長度、容積、重量）

興建地下宮殿
（驪山陵和兵馬俑）

統一貨幣
（使用半兩錢）

興建馳道和統一車軌
（整備軍用道路）

採用法家思想
（法治主義和焚書阬儒）

強制遷移有勢力者
（將十二萬戶富豪遷居首都）

這樣的中國專制政治體制持續了兩千年，直到清朝

公元前3世紀　秦朝盛世與防衛政策

雄偉的帝國與萬里長城

秦始皇興建雄偉的帝都、墳墓以及萬里長城，彰顯自己是全國統治者的實力。

「神之都」和容納一萬人的大宮殿

實現空前大帝國的秦始皇採取「強幹弱枝」政策，興建雄偉的首都、並且修築寬七十公尺的幹線道路，尤其對象徵皇帝權威的首都咸陽，更希望它是天帝（神）居所在地上的翻版。

秦始皇強制遷居全國各地十二萬富豪，動員七十萬名囚犯興建木造大宮殿阿房宮（東西寬約七百公尺、南北長約一百二十公尺）、和自己的陵墓驪山陵。據說阿房宮的大廳可以容納一萬人。

驪山陵（秦始皇陵）（一邊長約四百九十公尺、高約七十六公尺的上方下圓墳），就像《史記》的<始皇本紀>裡所記載：「役使十多萬名罪犯，深掘地下洞穴，用銅建造墓室，當中設有宮殿、百官座席。從宮中運來各種的珍奇寶物放滿其中。……用機械輸送注入水銀，把水銀建造成大小河川、大海。墓室的上方做成天堂的樣子，下方做成地上的樣子，用人魚的油點燈，陳設了永遠不會消失的器物」，可說是世界史上最壯觀的巨大墳墓。

一九七四年，在距驪山陵東方一・五公里遠的地方，挖掘出守護陵寢的地下禁衛軍團。與真人等高的陶製馬、將兵所組成的軍隊（兵馬俑），分為指揮所、戰車軍團、步兵軍團，其數目有七千尊之多。

如此這般強大的「秦」，聲名遠播周邊諸地區。英文的CHINA、或是「支那」等名詞，就是來自秦這個稱呼。

綿長壯觀的北方屏障——萬里長城

自認為是世界統治者的秦始皇，積極努力拓展領土。公元前二一五年，他派遣蒙恬將軍率領

歷史筆記

在秦代，約兩千萬的民眾當中，有一成被強行徵召服勞役、兵役。

三十萬大軍打敗北方龐大的游牧勢力匈奴，在邊境修築眾多要塞，同時還讓罪犯遷居於此，負責防守的工作。

又為了要清楚畫分與游牧民族之間的界線，他連接之前燕國、趙國所修築的長城，興建了長達四百公里的「萬里長城」。這座長城的位置較現存的長城要更北方，因為是搗實泥土興建的，所以現在幾乎已經不存在了。

長生不老的欲望

雖然秦始皇對外誇耀自己做為全中國統治者的身分，但他也逐漸對死亡產生恐懼。

在巡視山東地方時，方士（施行神仙之術的人）徐福告訴他：在東方海上有座名叫蓬萊山的島，島上住有長生不老的神仙，如果喝了神仙的藥，就可以長生不老。因此心動的秦始皇，於是派遣徐福前往東海求仙藥，但是並沒有求得。之後，產生徐福東渡日本的傳說，在日本和歌山縣的新宮還建有徐福的墳墓。

●秦始皇和兵馬俑坑

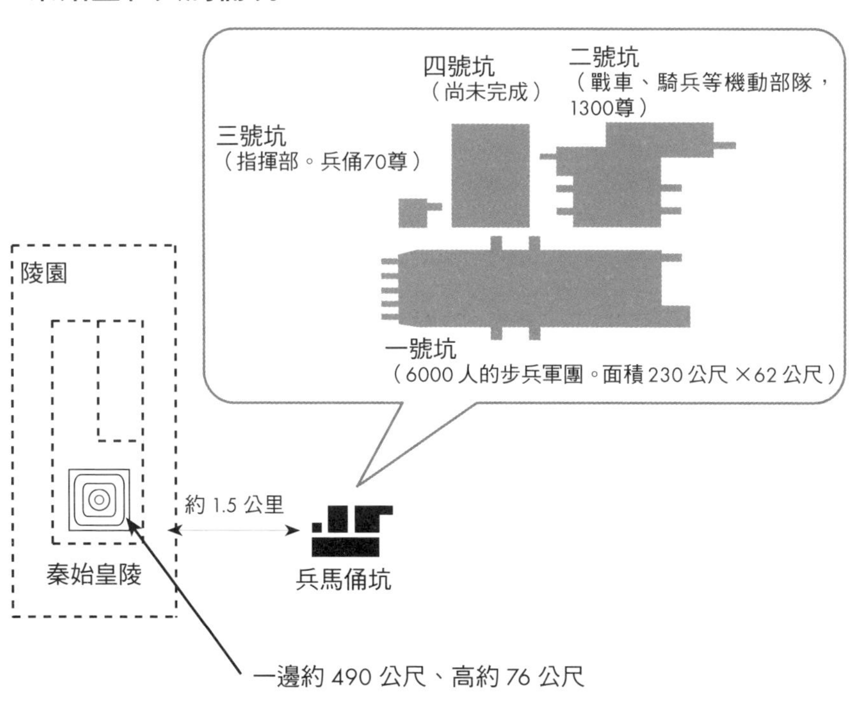

公元前210年～前202年　漢的成立

項羽劉邦之爭與漢朝的建國

打敗精英項羽的貧農之子劉邦開創了國祚長達四百年的大漢帝國。

獲得帝國的宦官

公元前二一〇年，第五次出巡的秦始皇因病去世。秦始皇生前約有二十名皇子，他把人在首都的長子扶蘇立為下一任皇帝的詔書委託給宦官趙高。

害怕引發叛變和混亂的宰相李斯，封鎖了秦始皇死亡的消息，而宦官趙高則密謀扶植秦始皇的最小兒子胡亥為帝，企圖獨攬政權。他拉攏李斯，製造假的詔書，以胡亥為二代皇帝，賜長子扶蘇、將軍蒙恬死罪。

愚蠢的二代皇帝胡亥，完全聽從趙高的擺布。之後，二代皇帝的兄弟、李斯等人一一被殺害，趙高成為宰相，把國家當成是自己的一般玩弄政權。

消滅秦朝的九百名農民軍

公元前二〇九年，名叫陳勝、吳廣的兩位農民，率領僅九百名的農民軍揭竿而起，各地的叛亂也隨之擴大。之後，率領農民軍人數暴增至數萬的陳勝，占領了舊楚國首都，建立了「張楚」國，但因為不懂得掌握人心，後來被殺害。

之後就在各地起義軍隊相互結合的時候，劉邦和項羽兩大勢力嶄露了頭角。當劉邦的軍隊逼近秦朝首都時，趙高將所有的罪都推給二代皇帝胡亥，殺害了他，並提議二分秦的領土，各統治一半。就在此時，二代皇帝的姪子子嬰殺死趙高，同時自廢皇帝的稱號，降為秦王。

呈現強烈對比的劉邦和項羽

出身自楚國昔日領土沛的貧農之子、遊俠四方的劉邦，和出自名門、代代都是楚國將軍的項羽，在各方面都呈現出強烈對比。最初，項羽一方占了壓倒性的優勢。因此最先占領咸陽城的劉邦將所有的財

歷史筆記　秦二代皇帝胡亥，據說是一個連馬和鹿都分不清楚的笨蛋，所以才會任由宦官趙高擺布。

寶都封印，全權委由兩個月後才入城的項羽處置。公元前二〇六年，項羽一進入咸陽城，便殺害了子嬰，搶奪所有的財寶，放火焚燒宮殿，瞬間消滅了延續三代十五年的秦朝。

四面楚歌覺悟天命

兩雄相爭，最初在戰場上叱吒風雲的項羽占盡優勢，但因為他忌妒心強、缺乏戰略性眼光、又怠於對部下的賞賜，所以擅於用人的劉邦便一一削平項羽身邊的諸將軍，逆轉了形勢。

公元前二〇三年，在安徽垓下遭數十倍的劉邦軍隊包圍的項羽，因為聽到四周響起家鄉的楚歌（四面楚歌），覺悟到自己的命運，舉行了訣別之宴。據說項羽的愛人虞姬含淚自殺之後，變成了惹人憐愛的虞美人草。項羽也在長江前的烏江口刎頸自盡，結束三十二年的生涯。

於是，劉邦成了倒秦戰爭的最後勝利者。公元前二〇二年，劉邦受到諸王的擁立，即位成為皇帝，開啟了國祚長達四百年的大漢帝國。

●項羽與劉邦之戰

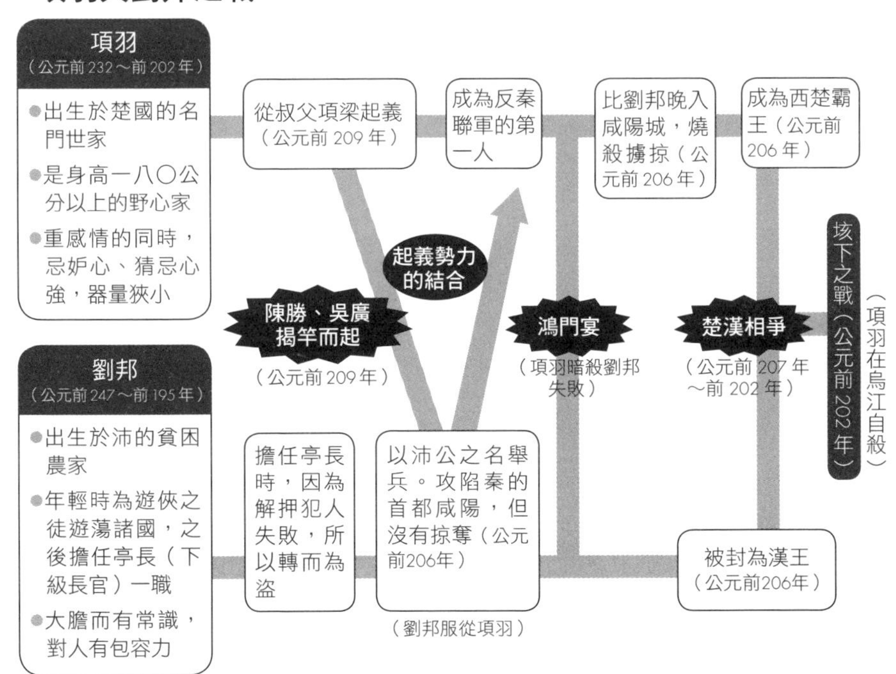

公元前3世紀末～2世紀中葉　匈奴的威脅

為游牧民族所苦的漢朝

漢朝敗給了蒙古高原的匈奴，不得不簽訂內容屈辱的不平等條約。

爭奪天下的任俠集團

農民出身的劉邦所建立的漢朝，是由一群仰慕劉邦人望與任俠信賴關係而結合的各種人物集團、所共同打拚出來的。因此在取得天下後，當務之急即是論功行賞。高祖劉邦封垓下之戰的總指揮，人稱「國士無雙（國家的第一大英雄）」的韓信等有功勞的七名部下為王、一百四十三名部下為諸侯，並以首都長安及其四周區域（四十二郡中的不到十五郡）為直轄地，派遣官僚治理（郡國制）。

因為沒什麼學問，高祖採行符合實際需要的統治，努力重建農民生活的基礎，建設小而儉樸的政府。但是，為了穩固自家一族的統治，他開始利用各種藉口更換諸王、誅殺功臣，最後除了長沙王之外，所有其他諸王都由自己的家族取而代之。高祖在位八年，穩固家族的統治基礎之後去世。

屈服於草原英雄的漢朝帝國

在中亞地區，居住在黑海北岸斯基泰人所開發的馬銜（轡）、韁繩等騎馬技術向東、西方傳播，出現了有組織、擅長騎馬的游牧民族所形成的游牧帝國。

雖然游牧帝國的人口不多，但卻具有威脅農業帝國的軍事力量。而蒙古高原的匈奴也是強大的游牧帝國，從秦朝曾派遣三十萬大軍修築萬里長城的情形，可以窺知游牧民族所帶來的壓力。

在秦朝末年的動亂期，出現在蒙古高原的英雄是冒頓單于（單于是國王的意思）。他依次征服東胡、月氏等游牧民族，形成一股龐大勢力，威脅漢朝。

公元前二〇一年，高祖曾親自率領三十二萬名軍隊攻打匈奴，但卻反而在平城（今天的大同）附近的白登山，被四十萬匈奴大軍所包圍，大戰七天失敗，陷入全部被殲

《史記》記載，在冒頓單于的時代，匈奴「征服所有的北方諸民族，與南方的中國敵對（對等作戰）」。

滅的危機。

當時，高祖的參謀陳平心生一計，派遣使者拜訪單于夫人，贈送禮物和美女圖，說漢朝有很多像畫中的美女，如果消滅漢朝由匈奴統治，對單于夫人來說並非良策。

屈居匈奴之弟的恥辱

因此，匈奴答應與漢朝簽訂和平條約，解除了包圍。條約的內容是：1.漢朝每年要贈送大量的絹、穀物（例如米）、酒給匈奴；2.要將漢朝王室女性嫁為單于夫人；3.建立匈奴為長兄、漢朝為弟的兄弟關係等。這對漢朝來說，實在是項屈辱的條約。

匈奴的優勢，對以全天下統治者自居的漢朝皇帝來說，是種無法忍受的屈辱。直到漢武帝為止，匈奴的威脅持續了七十年之久。且匈奴常以漢朝不守議和條約為藉口，屢次攻打漢朝境內，進行掠奪。

●漢朝帝國和匈奴帝國的關係

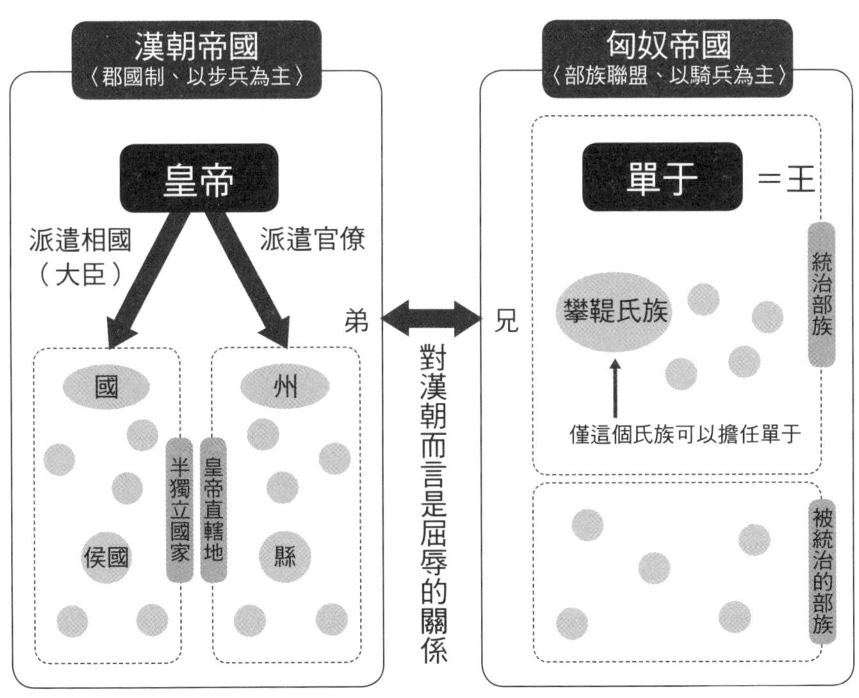

公元前154年～前87年　漢武帝歷史

儒家國家化與完整的官僚體制

漢武帝為了恢復以皇帝為最高點的中央集權體制，開始拔擢儒家官僚治理國家。

吳楚七國之亂

在漢朝帝國下被分封在各地的劉氏王侯，實際上是獨立的國家，他們各自伸展勢力，與王室的關係日漸疏遠。中央政府雖然以分割、削減領地等政策對抗王侯，但到了第六代景帝時期的公元前一五四年還是發生了吳楚七國之亂。七國的軍隊雖然較中央政府強，但因為彼此之間的合作不佳，所以叛亂三個月就被平定了。

叛亂被平定後，王、侯國的統治改由中央所派遣的官僚負責，並分割諸王的領地，並且要他們負擔籌措漢朝王室宗廟祭祀用的黃金，改為實質的中央集權體制。皇帝的權力也因此明顯加強。

精英官僚出現

漢武帝（孝武帝）從公元前一四一年十六歲即位，到七十一歲去世為止，在位共五十五年。他為了重建以皇室為頂點的中央集權體制，利用儒家學說，藉由將皇帝比擬為父親的大家族制度，企圖加強王權。

因此，需要很多輔佐皇帝的官僚。當時，董仲舒提倡人民應對身為天子的皇帝絕對服從，而上天對皇帝統治的評價，則會透過各種自然現象呈現出來（天人感應說），董仲舒因而受到武帝的重用。並在長安設置太學，教授儒家的經典《詩》、《書》、《易》、《禮》、《春秋》等「五經」，讓成績優秀的學生擔任官僚。又實施所謂由鄉里推選的官吏錄用制度，命令地方官員向朝廷推薦具備儒家學說、且孝順、廉潔的人。

以儒家學說為根本的官僚統治體系一直持續到近代，成為中國固有的政治制度基礎。

根據《漢書》〈昭帝紀〉記載，因為漢武帝的浪費和戰爭耗損國力，人口減少了一半。

漢武帝能夠超越秦始皇嗎？

漢武帝即位時，漢朝建國已經過了六十多年，國庫也極為充實了。於是漢武帝在即位的第二年，建立歷史上最早的年號「建元」，於公元前一一〇年恢復秦始皇曾經舉行過的泰山封禪儀式，誇示自己的權力。

認為如要對外誇示自己的權力，就必須要擴大統治領域的漢武帝，不斷積極遠征匈奴、南越、朝鮮。但是連年遠征所消耗的國力卻是超乎想像的大，不但財政狀況因此陷入了危機，也動搖了國本。

晚年的漢武帝，沉迷於追求長生不老。有人密告說皇太子對漢武帝下咒，被逼到走投無路的太子於是自殺。事後知道太子是被陷害的武帝，五年後在失意傷心中病死。結果漢武帝也和秦始皇一樣，寂寞地結束了一生。

●漢朝帝國的擴張和貧民的激增

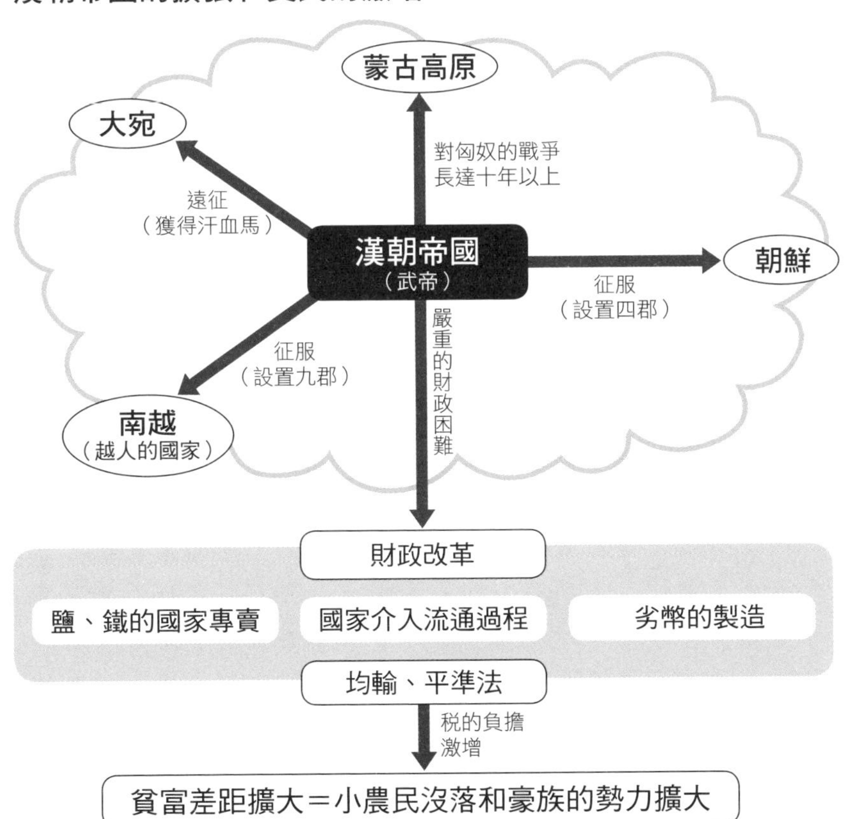

公元前139年～前102年　進入絲路

漢朝與匈奴的大戰和絲路

充滿冒險精神的張騫西方之旅，為漢朝帶回各種情報，以及葡萄、汗血馬等。

拔擢愛妃一家，擊破匈奴

為了切斷自漢初以來與匈奴之間長久的屈辱關係，漢武帝設計誘殺軍臣單于，但並沒有成功，反而使漢朝與匈奴之間的關係急劇惡化。

與匈奴作戰有功的是賤民出身、登上漢武帝皇后之位的衛子夫一族。她同母異父的弟弟衛青，在十一年中曾七度與匈奴大戰，討伐五萬名匈奴人，確保了河套地方（鄂爾多斯），是一位戰功彪炳的大將軍。漢武帝在河套地方設置二郡，令十萬人移居此地進行開墾。

還有，衛青的外甥霍去病，公元前一二一年俘虜了十萬名匈奴兵獲得大勝利，摧毀了匈奴的右翼，占領前往西域的河西走廊。漢武帝讓很多漢人移居河西走廊一帶，設置武威、張掖、酒泉、敦煌四郡，漢朝帝國也因此連接上了絲路。

經過十多年的戰爭最後勝利了，匈奴雖然不再進犯長城內，但是長年的戰爭卻使漢朝的財政明顯惡化。

張騫開啟西方的窗口

漢武帝即位後不久，即聽到情報說「匈奴打敗月氏的國王，用國王的頭蓋骨做成酒杯，月氏敗逃、憎恨匈奴，但卻找不到共同打擊匈奴的夥伴」。但月氏到底在哪裡，沒有人知道，所以便開始招募自願前往的使者。結果自願擔任此一充滿危險任務的人，只有侍奉在武帝身旁的郎官（宿衛之官）張騫一人。

公元前一三九年，張騫帶著翻譯兼嚮導的匈奴人甘父，以及一百多名隨從，進入了匈奴統治的區域。但一行人不久便遭匈奴逮捕，被羈留了十多年。在這十多年裡，張騫娶了匈奴女子、也生了孩子。但他並沒有忘記自己的使命，趁警備鬆懈時逃出，經數十天來到大

張騫證實大夏等西方世界的存在、開拓通路的偉大功績，被人讚揚說是「張騫鑿空」。

宛，最後終於到達了大月氏國。

可是已經附屬於大夏、非常繁榮的大月氏，並沒有與匈奴戰鬥的意志，停留一年多之後，張騫便失望地經塔里木盆地的南方踏上歸途。這時他又再度被匈奴逮捕，羈留了一年多，後因匈奴內亂，公元前一二六年，他終於千辛萬苦地回到了長安。

雖然這是充滿苦難的十三年旅程，但結果卻帶回了安息等大國的情報，證實絲路的存在，開啟漢朝通往西方諸國的道路。葡萄、小黃瓜、洋蔥、胡蘿蔔、蒜頭、石榴、無花果、胡桃、苜蓿、蕃紅花、阿拉伯馬、酒杯、玻璃、呢絨等紛紛從西方傳來；而中國方面除了大量的絹之外，鋼、漆器、竹器、老薑、肉桂、大黃等也傳往了西方。

●絲路和河西走廊

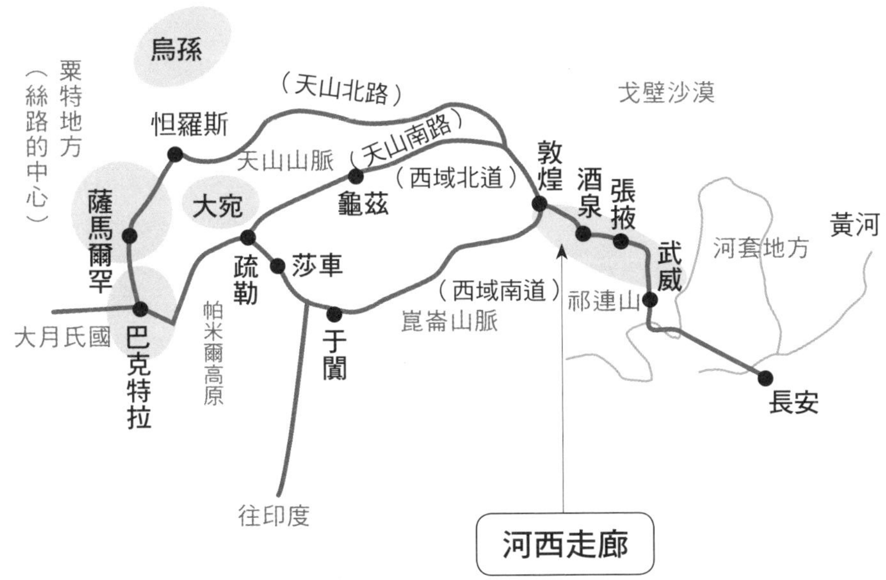

公元前108年～前97年　司馬遷與《史記》

《史記》是如何被完成的？

中國最偉大的歷史學家司馬遷，他以紀傳體的形式，寫成了共一百三十卷的《史記》。

歷史之父——司馬遷的出現

漢武帝時期的歷史學家司馬遷，與西方希羅多德齊名，有東亞世界「歷史之父」之稱。他以獨特的紀傳體型式，寫下一百三十卷、五十二萬六千五百字的《史記》，記載了傳說中的統治者黃帝到漢武帝時代的世界歷史。

司馬遷出生在代代侍奉皇帝的史官太史令家庭，從小讀萬卷書、累積歷史素養，之後被封為郎中，加入遠征西南夷的戰爭。

但父親司馬談的死卻帶給司馬遷極大的打擊。司馬談在公元前一一〇年漢武帝舉行封禪儀式（祭拜上天和山川的儀式）時，原本希望以紀錄官的身分出席記錄該儀式，但卻未能如願，因而失意臥病在床。知道自己來日無多的司馬談，叫司馬遷到床前，要他繼續自己尚未完成的工作（編撰繼《春秋》之後的史書）。

三年後的公元前一〇八年，繼承父親成為太史令的司馬遷開始整理各種紀錄，並在四年後著手編撰《史記》一書。

忍受去勢之辱傳名著於後世

但在十年之後，卻發生了一件改變司馬遷命運的事件。公元前九十九年，年輕而勇敢的將軍李陵，率領僅五千名的步兵攻打匈奴，但卻反被八萬名的匈奴軍隊包圍，陷入困境。雖然李陵帶頭衝鋒陷陣，殺死了一萬名匈奴軍隊，但因為計策用盡不得已投降了匈奴。大家對李陵的評價也因此為之一變，都說要懲罰李陵、抄他的家，這時只有司馬遷稱讚李陵的勇氣，為他辯護。可是司馬遷這樣的主張，卻被視為是指責漢武帝，而被判死罪。

但將繼承父親遺志、完成史書編撰視為自己一生工作的司馬遷，

宦官，不只是中國，在西亞、地中海世界也曾經存在，一般認為是游牧民族將閹割家畜的技術，應用到了人類社會。

認為自己不可就這樣死去。可是，要逃過死刑的唯一手段，就是被處以宮刑（去勢之刑）成為宦官。

公元前九十八年，司馬遷變成了宦官。他忍受著屈辱，忍受社會上冰冷的眼光，選擇了完成史書的道路。

他在之後寫給朋友的書信中提到，說自己之所以隱忍苟活，完全是為了要完成《史記》。曠世巨著於是在發憤中寫成。

●紀傳體和《史記》

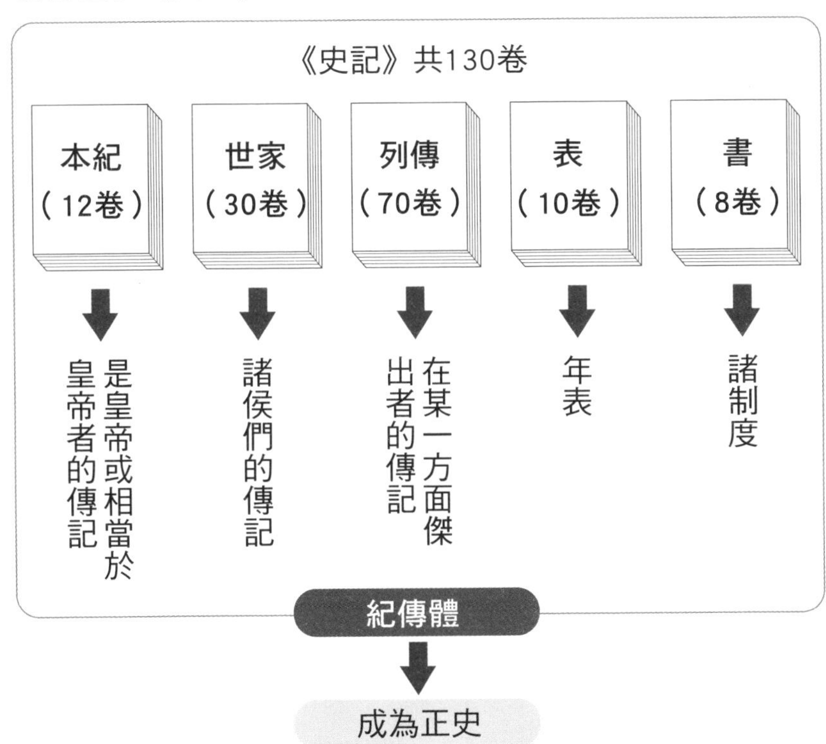

何謂正史

是指從古代到明代為止，被認為是最正統的史書。從《史記》到《明史》，共有二十五史。唐代以降，根據敕令，後一個王朝必須要編撰前一個王朝的歷史。

公元前2世紀末 往漢朝四周擴張

包圍東亞世界的漢朝帝國

漢朝直轄的朝鮮半島樂浪郡成為東亞海路的中繼站，因地處交易以及文化傳播的據點而繁榮。

長達一千年的越南統治

以廣東為中心的越人社會，雖然被秦始皇所征服，但在秦朝末年，由漢人獨立建立了南越國，臣服於漢朝。後來因為漢人與越人的對立日益激烈，漢武帝在公元前一一二年派遣十多萬大軍，於翌年占領首都番禺（現在的廣東），並在越南中部地區設置了九個郡。

之後，很多漢人移居此地，一千年來，越南北部都被漢人所建立的各朝代所統治，中華文明也深植於此。

朝鮮半島的漢化和樂浪的繁榮

在漢高祖採取以同姓家族取代異姓諸侯的政策時，燕王逃往匈奴帝國，而有勢力的衛滿，則帶領眾多部下逃到了朝鮮半島。他以王險（現在的平壤）為首都，建立朝鮮國（衛氏朝鮮），臣服於漢朝。

公元前一〇八年，漢武帝以國境爭端為藉口，派遣海、陸大軍，消滅衛氏朝鮮，設置了樂浪、玄菟、臨屯、真番四郡。

當時最重要的都市是除了首都王險之外的樂浪郡郡都樂浪，當地有很多漢人移居此地從商，是貿易和中國文化傳播的據點。最盛時期的樂浪，有六萬多戶的人口。

東亞的海路和倭國

東亞的主要海路，是內海的渤海、黃海海域。因為當時航海技術尚未成熟，所以是以結合沿海航路與河川的方式來建立海上貿易網。

戰國時代的齊國，是當時全中國第一大鹽、鐵產地，商業非常發達。從首都臨淄的人口超過三十萬人，可以窺知當時山東半島經濟活動的盛況。

位在山東半島東端的港口登州，是黃海海域的主要港口，沿著島嶼連接著遼東半島。再沿著遼東

東亞海路的主要商品有山東半島的鐵器、紡織品等。

半島橫越黃海之後，南下朝鮮半島，越過對馬海峽，連接日本北九州的博多灣等地。

漢武帝統治樂浪做為海路的中繼站，讓大量的漢人商人遷居樂浪，於是經由樂浪、朝鮮半島南部的韓族社會（由超過七十五個集團所組成）和博多灣等地，往來於倭人居住的日本列島間的商人活動變得活絡。

●東亞的海上航路

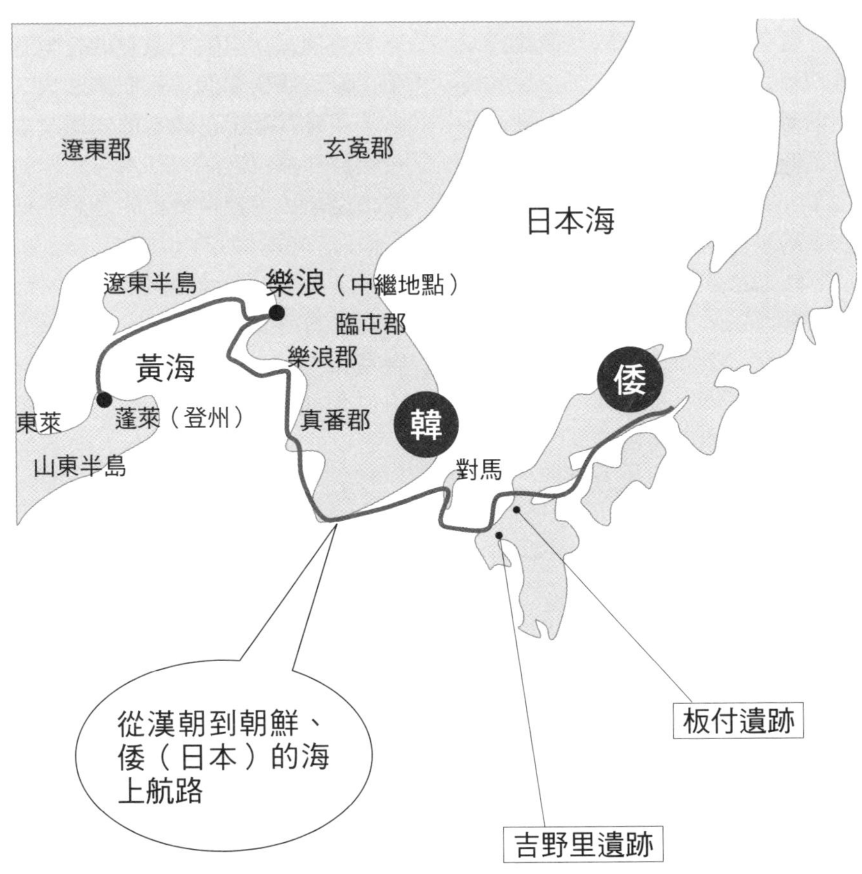

公元8年～25年 從「新」到東漢

王莽亂政與赤眉之亂

個性急躁、為所欲為的王莽，他的政策最後失敗，「新」僅十五年就滅亡了。

苦於財政危機的人民

長年對匈奴征戰的巨額經費、論功行賞的做法，動搖了富足的漢朝財政，因而陷入財政危機。此時，商人出身的財政官僚桑弘羊進行了一連串的政策：將鹽、鐵、酒改由國家專賣，再以調整物價為藉口，讓國家介入流通的過程，並為支付官員薪餉發行五銖錢（三．三公克、秦的半兩錢是十六公克），以及進行賣位、賣官等。但這樣的政策卻明顯加重人民的負擔，造成很多農民的沒落和地方貧富差距的擴大。

此外，社會不安的氣氛也更加瀰漫，各地千人、百人規模的盜賊集團橫行，農民痛苦不堪。

誤用儒學而失敗的王莽

到了公元前一世紀，中央的政治也出現亂象，宦官和外戚開始展開激烈的權力鬥爭。

到了漢元帝時代，外戚王氏一族勢力抬頭。皇后王政君的外甥王莽，修習儒學學問並且嶄露頭角，三十八歲就登上了政權的中樞。之後他操弄讖緯之說（利用自然界的變化現象預言社會禍福的思想）圖謀擴大自己的權力。

公元五年，他毒殺平帝，改立兩歲的劉嬰為皇太子，稱自己為假皇帝。三年後，五十三歲的王莽以禪讓之名登上皇位，改國號「新」，將首都「長安」改名為「常安」。

重視儒家經典的王莽以周朝為理想國，於是根據《周禮》以全國的土地為「王土」，將土地國有化禁止買賣，控制商業，流通多種多樣的貨幣，並將地名改成了古名。

但是這樣急就章的政策使經濟陷入混亂，而其蔑視四周不同民族的政策，也引發與匈奴、高句麗之間的紛爭。

王莽的改革有很多是機械式地直接抄襲古書，且朝令夕改，結果變成了官吏壓迫人民的最佳藉口。

公元十八年，山東發生飢餓農民叛亂的赤眉之亂，湖北則有與豪族同盟的綠林軍起義。公元二十三年，王莽在閱讀儒家經典時被殺，時年六十八歲，新朝只傳了一代十五年便滅亡。

打倒赤眉兵的豪族同盟

湖北南陽豪族、以及有漢朝皇室血統的劉氏一族，打著打倒王莽的口號起兵，推舉家族的劉玄為假皇帝（更始帝）。

更始帝的軍隊打著復興漢氏的旗號，聯合眉毛塗紅的農民軍——赤眉軍攻入長安，殺死了王莽。但是，進入首都長安的更始帝，生活淫亂，根本無法建立新氣象，最後被赤眉軍所殺。可是，赤眉軍也一樣，只知掠奪而已。

公元二十五年，被豪族們推舉為皇帝的劉秀進入了洛陽城，終於復興漢朝（東漢）。劉秀降服了十多萬的赤眉軍，穩固勢力根基，歷經十一年的歲月統一全國。

●東漢建立的過程

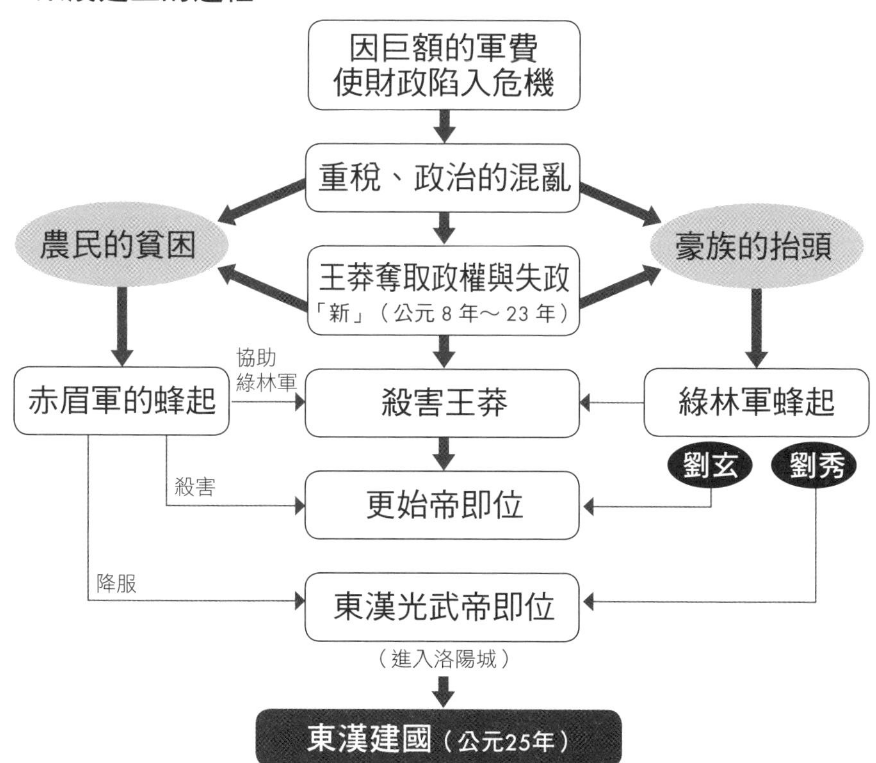

公元25年～97年　東漢與西域經營

以柔制剛的光武帝建立東漢

經過六十年再度開始經營西域的東漢，希望征服綠洲都市國家群，直接與羅馬帝國交涉。

中興漢朝帝國的學者皇帝

公元二十五年，三十一歲即位的劉秀，史稱東漢光武帝，在四十三歲時終於統一了全國。

靠著豪族們的協助建立東漢的光武帝，在各個方面都與建立西漢的劉邦形成對比，「柔能制剛」便是光武帝之言。而身為熱心儒者的東漢光武帝，對外採取消極政策，以安定民生為第一。此外，他沒有誅殺過任何一位功臣，被後世稱讚是明君。但是，由豪族聯盟支持建立的東漢，皇帝的權力遠比西漢來得低。

東漢在首都洛陽設立太學教授儒家學說，朝廷則根據是否具備儒學教養、品德來錄用官員。光武帝建立了一個以儒家為基礎的國家。

光武帝在公元五十七年駕崩。在他過世的前一個月，倭奴國（日本）的使者來到了洛陽，光武帝賜給使者二．三公分見方、重一〇九公克的金印。這顆金印於十八世紀末，在臨博多灣的福岡志賀島上被發現，現在是日本的國寶。

不入虎穴焉得虎子

雖然建國之初，東漢對外採取了消極的態度，但在公元四十八年，降服南北分裂的南匈奴之後，東漢繼而派兵討伐北匈奴，征服了西域綠洲的都市國家，設置西域都護府，再度開始睽違六十年的西域經營。

經營西域有功的班超，一家三代都是史學家，父親、哥哥、妹妹都是有名的歷史學者。班超年輕時雖然致力於學問，但獲知張騫的事蹟後，便對西域充滿了憧憬。

公元七十三年，加入討伐匈奴行列的班超，親自率領三十六名部下到塔里木盆地東端的鄯善國（以前的樓蘭）偷襲匈奴使節營地，斬殺了三十餘人，燒死一百多人，展

當時的印章是傳遞文書時用來蓋章封印用的，東漢光武帝授與倭國的金印可能是朝貢時封印用的印章。

現漢朝武將的勇猛。當時他說了一句至今仍膾炙人口的話：「不入虎穴，焉得虎子」。

之後，西域綠洲的都市國家紛紛脫離匈奴的統治，臣服於東漢。

連結漢、安息與羅馬

在西域生活了三十多年的班超，讓裏海以東的五十餘國向東漢朝貢，為求直接與羅馬帝國（大秦）交涉，他在公元九十七年派遣部下甘英前往。

甘英經由安息到達條支，但因為判斷無法渡過地中海而放棄返國。班超在西域努力經營了三十一年，年老返回洛陽，一個月後便去世。

根據《後漢書》的記載，公元一六六年，大秦王安敦（推斷是五賢帝最後一位的馬可・奧勒利烏斯・安東尼努斯〔公元一六一年～一八〇年〕）的使者，曾經由海路抵達越南中部，向東漢獻上象牙，由此可知當時東西兩大帝國都已經知道彼此的存在。

●東西兩大帝國的交流

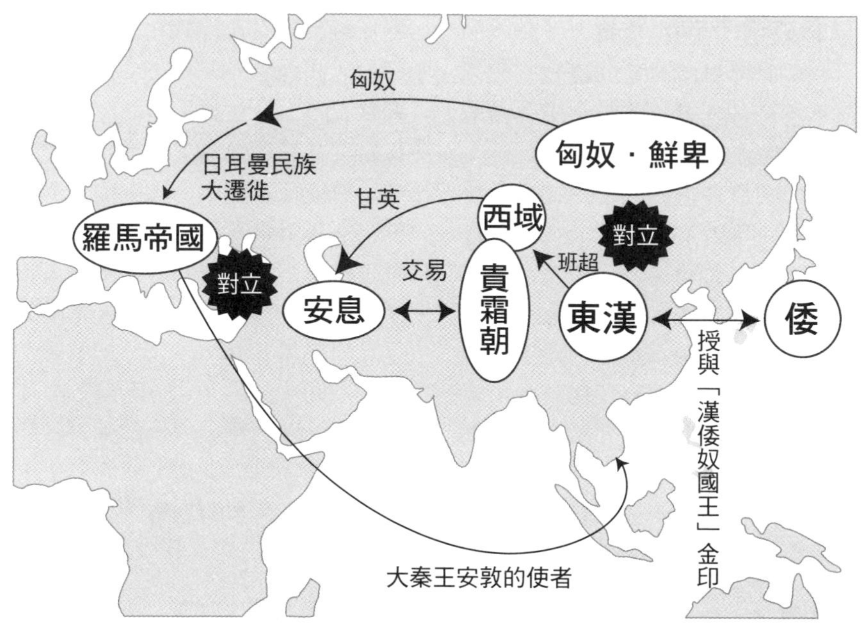

建立文明基礎的學者們

蔡倫的紙、張衡的地震儀、許慎的字典……，東漢時代的科學技術、學問已經走在世界的尖端。

燦爛的東漢文明

東漢是集古代諸學問之大成的時代，眾多優秀學者輩出。例如：東漢末年的張仲景，他有系統地敘述根據症狀治療的治療法，建立了中醫的基礎。雖然有關他的傳記不明之處很多，但到了宋代，其理論再次被編輯成《傷寒論》等書。

發明紙張原型的蔡倫

現今世界所使用的紙張，若要追本溯源，就得追溯到東漢農民出身的宦官蔡倫。

中國最初是將文字刻在獸骨、青銅器（甲骨文字、金文），之後使用木簡、竹簡、以及布寫字。但不管哪一種方式，都有它書寫上的困難。因此蔡倫不斷努力思考研究可以書寫記錄的原料，終於成功製造出以樹皮、碎麻布、漁網等為原料的「紙」，在公元一〇五年上呈給和帝，被稱為「蔡侯紙」，獲得高度評價。

紙的製造方法，在公元七五一年怛羅斯河畔戰爭時，傳到了回教世界，不久之後又廣傳到了歐洲。

世界最早的地震儀

蜀郡太守的孫子張衡，三十四歲時踏上仕途，三年後，他當上觀測、記錄天文現象的太史令，學習天文和曆法。他否定過去天是圓的、地是方的「天蓋說」，而提倡「渾天說」，認為天是卵形，包圍著如蛋黃形狀的地。張衡為了證明自己的理論製作了「渾天儀」。渾天儀是利用水時鐘，讓渾天儀以和地球自轉相同的速度旋轉，讓人可以在室內掌握太陽、月亮、星座的運行。

公元一三二年，張衡又製作了名叫「地動儀」的地震儀。當時設置在洛陽的地動儀，測到了千里遠的隴西所發生的地震，因而震驚

地動儀的結構是，因為地震波而失去平衡的鐘擺會碰到槓桿，連結槓桿的龍口中就會發出聲音並吐出銅球，根據銅球掉落的方位，即可知道地震的方向。

眾人。西歐直到這個地動儀出現的一千七百年後才有地震儀。

為什麼要編字典？

東漢時期，陸續發現為躲避秦的焚書而被埋入牆壁裡、用篆書（古文）書寫的經書，也因此產生研究古文經書與東漢的經書（今文）有何不同的學問。

研究時除了檢討、整合兩種不同經書的需要，為了建立古文基礎，還需要有能夠說明秦代篆書原義、字型演變、解釋字義的字典。於是許慎編撰了《說文解字》。他按「部首」分類九千數百個漢字，以六書（象形、指事、會意、形聲、轉注、假借）的方式，說明文字的意義。

●東漢時代的文化

領域	人物	成就
科學	蔡倫	改良製造紙張的方法
	張衡	發明渾天儀、地動儀
	張仲景	建立中醫學（《傷寒論》）
歷史	班固	撰寫《漢書》
儒家學說	馬融・鄭玄	集訓詁學之大成
學術	許慎	編撰字典《說文解字》

公元184年～公元220年　東漢滅亡

黃巾之亂與東漢的瓦解

因為外戚和宦官而腐敗的東漢，在新興宗教和農民的蜂起叛亂下滅亡。

朝廷因公私不分而陷入混亂

在豪族支持下建立的東漢，原本皇帝的權力就很弱，雖然到第三代章帝為止的六十多年（公元二十五年～八十八年）是安定期，但第四代以後的九位皇帝，因為全都不滿十五歲就即位，所以皆由母后及其一族（外戚）掌握實權。

而皇帝成年之後則會利用宦官排除外戚，接著年少皇帝再即位，外戚又會掌握權力，結果在這樣的惡性循環下，宦官勢力逐漸抬頭，政治日益混亂。

儒家官僚們稱腐敗的宦官為「濁流」，稱自己為「清流」，強烈批評時政。公元一六六年以後，宦官對他們進行徹底的鎮壓，殺害帶頭的清流派官員一百多人，一掃批判勢力（黨錮之禍）。

為了對抗政治的腐敗以及地方上豪族的豪奪，各地農民蜂起，農村動盪不安，最後終於發生黃巾之亂。

蒼天已死

創立咒術色彩強烈之新興宗教「太平道」的張角，掌握迷信的農民心理，在十多年之間，獲得了數十萬的信眾。他將信眾編成軍隊，準備群起叛變。

公元一八四年，張角宣傳說：「蒼天（漢朝）已死，正是黃天（太平道）興起的時候，歲時甲子，天下大吉」，企圖呼應宮中有志一同者裡應外合，但因事前事跡敗露，一千多人在洛陽被殺。張角於是不得不提早一個月起兵叛變。

由於他們的頭上都纏著黃色頭巾，所以被人稱為「黃巾賊」。雖然最初處於優勢，可是張角死後，主力軍不到一年也隨之瓦解。不過農民的蜂起暴動卻持續了二十年以上，因此豪族們紛紛組織武裝集團，希望藉武力自衛，掌握權力。

歷史筆記　張角自封「天公將軍」，封兩個弟弟為「地公將軍」、「人公將軍」。

地方勢力抬頭和東漢的衰亡

公元一八九年，豪族袁紹率領軍隊攻入洛陽，誅殺了兩千多名宦官。但接著從邊境進攻而來的凶惡董卓，強迫少帝退位，改立九歲的獻帝，並自立為相國，執政治之牛耳，不斷燒殺擄掠。因此，袁紹召集各地群雄討伐董卓。

戰敗的董卓，放火焚燒洛陽的宮殿，搶奪財寶，並挾持獻帝逃往長安，興建豪華的宮殿，過著酒池肉林的生活。後來董卓被部下所殺，最後走向群雄割據的局面。

公元一九六年，迎接落難獻帝遷都到「許」的曹操，在官渡一戰大敗競爭對手袁紹，統一華北，成為「魏王」。曹操底下人才眾多，公元二二〇年，獻帝讓位給他的兒子曹丕，東漢光武帝以降歷經十四代、延續一九六年的東漢就這樣悲慘地滅亡了。

●東漢從建立到滅亡的過程

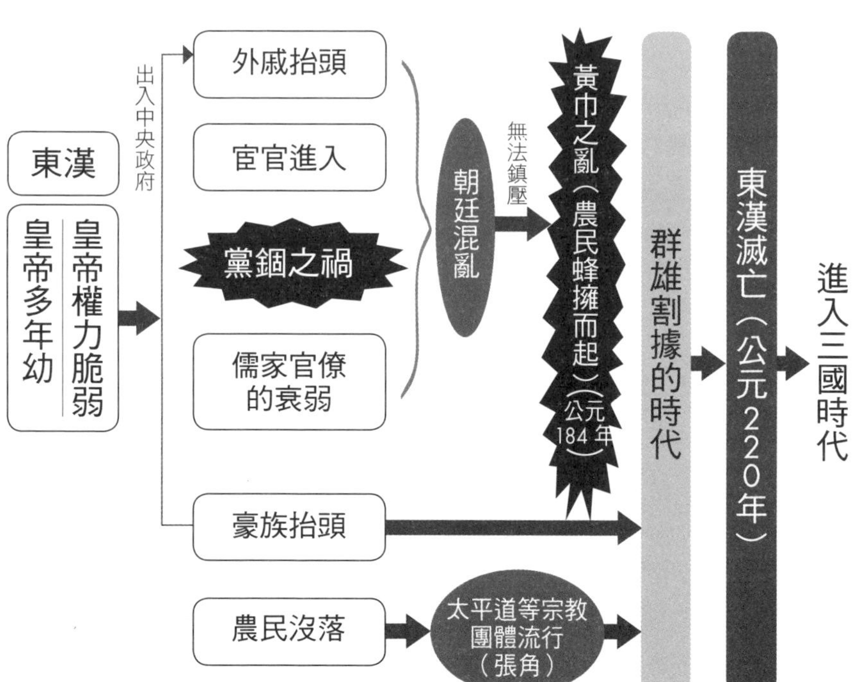

公元192年～280年　曹操與三國時代

三分天下的中華世界

東漢滅亡，中國經過長達六十年的三國鼎立時代之後，魏的豪族司馬懿建立晉朝，統一全國。

治世的能臣曹操

因《三國演義》而廣為人知的三國時代，從曹操這個人物拉開序幕。

他不畏艱難的境遇，致力於學問和文學，在各方面都極為優秀。公元一七四年，曹操以二十歲之齡被舉為二十萬人中選一的孝廉，成為官僚。

公元一九二年，三十七歲的曹操擊破黃巾賊的餘黨，將投降自己的三十萬農民軍編入自己的軍隊，成為一股與出身名門的袁紹勢均力敵的軍事力量；公元一九六年，他迎接獻帝，掌握了號令天下的權威。此外，他又令沒有農田的農民開墾荒地以充實財政，逐步穩固自己的根基。

公元二〇〇年，官渡一戰大獲全勝的曹操，逐一打倒豪族，公元二一〇年，大致統一了華北地區。

阻撓魏統一天下的諸葛亮

想乘勢征服江南的曹操，公元二〇八年率領二十萬大軍南下。與此同時，西漢景帝後裔的劉備也積極尋找優秀人才，「三顧茅廬」邀請二十七歲的諸葛亮擔任軍師，謀求獨立。四十七歲的劉備採用諸葛亮「三分天下之計」，派遣諸葛亮前去與盤據在江南的豪族孫權結盟。

僅有三萬兵力的孫權軍隊，在長江流域的赤壁迎戰誇示自己有一百萬兵力的曹軍，以一千艘著火的船隻衝撞不習於水戰的曹操水軍，獲得了奇蹟般的勝利，也粉碎了魏的野心。

結果，孫權保住了江南，劉備占領了蜀（四川盆地），形成三國鼎立的局面。

進入魏、蜀、吳三國時代

公元二一六年，曹操成為魏王，建立實質上的魏朝，後來在公

歷史筆記　曹操曾說：「文章經國之大業，不朽之盛事」，是非常有學識的人。

元二二〇年去世，享年六十六歲。曹操「統領軍隊三十餘年，手不離書」，可說是文武兼備的人物。曹操死後九個月，獻帝讓出（禪讓）王位給曹丕，開啟了魏朝。消息傳來，劉備翌年便在成都即位，國號漢（蜀漢）。而被評為「守成之君」的孫權，也在公元二二九年建立吳國，以建業（南京）為都，進入了三國鼎立時代。

占壓到性優勢的魏

但觀察三國的軍力，魏國占壓倒性優勢。東漢十三州中，隸屬於魏的有九州，隸屬於吳的有三州，而蜀漢只占有一州。

公元二二四年，劉備病死，二代皇帝即位；公元二三四年，與魏軍在五丈原對峙一百日、五十四歲的諸葛亮因勞累過度而病逝，由於沒有優秀的後繼者出現，所以在公元二六三年蜀漢便被魏給消滅。

在魏國，司馬懿一族握有實權，公元二六五年司馬懿之孫司馬炎藉由禪讓獲得王位建立晉朝。

晉朝派遣三十萬大軍攻打政權已經動搖的吳。公元二八〇年，晉朝八萬名軍隊攻陷建業，消滅了吳國，六十年來的分裂也就此歸於統一。

●三國鼎立

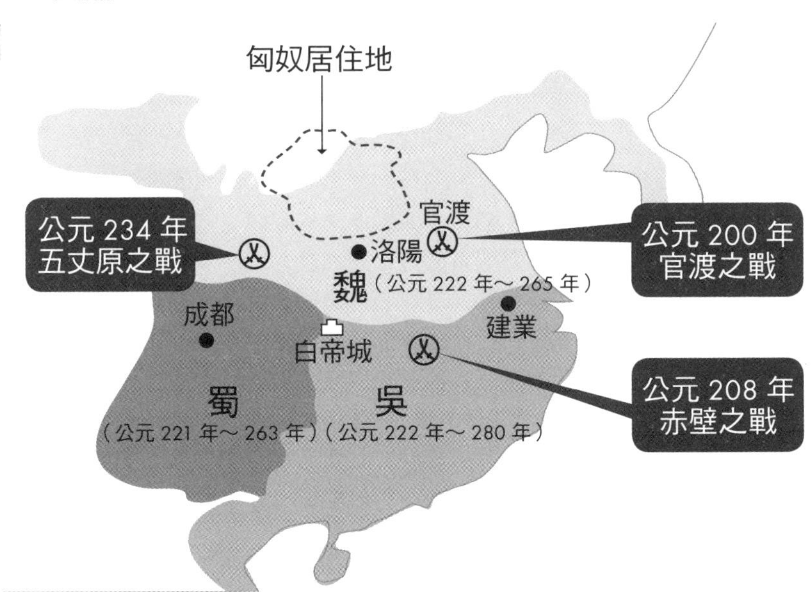

專欄

東漢大科學家張衡驚人的功績

張衡（公元七十八年～一三九年）活躍在洛陽一帶，與提倡天動説、希臘主義最後的大科學家托勒密（譯註：希臘天文學家、地理學家）大約同一時期。

張衡是洛陽郊外的靈台（天文台，占地四萬四千平方公尺，基座五十平方公尺）台長，在他所寫的《靈憲》一書裡記載著：1.宇宙是無限的；2.區分由火般物質所構成、會發光的太陽、以及不會發光的月亮，以科學性的觀點説明日蝕、月蝕；3.指出在洛陽附近可以觀測到的星星有二千五百顆、無法觀測到的小星星有一萬一千二百五十顆。

還有，他在《渾天儀圖注》一書裡，説天像一顆圓形雞蛋，而地就像蛋黃一般被包在裡面。公元一一七年，他製造了顯示天體運行的地球儀，即利用水力一晝夜轉一圈的「渾天儀」。渾天儀是顯示北極、南極、黃道、赤道、恆顯圈、恆隱圈、星官（星座）、地平圈、子午圈等的巨大機器，周長一丈四尺（約四．二公尺）。

公元一三二年，他製造了青銅製酒樽形的地震儀，該地震儀在六年後的公元一三八年，測量到在洛陽誰都沒有感覺到的地震，數日後，從一千里（約四千公里）遠的隴西（甘肅省南部）傳來這起地震的報告，證明真的發生過地震。這件事後來被記載在《後漢書》〈張衡傳〉裡。該地震儀後來由中國歷史博物館的王振鐸修復，日本東京上野的國立歷史博物館也有其複製品。

張衡同時也非常有文才。他三十歲時所寫的名作〈二京賦〉（吟詠西漢首都長安和東漢首都洛陽的賦）被收錄在《文選》裡，也流傳到了日本。

隋唐帝國和中華世界的成長

擴張至中亞細亞的版圖、花開燦爛

⊙在強大的農業帝國下所建立的安定秩序

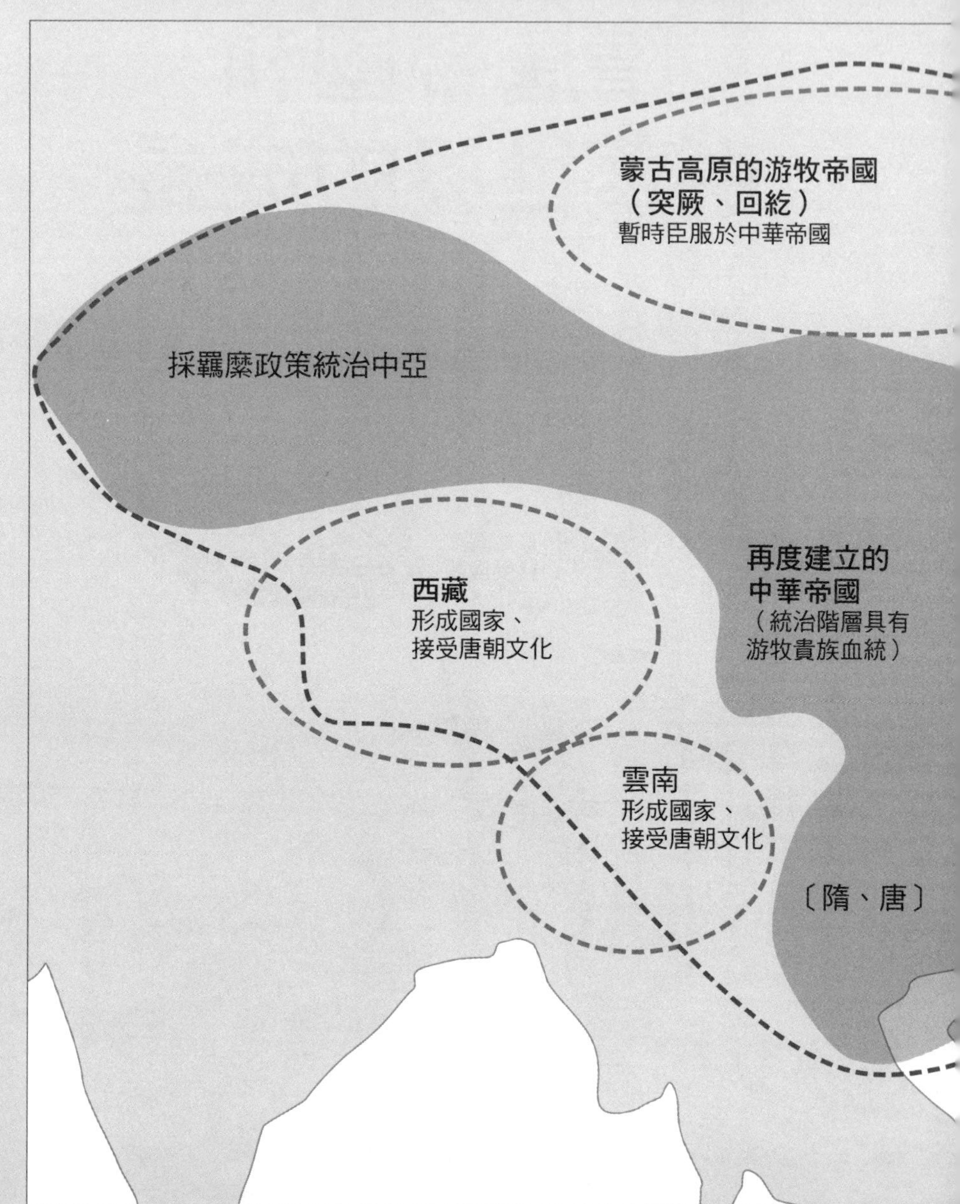

般的唐朝文化

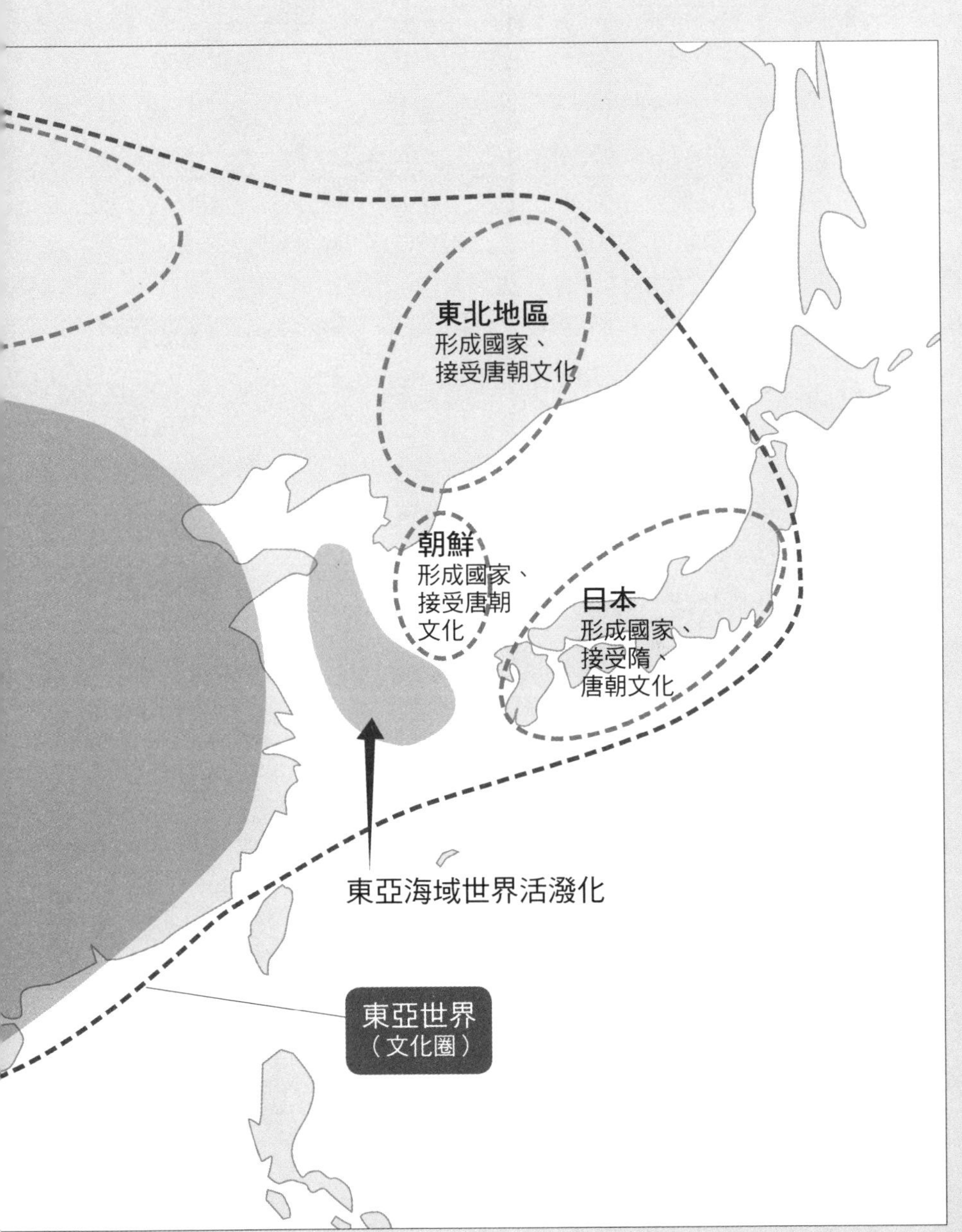
東北地區
形成國家、
接受唐朝文化
朝鮮
形成國家、
接受唐朝
文化
日本
形成國家、
接受隋、
唐朝文化
東亞海域世界活潑化
東亞世界
（文化圈）

【東亞世界的「民族大遷徙」】

有關群雄割據的三國時代（公元二二〇年～二八〇年），小說《三國演義》裡有興味深長的描述。魏雖然藉將軍司馬氏的力量擴張勢力，消滅了蜀，但兩年之後，司馬氏卻以禪讓之名奪取皇位，建立了晉朝。晉朝分封家族到各地為王，更在公元二八〇年消滅東吳，統一天下。但是在王朝根基穩固前的公元三〇一年，各地諸王卻為了爭奪皇位，引發八王之亂，結果五胡（五個北方游牧民族）趁此機會，越過黃河建立國家（五胡十六國時代）。

當騎馬游牧民族占據中華世界的「中心地區」時，也連帶引起下列諸事：

1.佛教、游牧文化等的傳入；2.漢人往江南、朝鮮半島、甚至遠及日本群島大遷徙；3.以高句麗為中心的黃海海域世界獨立；4.戰鬥方式的改變。而日本也受到上述中華世界變動的影響，從彌生文化進入古墳文化。

【貴族抬頭和游牧民族的漢化】

大規模的開發江南，促使占有廣大領地的貴族抬頭（南朝），北方

公元291年	公元439年	公元589年	公元610年	公元618年
八王之亂（～公元306年）	北魏統一華北	隋朝消滅陳，統一天下（～公元618年）	大運河建造完成	唐朝建立（～公元907年）
◆之後，五胡占領黃河中游地區	◆此時道教創立	◆南北朝結束		◆唐高祖李淵即位

鮮卑人所建的北魏則在公元四三九年，再度統一華北地區（北朝）。在北魏，除了成為北魏國教的佛教興盛之外，也出現了整合傳統諸信仰的道教，鮮卑人急速地漢化。漢人和統治階層的胡人相互通婚，一種可以說是「國際人」的「新」漢人成為社會的中堅。之後的隋朝、唐朝就是由這樣的領導者所建立。

【隋唐帝國和中華世界的擴張】

繼承北魏的隋朝消滅了南朝，在公元五八九年再度統一天下，並且挖掘連接華北和江南的大運河，將「已經擴大版圖的中華世界」一體化。但因為大興土木工程、遠征高句麗失敗，隋統一天下二十九年後便滅亡了。

從公元六一八年建國到公元九〇七年，國祚延續約三百年的唐朝，征服了統一游牧世界的突厥，成為中華、游牧兩大世界的霸主，甚至有一段時期控制了絲路。此時，西方文化大量傳入首都長安，燦爛的國際文化在此交流、開花結果。成為強大農業帝國的唐朝，向四周諸地區傳播漢字、儒家學說、佛教、律令等，建立了東亞世界共同的文化基礎。

公元629年
出發前往印度 玄奘（三藏法師）

公元690年
則天武后即位（～公元705年）
◆中國史上唯一的女皇帝

公元755年
安史之亂（～公元763年）

公元875年
黃巢之亂（～公元884年）

公元907年
唐朝滅亡
◆進入五代十國時代（～公元979年）

八王之亂與游牧民族混亂局勢

由於王朝內部骨肉相爭與西北游牧民族的入侵，晉朝瓦解，進入五胡十六國時代。

使晉統一夢碎的二代皇帝

晉朝雖然統一了全國，但卻無法消滅地方根深柢固的豪族、貴族勢力，晉武帝（司馬炎）於是設置二十七個諸侯國，分封家族為各諸侯國的王，建立統治秩序。但是後來，這幾個諸侯國卻逐漸走向獨立，反而讓政局陷入不穩定。

在和平的時代裡，以王族為首的統治階級生活逐漸流於奢華。在奢華的生活中，晉武帝去世，享年五十五歲，由不懂事故的晉惠帝即位。他是一個聽到人民為飢荒所苦時，竟然問「何不食肉糜」的蠢皇帝。

權力鬥爭與胡騎的抬頭

運用了大量賄賂手段，讓自己的女兒嫁給惠帝當皇后的賈氏，雖然認為愚蠢的惠帝即位是自己春天的來臨，但是賈氏深知實際上掌控惠帝的卻是皇帝的母親楊皇太后、以及楊皇太后的父親。

於是賈氏一族要皇帝寫詔書，以謀反之名，殺害皇太后和楊皇太后的父親、以及和自己作對的有權者，更廢掉不是賈皇后所生的皇太子。由於權力慾強的賈皇后這樣一個個殺害皇族、重臣的舉動，逼得掌控禁衛軍的司馬倫發動政變。於是賈皇后被刑處，賈氏的野心也隨之崩潰。然而，司馬倫廢掉惠帝，卻自己登上了皇位。此舉引發分封在各地諸王的不滿，紛紛起兵爭奪皇位，爆發八王之亂（公元二九一年～三〇六年），骨肉一族在洛陽附近相互爭戰長達十六年，爭奪皇位的八王之中，最後有七位死於非命。這場內戰使得西晉的根基瓦解，又因為諸王積極利用西部強悍游牧民族（被總稱為五胡的匈奴、鮮卑、羯、氐、羌族）的軍隊，造成自引游牧民族入侵的結果，使得中國的西、北部地區，從三國時代開始就有其他民族遷入居住，到了

歷史筆記

「胡」是指北方的人，以及他們所帶來的東西，例如：胡人、胡瓜、胡座、胡桃、胡麻、胡椒、胡琴等語詞。

西晉時代，已經有一半的地方被其他民族所占據。

取得華北的游牧民族

居住在山西、八王之亂時協助西晉的匈奴，公元三〇四年獨立、三一一年占領洛陽，然後在公元三一六年攻陷長安，消滅傳承四代共三十六年的西晉。在這場動亂中，人口銳減了一至二成，大量人口流出中原，也揭開了五胡十六國的序幕。之後到公元四三九年北魏統一華北為止的一百三十五年間，包括漢族建立的三個國家在內的五胡十六國，反覆興亡消長著。由於五胡的建國都是以有血緣關係的游牧部族為中心，所以所建立的王朝都很短，最長的前燕也不過只維持了六十三年。在這段期間，就如所謂的「南船北馬」，華北盛行騎馬、穿著直筒衣袖的上衣、以及適合騎馬的長褲。

●從西晉滅亡到隋朝建國之間的變遷

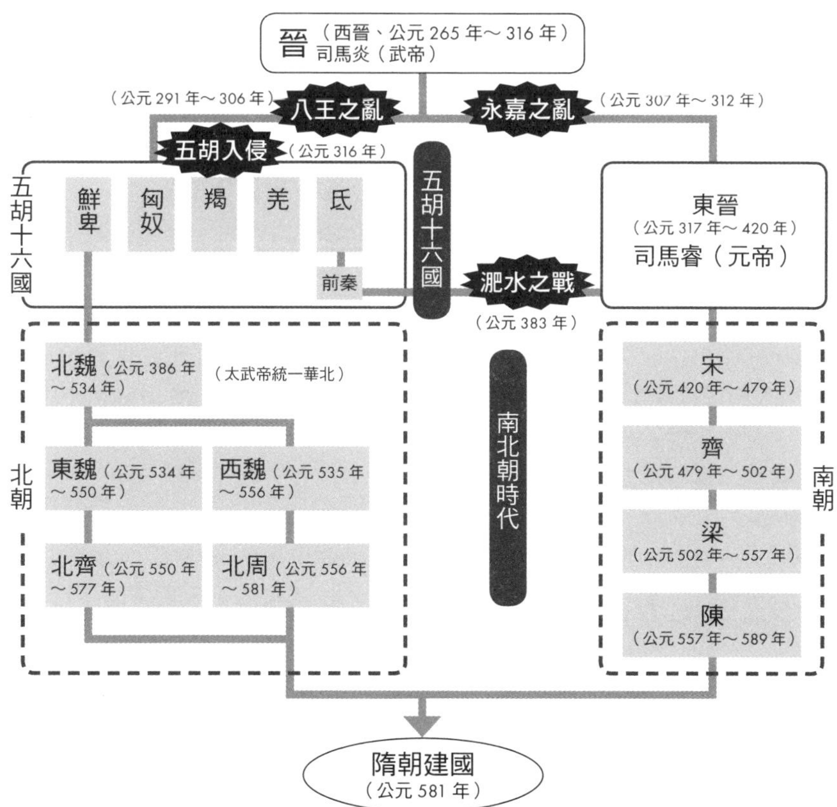

公元4世紀　東亞的民族遷徙

民族大遷徙與文化遠播

從華北往朝鮮半島的民族遷徙，對文化向周邊海域世界的傳播產生了巨大影響。

移動的難民潮

歷經八王之亂到五胡相爭的時代，被捲入動亂的農民，受到天災、瘟疫流行的打擊，頓失生活家園。眾多的農民流離失所，四處流浪尋找可以安居的地方。而最大的移居地是當時開發較遲的江南地區，預估約有三十萬戶的農民遷移到此定居，不但帶來了華北的文化，長江下游也因此被急速開發。

成為大國的高句麗和動盪的朝鮮半島

扶余系貊族的高句麗雖然早已經在公元前建國，但它利用西晉混亂之際，在公元三一三年時，打倒漢人統治朝鮮半島的據點樂浪（今日的平壤）、帶方二郡，結束漢人長達四百年的統治。高句麗成為朝鮮半島、黃海海域的一大勢力，做為該區域變動的原動力，對朝鮮半島南部、日本群島造成極大的影響。

向中國南北朝朝貢的高句麗，在公元四世紀後半，為建立國家體制，開始制定律令、導入十三級的位階制、引進佛教。進入五世紀時，廣開土王（好太王）即位，他將領土擴張到遼河以東，並將首都遷到以前的樂浪，強化其南下的態勢。高六公尺多、刻有一千七百七十五字的廣開土王碑上，刻畫國王攻擊百濟、新羅、討伐倭人船隊的功績，碑上記載著：「攻下了六十四座城池，一千四百個村莊」。

帶方郡被消滅之後，居住在朝鮮半島南部韓族的統一動作也更頻繁，到公元四世紀中葉，西邊出現百濟、東邊出現新羅這兩個國家。到公元六世紀前半，百濟採行十六等官階制、新羅採行十七等官階制，建立國家體制。雖然生存在朝鮮半島南部洛東江流域的諸小國（加羅諸國），與倭國（日本）

朝鮮的《三國史記》記載：公元五世紀時，倭國曾經十七次入侵新羅，由此可以窺知當時海域世界的活絡情形。

的關係很深，但自從公元六世紀中葉，新羅消滅了大加羅之後，諸小國便逐漸衰微，而進入高句麗、百濟、新羅這三國的三國時代。

之後，高句麗與新羅同盟攻擊百濟，並敵視與百濟同盟的倭國。高句麗雖然在公元四七五年攻打百濟首都，殺死百濟王，但百濟的王族們卻將首都南遷，再度建國。

海上網絡的建立

有關公元四世紀的日本群島，因為在中國史書裡都找不到一點紀錄，所以被視為是「空白的公元四世紀」。自從中國商人的據點樂浪被高句麗占領之後，東亞海域貿易、交流也出現了變化。

根據推測，自從連接山東半島—遼東半島—朝鮮沿海—對馬—博多灣—瀨戶內海的海上網絡建立之後，五百年來不但貿易往來頻繁，也有很多漢人沿著這條海上路線移民。像日本從彌生文化進入較優秀的古墳文化、騎馬技術的傳播等，都與這群擁有大量新文化的漢人、朝鮮人遷徙有關。可知來自華北的民族大遷徙，也廣及於朝鮮半島、海域世界。

●東亞的民族大遷徙

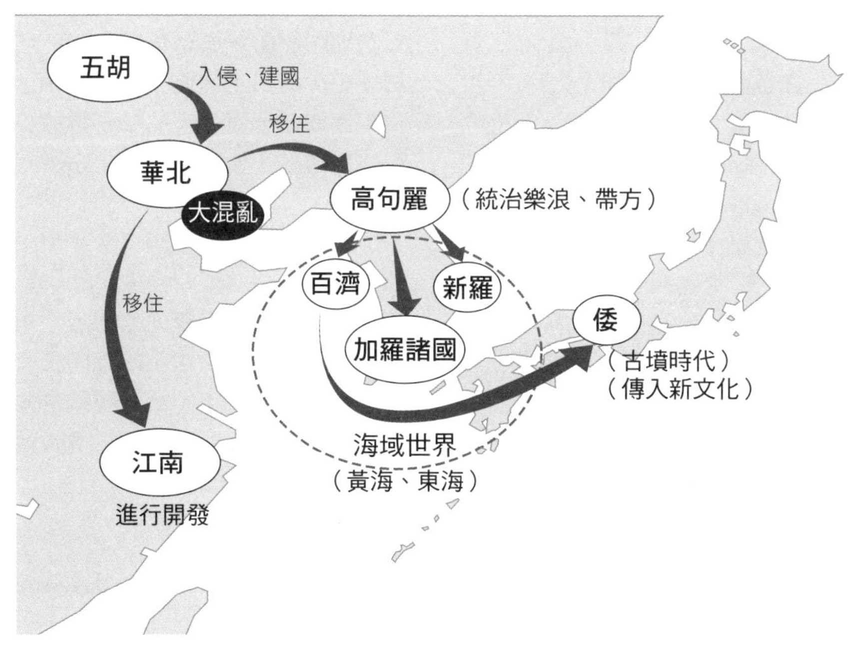

公元4世紀～5世紀前半　佛教傳來

佛教的東傳與名僧們

創始於印度的佛教，連同佛像、佛寺的建築技術等，一併經由絲路傳到了中國。

傳播佛教文化的石窟佛寺

印度所創的佛教，經由絲路，在東漢初期傳到了中國。東漢末期，興建寺廟、在洛陽度過後半生的安息國王子安世高，翻譯了三十多部的漢譯佛教經典。

佛教正式傳入、定著在中國，是在與西域有密切關係之游牧民族統治華北地區的五胡十六國時代。佛教擁有超自然的力量、教人消災解厄，所以廣受信仰。公元四世紀，建都長安的前秦（統治黃河流域的西藏氐族所建），消滅西邊的前涼，控制西域的出入口敦煌。在敦煌郊外沙鳴山斷崖上，與印度、西域諸地區相同的石窟寺廟（莫高窟），正是從這時開始被興建。

最後，統一華北的北魏，把敦煌的匠師遷居到首都平城（現在的大同附近）興建雲崗石窟。在砂岩層的石窟內，雕刻了大量的佛像，還有模仿歷代皇帝的無數大佛像。北魏遷都洛陽之後，也在郊外的龍門挖掘石窟。而佛像、佛畫、佛具、寺廟建築，就這樣經由絲路完整地傳到了中國中心地區。

景仰者眾的天才鳩摩羅什

西域大綠洲都市龜茲是佛教傳入中國的中心據點。同市出身的僧人佛圖澄在喀什米爾學習佛教，被後趙延請入國。由於他擅長咒術、有預知的能力，所以倍受尊崇，培育了不少的弟子。後來他的弟子道安制定戒律，而道安的弟子慧遠更組織白蓮社，成為後來淨土宗的始祖。

印度貴族和龜茲國王妹妹所生的鳩摩羅什，七歲時出家，二十歲時已經是個舉世無雙的大學者。他的名聲也遠播至中國，前秦國王苻堅在公元三八二年，命令將軍呂光率領七萬名士兵征服龜茲，並要他帶回「國寶」鳩摩羅什。

歷史筆記　石窟佛寺歷經漫長的歲月，傳到印度、阿富汗、粟特地方、西域，再從敦煌傳入中國。

但在返國途中，呂光聽說苻堅已被暗殺，便在西域的入口建立後涼，雖然他並不關心佛教，但卻將鳩摩羅什羈留了十五、六年。而身在後涼的鳩摩羅什則努力地學習中文。

不久後秦討伐後涼，封鳩摩羅什為國師，並且被迎到長安。來到長安的鳩摩羅什聚集了三千名弟子，致力於翻譯佛經，僅八年的時間，便翻譯了七十四部三百八十四卷的佛教經典。

●佛教從印度傳往中國的路線

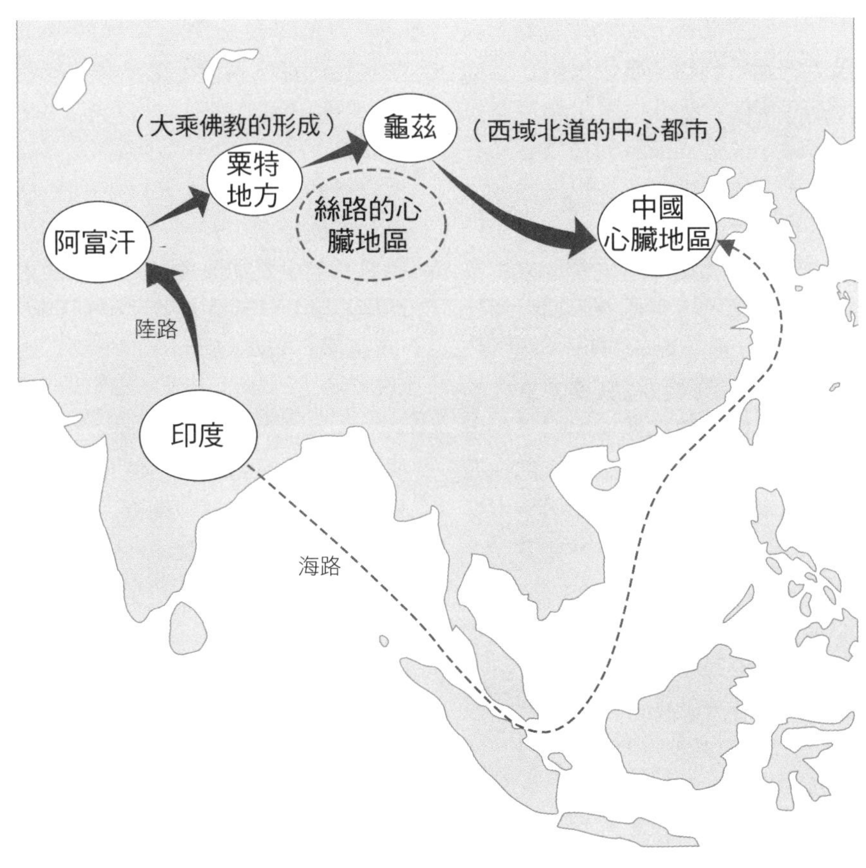

公元5世紀～6世紀 六朝文化

新興貴族與六朝文化

六朝文化的推手是從北方南遷的貴族們，其特徵是崇尚老莊等思想，否定儒家禮教。

北方名族和地方豪族衝突的東晉

八王之亂後，由於匈奴勢力擴張，朝廷已經無法掌控洛陽。考慮遷都江南的晉朝（西晉）皇帝為了做準備，派遣同家族的司馬睿前往建康（今天的南京）。但是西晉不久便被消滅，司馬睿（元帝）於是以建康為首都建立了東晉。東晉皇帝只有權威，沒有權力，因而無法調停流民、地方豪族之間的對立。

司馬睿雖然想壓制權力強大的王氏，但卻反被掌握軍部的王氏所捉，數個月後便憂鬱而卒。之後混亂始終未停止，公元四二〇年東晉便滅亡。

短命的南朝諸王朝

消滅東晉的是鎮壓內亂、建立南朝宋的將軍劉裕。但是南朝宋皇帝一家的權力鬥爭也是很激烈，僅傳承八代五十九年便滅亡了。宋以及之後的王朝（齊、梁、陳）統稱為南朝。

公元四七九年，因禪讓建立的齊也是軍事政權，傳承七代統治二十四年後滅亡。

公元五〇二年，同樣因禪讓建立梁的是蕭衍（武帝），他雖然努力振興經濟，但另一方面，卻使得貧富差距更加擴大，貴族們的生活極盡奢華。而他的皇太子昭明太子，編撰了日本貴族也努力學習的《文選》。

梁武帝晚年沉迷於佛教，不只興建大佛寺，還曾經四度自稱「三寶之奴」捨身寺廟（同泰寺）。每次大臣們總要花上數億錢兩給寺廟來為皇帝贖身。但是，皇帝這樣奢華的生活引起民憤，由貧窮農民所組成的叛軍攻占了建康，八十六歲的武帝遭叛軍俘虜，兩個月後便因衰弱病死。

而鎮壓叛軍有功的將軍在公

東晉的高僧法顯，六十多歲時為求取佛法，前往印度旅行了十三、四年，寫了《佛國記》一書。

元五五七年建立了陳，雖然陳以地方豪族勢力為基礎，但因為力量薄弱，在公元五八九年就被北方的隋給消滅。

六朝文化的推手們

以建康為首都的南朝宋、齊、梁、陳四國，與吳、東晉合稱六朝。而六朝文化的推手，主要是從北方遷居而來的貴族們。貴族崇尚老莊思想，否定儒家禮教，脫離既有的價值、秩序，流行自由談論社會的「清談」。阮籍等「竹林七賢」，即蔑視世俗陋習、批評流於表面的社會。

寫下以名句「歸去來兮」為始句的〈歸去來辭〉、在四十一歲時歸隱鄉間的田園詩人陶淵明；創造書法最高藝術，無論楷、行、草書都造詣極高，並以一篇〈蘭亭序〉聞名於世的「書聖」王羲之；擅於描繪人物畫，人稱「以形傳神」的「畫聖」顧愷之等，皆為東晉時期的人物，他們建立了貴族文化的基礎。還有南朝宋時期的數學家、天文學家祖沖之，能夠正確算出圓周率，可見當時的數學水準也是極高的。

●貴族文化的六朝文化

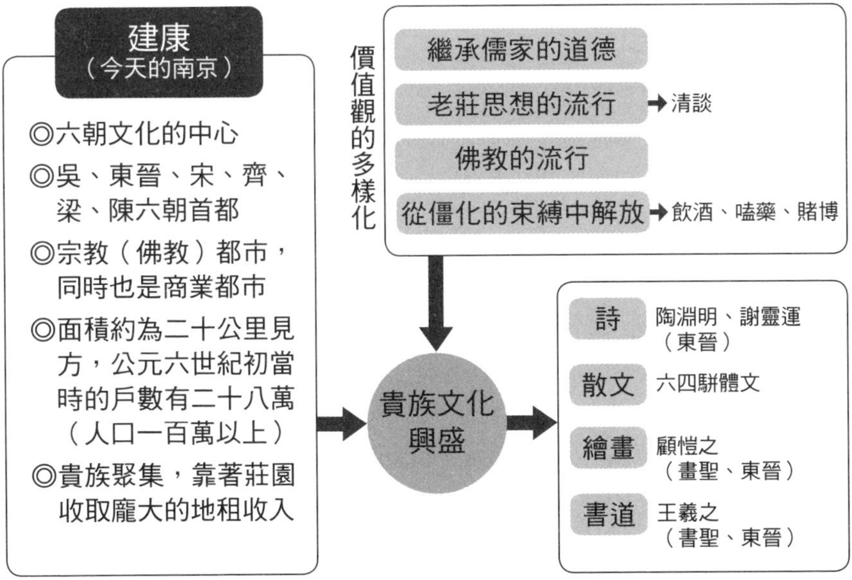

建康
（今天的南京）

◎六朝文化的中心
◎吳、東晉、宋、齊、梁、陳六朝首都
◎宗教（佛教）都市，同時也是商業都市
◎面積約為二十公里見方，公元六世紀初當時的戶數有二十八萬（人口一百萬以上）
◎貴族聚集，靠著莊園收取龐大的地租收入

價值觀的多樣化
- 繼承儒家的道德
- 老莊思想的流行 → 清談
- 佛教的流行
- 從僵化的束縛中解放 → 飲酒、嗑藥、賭博

貴族文化興盛

- 詩：陶淵明、謝靈運（東晉）
- 散文：六四駢體文
- 繪畫：顧愷之（畫聖、東晉）
- 書道：王羲之（書聖、東晉）

致力於漢化的北魏

統一華北的北魏積極同化鮮卑人和漢人，遷都洛陽。

北魏統一華北和道教的創立

鮮卑的拓拔部從內蒙古南下，公元四世紀末以平城（大同）為首都，建立了北魏。因為積極農業化和採用漢人，勢力擴大的北魏，一一擊破五胡所建立的各個國家，在公元四三九年、第三代皇帝太武帝時統一了華北。

一心想建立權威的太武帝，非常信任道教的創始人寇謙之，並以他為師。寇謙之自稱受了老子的啟示，改革東漢末年的天師道，開創新天師道（道教）。接著，為了壓制與之對立的佛教，他廢除佛像、破壞寺廟、強迫僧侶還俗等，對佛教進行大規模的鎮壓。這是佛教所面臨的第一次劫難。

佛教國教化和雲崗石窟

太武帝的孫子文成帝即位後，立刻終止持續了七年的廢佛，還下令要恢復佛教。而佛教團體也為了確保自己的地位，積極臣服於北魏的統治之下，擁護皇帝的權威。同時從這個時期開始，在平城郊外的雲崗興建了由五十多個石窟、五萬座以上佛像所構成的石窟寺廟。讓佛教成為鎮國的宗教，穩固了佛教的根基。

融入漢人社會的鮮卑人

人口稀少的鮮卑人，要在廣大的中華世界定居，融入漢人社會是不可或缺的條件。而推動鮮卑人漢化的是漢人出身的文成帝皇后馮氏。公元四七一年，五歲的孝文帝即位後，身為祖母的馮氏便以攝政的身分掌握政治實權，在公元四八五年實施均田制、翌年實施三公制。前者是將土地貸給因戰爭失去土地的農民，以確保稅收和徭役（譯註：魏晉南北朝時期，除了以穀粟、布帛納稅之外，力役也是賦稅的方法之一）；後者則是以五家為一鄰、五鄰

雲崗石窟有五十三個石窟，有五萬一千多座佛像，最大的佛像高達十七公尺。

為一里、五里為一黨的鄰里制度。

馮太后死後，開始親自掌理政權的二十四歲孝文帝，在教養上已經完全像個漢人。他認為如果要融合鮮卑人和漢人，一定要遷都到歷代正統國家都以為首都的洛陽，但他也預期到會遭鮮卑人的強烈反對。所以公元四九三年，孝文帝先派遣三十多萬大軍遠征南朝的齊，進入洛陽後，便下令停止遠征，讓軍隊就這樣停留在洛陽城內，再宣布遷都洛陽。此外，孝文帝禁止胡服、使用漢語、獎勵鮮卑人和漢人通婚等，目的都是希望讓鮮卑人融入漢人社會，讓華北社會漢化。

最後失敗的融合

遷都洛陽後，鎮守北方邊疆的將士，因為地位急速滑落而心生不滿，於是在公元五二四年引發了六鎮之亂。反亂最後擴及全國，公元五三四年，北魏分裂成漢人貴族勢力強的「東魏」、和鮮卑人軍人掌權的「西魏」。後來經由禪讓，前者被北齊所取代，後者被北周所取代。公元五七七年北周征服北齊，成功地統一了華北。

●穩固帝國根基的均田制

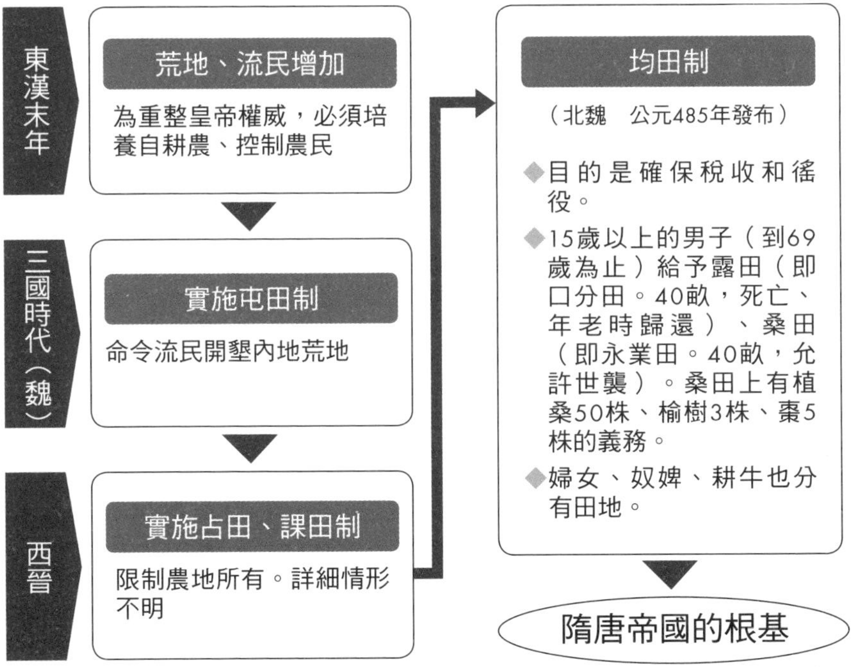

東漢末年

荒地、流民增加

為重整皇帝權威，必須培養自耕農、控制農民

▼

三國時代（魏）

實施屯田制

命令流民開墾內地荒地

▼

西晉

實施占田、課田制

限制農地所有。詳細情形不明

→

均田制

（北魏　公元485年發布）

◆目的是確保稅收和徭役。

◆15歲以上的男子（到69歲為止）給予露田（即口分田。40畝，死亡、年老時歸還）、桑田（即永業田。40畝，允許世襲）。桑田上有植桑50株、榆樹3株、棗5株的義務。

◆婦女、奴婢、耕牛也分有田地。

▼

隋唐帝國的根基

公元581年～618年　隋的統一全國

統一後瞬間消逝的隋帝國

性喜奢華的隋煬帝犧牲多數民眾完成的大運河，卻被用在遊興上。

結合的兩個世界

北周統一華北之後，外戚隋國公楊堅（隋文帝）成為攝政王，擴張自己的權力，公元五八一年，他藉禪讓之名，從僅七歲大的皇帝手上奪取皇位，開創了隋朝。會以「隋」為國號，是因為認為字邊是腳，有腳的話，國家會很快滅亡，所以將「隨」的字邊去掉。但儘管如此，隋朝還是只維持了三十八年就滅亡了。

公元五八九年，隋文帝的次子楊廣（後來的隋煬帝）擔任總指揮，在長江北岸集結五十多萬的軍力，全面進攻君王耽於逸樂、國勢衰弱的陳。人口僅有二百萬人，傳承五代、延續三十三年的陳於是滅亡。隋的統一也為三國時代以後，持續三百年的大分裂時代畫下了句點。

隋文帝以北齊的制度為基礎，制定律（刑罰法規）、令（行政法規），實施均田制以及沿用北周軍事制度的府兵制。又為了加強中央集權體制，將北魏以來賢才主義的官員錄用方法制度化，建立新的官員錄用制度，取代舊有以家世選用官員的九品中正制度。之後的隋煬帝，更實施了重視作詩、作文能力的科舉制度（貢舉）。這個制度後來一直延用到二十世紀初，共長達一千三百年。

由於國力急速恢復，到了文帝末年，人口幾乎已經恢復到東漢時期的水準，國家的儲糧也多達數年分。

隋煬帝與大運河的興建

文帝五個孩子中的次子隋煬帝（「煬」是「不守禮、逆天、虐民」的意思），他以謀反的罪嫌陷害長兄楊勇，奪取皇太子的地位，然後殺害久病在床的父親以及兄長，成為第二代皇帝。

他動員一百萬名男女，開鑿寬

江南的穀物藉由大運河被搬運儲存在洛陽附近，然後再送往長安、涿郡。洛陽成為大運河網的「核心」。

三十至四十公尺、總長達二千五百公里的四大運河（通濟渠〔黃河—淮水〕）、山陽瀆〔淮水—長江〕、永濟渠〔黃河—白河〕、江南河〔長江—錢塘江〕），連接南北五大河川（白河、黃河、淮水、長江、錢塘江），連結經濟重心的江南、政治重心的長安以及軍事重心的涿郡（北京附近）。至今，這條大運河仍是中國南北交通的大動脈。尤其是永濟渠，為運輸攻擊高句麗兵糧的重要路線，為了全力趕工建造，甚至連女性也動員加入。

此外，隋煬帝為了整修萬里長城動員了一百萬人，在洛陽以及其他各地興建離宮亦動員了二百萬人。

被用在遊興上的大運河

好大喜功的隋煬帝，將大運河用在遊興上。當他前往江南江都（揚州）的離宮時，除了有四層樓高、一百二十個房間，並裝飾著金銀、寶玉的巨大龍船外，還有數千艘船隻一同順著運河南下，綿延二百里，據說為了牽引船隻，還動員了八萬名的農民。

●連接南北的大運河

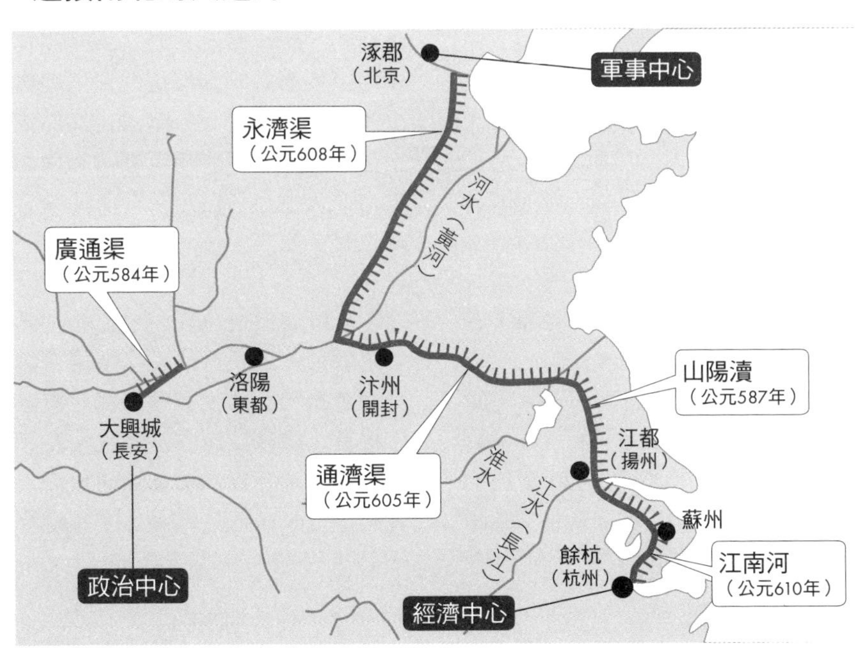

公元6世紀末～7世紀前半 從隋到唐

隋朝因遠征與農民叛亂而滅亡

因不斷遠征高句麗失敗和農民的反亂，使得隋朝衰亡，隋煬帝也踏上悲慘的末路。

屢次征服高句麗卻屢次失敗

當隋統一天下時，東邊的高句麗、北邊的突厥、西邊的吐谷渾都已形成強大勢力。其中，突厥在公元五八三年分裂成東西，東突厥臣服於隋朝。公元六〇七年，聖德太子派遣小野妹子等遣隋使一行人，攜帶書寫著「日出處天子致書日沒處天子，無恙？」的國書抵達隋朝。這個時候的隋煬帝正因為在為了威震突厥而北巡時，碰巧在突厥王（可汗）的帳棚裡遇到高句麗使節一行人，而擔心兩國是否會私下聯手。所以雖對日本無禮的國書感到震怒，但還是在遣隋使回日本時，命令隋的使節同行。

公元六〇九年打敗吐谷渾，確保西域通路暢通之後，公元六一二年，隋煬帝為了征服高句麗，不顧當時的飢荒，派遣一百一十三萬的軍隊遠征。但因為遇到強烈的抵抗，無法攻到平壤而失敗。顏面盡失的隋煬帝，第二年、第三年又二度、三度強行遠征，但也全都無功而返，隋朝的權威也因此完全墜落。

拒絕自殺的隋煬帝

隋煬帝對農民的巧取豪奪，引發大運河興建地區的大規模農民反亂。數量高達兩百個的農民團體同時蜂起，隋煬帝雖然趕快調回高句麗的遠征軍鎮壓，但情況早已經無法控制。另一方面，隋煬帝卻仍還在江都的離宮日夜舉行豪華宴會，說：「人生形形色色，即使頭被輾過也不要吃驚」，完全一點兒也不在乎。

公元六一七年，農民軍占領了隋朝最大的穀倉洛陽。隋煬帝雖然派遣數十萬精銳部隊，打算殲滅農民軍，但卻反而吃了敗仗。公元六一八年，深感危機意識的禁衛軍發動叛變，被抓的隋煬帝因為拒絕

隋朝要掌控東亞世界的「海路」，必須先推翻高句麗的霸權。

自殺，便被部下用他自己的腰帶給勒死。時年五十歲。

被兒子強迫，建立唐朝的李淵

與隋煬帝是堂兄弟關係，擔任太原留守一職的李淵，因為與突厥作戰敗北，害怕隋煬帝追究責任，但是兒子李世民卻強迫父親出兵攻打隋朝，以「導正皇室」為口實，率領三萬名軍隊舉兵。幾經征戰之後，二十萬名軍隊沒有流血地占領了長安，擁立隋煬帝的十三歲孫子代王為傀儡。最後在公元六一八年，以代王禪讓的方式奪得皇位，創建了唐朝。

●從隋滅亡到唐統一全國之間的事件

年代	事件
公元612年	隋煬帝第一次遠征高句麗（113萬大軍→失敗）
公元613年	第二次遠征高句麗（→失敗）
公元614年	隋煬帝雖然下令動員第三次遠征高句麗，但因為無法集結軍隊而放棄
	隋代的農民叛亂（兩百個以上的農民集團蜂起）→大混亂
公元617年	唐國公李淵在太原起兵（3萬）
	進入長安，立代王（煬帝之孫）為皇帝
公元618年	隋煬帝因為禁衛軍政變而死（50歲）
	李淵廢代王，登基成為高祖，建立唐朝
	李世民征服各地群雄
公元623年	唐朝統一全國

公元618年～649年　唐的建立與太宗的政治體制

展現身影的大唐帝國與貞觀之治

唐太宗第一個成為農耕世界和游牧世界的皇帝，他建立律令體制，安定國家運作。

成為天可汗的唐太宗

公元六一八年建立的唐朝，在建國十年後、高祖李淵的第二個兒子太宗李世民即位後的第三年，統一了全國。

武功彪炳、實質上主導唐統一全國的李世民，與長兄的對立日益激烈，於是與心腹部下一起發動政變，埋伏在長安宮的北門玄武門，殺害了長兄皇太子和弟弟齊王，監禁六十一歲的父親。公元六二六年，二十九歲的李世民登基成為二代皇帝太宗。翌年改年號「貞觀」。

太宗他不問家世，提拔優秀人才，削減官員，繼承隋朝的制度，努力充實國政。他的治世被後世稱為理想的「貞觀之治」，但因為隋末的農民反亂衝擊太大，貞觀之治雖然維持了二十三年之久，國力卻無法恢復到隋代的水準。他在政治上，與大臣之間的問答紀錄，即是有名的《貞觀政要》。

公元六三〇年，率領十萬軍隊消滅東突厥的太宗，征服蒙古高原的游牧諸民族，被授與天可汗，亦即「世界之王」的稱號。中國皇帝兼任游牧世界的君主，這是史上頭一遭。

唐的律令體制

唐朝的政治制度，是按照律、令、格（補充規定）、式（施行細則）的法律體系加以規定的。國家即是按照這樣的法律制度來運作。

唐朝由門閥貴族子弟和透過科舉考試選拔出優秀人才、並且以其為基礎的龐大官僚所運作的國家制度，以中央最高政務機關三省（中書省、門下省、尚書省）和尚書省治下的六部（吏、戶、禮、兵、刑、工）為主，官吏的任用由吏部負責，而地方在道以下設約三百個州，州下設多數的縣。

在全國設置六百三十四個折衝府，每個折衝府統帥約一千名的農名兵，由農民自費準備裝備、糧食出征。

對農民課稅和兵役的制度

唐朝之所以強大，是因為建立了農民和農地完全在國家掌控下、國家可以將農民當做廉價軍隊動員的制度。

首先是將農地國有化。根據田令，成年男子每一人分給八十畝的口分田、二十畝的永業田，合計共約一百畝（約五・五公頃）的田地，之後如果死亡、或年滿六十歲，就要將口分田歸還國家，而允許世襲的永業田，則一定要按照規定種植桑等國家規定的樹木。

相對地，在租稅上則有嚴密的規定。分到土地的農民，每年有義務繳納有殼稻穀約一百二十公升為「租」、絹布約六公尺或棉一百一十公克為「調」、服勞役二十天為「庸」，還有在地方官衙服雜役四十至五十天，國家因此確保了龐大的收入。

●成為兩大世界統治者的唐太宗

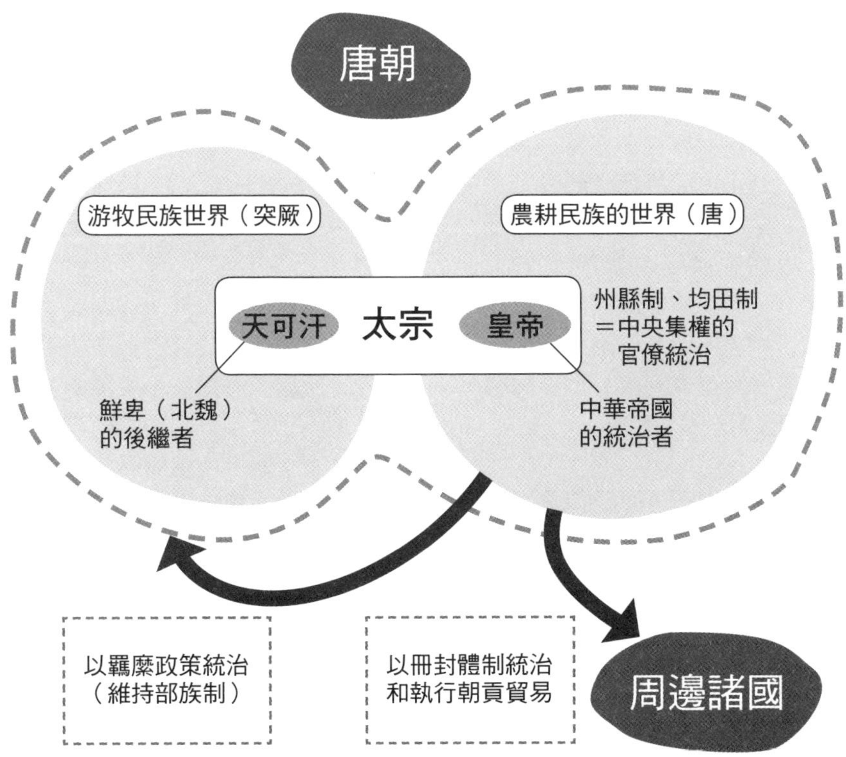

東亞世界的形成

唐朝在邊境重鎮設置監督周邊諸國的都護府，採取懷柔統治外族的羈縻政策。

中國所建立的世界秩序

中國與周邊諸國、諸民族的外交，是以所謂周邊諸國、諸民族國王、首領仰慕中國皇帝的德政，派遣使節進貢，然後中國皇帝給予賞賜的模式來進行的。亦即以德治主義為基礎的外交模式。

對於想謀求與中國維持永久安定關係的首領，賜予中國的爵位、官位（即「冊封」），視其為皇帝的臣子，但實質上卻是認可其各自自治，僅止於間接性、名分上的統治。

唐朝在邊境重鎮設置了六個都護府，監督周邊諸民族。於是以漢字、漢語、儒家學說、中國化佛教、律令為基礎的東亞世界文明，就在這樣的秩序下形成。

游牧民族的統治與絡繹不絕的絲路

唐朝的勢力，從西域越過帕米爾高原，直到波斯蘇珊王朝邊境。同時在海的一方，也與東南亞深深結合。越南南部的往來貿易國占婆國、柬埔寨、室利佛逝、爪哇等，都派了使節到唐朝朝貢。

公元六三〇年，唐朝消滅了蒙古高原的土耳其血統游牧民族突厥後，在外蒙古設置安北都護府、內蒙古設置單于都護府，任命東突厥諸部族的酋長擔任都護府、羈縻府州的長官，將其納入唐朝統治，時間長達五十年之久。但在公元六八二年，東突厥卻脫離唐朝的統治獨立。

又在西突厥所統治的西域綠洲諸國裡，唐朝也設置了很多的羈縻府州。所謂「羈縻」是用繩索綁住牛、馬的意思，意味懷柔統治其他民族之意；而所謂羈縻府州，則是指被設置在其他民族居住地，形式上是唐朝的領土，但實質上卻是其他民族自治區。所以安西都護府、

歷時兩百六十多年，共十五次的日本遣唐使一行，最多時曾高達五百人。

北庭都護府的設置雖然是為了監督，但其統治卻是極為形式的。

活躍在絲路上，帕米爾高原以西的粟特商人，則充分活用了這個制度。他們被視為唐朝的子民，取得設置於絲路要衝龜茲的安西都護府所發行的通行證，在唐朝境內各地做生意。也因此使唐朝在中國歷史上成為絲路交易最繁榮的時代。

帶來中國文明的新娘

西藏在公元六世紀建立名為吐番的統一國家，公元七世紀前半，吐番王贊普松贊干布派遣使節出使至唐，要求迎娶皇帝的女兒（公主）。唐太宗同意他的要求，封養女為文成公主，下嫁吐番。文成公主嫁入吐番之後，西藏與唐結好，以佛教為首的中國文明也因此傳入了西藏。

●設置都護府統治周邊諸國

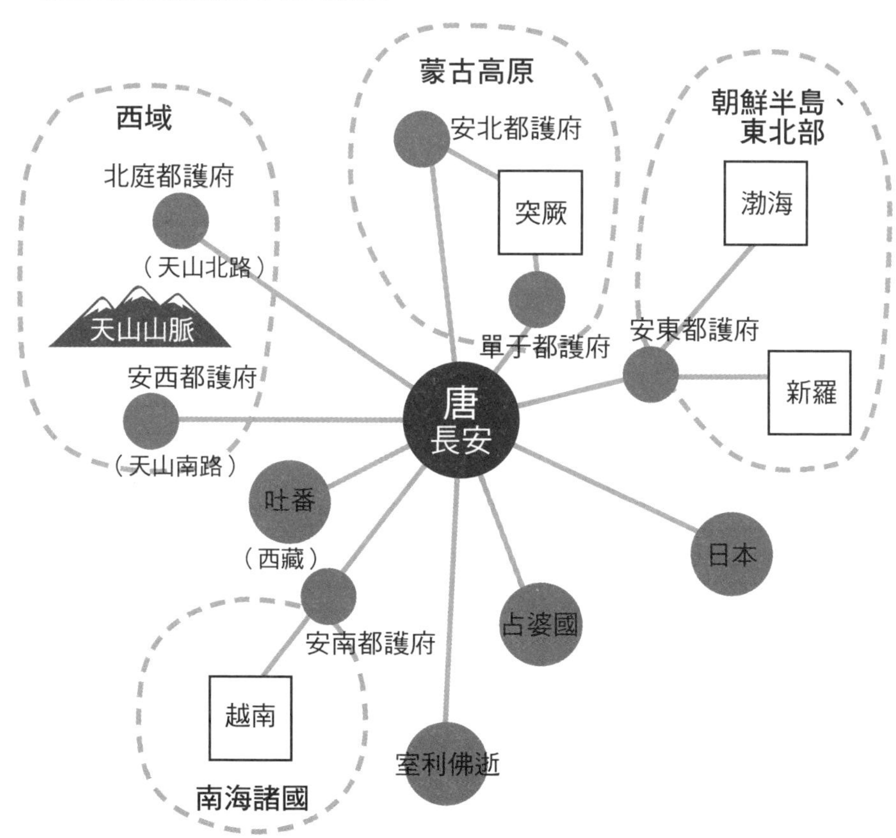

劇烈震盪的朝鮮半島與日本的誕生

雖然唐朝企圖統治朝鮮半島與日本群島，卻因新羅統一朝鮮半島，阻絕了其美夢。

震撼朝鮮半島的唐朝

唐太宗雖然曾二度出征高句麗，但最後都失敗了。到了第三代高宗，與位在朝鮮半島邊緣的新羅結盟，再度展開戰鬥。

高句麗雖然和接受大和王朝支持的百濟結盟，因應危機，但百濟卻在公元六六〇年被唐朝先消滅了。為了讓百濟復國，公元六六三年，大和王朝派遣水師前往白江口（今天的錦江口）迎戰唐朝軍隊，但卻吃了大敗仗，使得日本群島也面臨著被唐朝征服的危機。

之後，唐朝在公元六六八年消滅了因內部鬥爭而勢力減弱的高句麗，於現在的平壤設置安東都護府，企圖除了朝鮮半島之外，更進一步將日本群島納入統治。但此時新羅卻與大和王朝結盟，背叛唐朝，利用高句麗遺民的叛亂，於公元六七六年占領安東都護府，將唐朝的勢力擊退至東北部，統一了大同江以南的朝鮮半島。

慶州的繁榮與東海盛國——渤海

統一朝鮮半島的新羅，學習唐朝建立政治制度，首都慶州也因此成為朝鮮半島的中心都市、佛教都市而繁榮。從現存於慶州郊外的佛國寺、石窟庵等古蹟，可以知道當時佛教文化的昌盛。

在唐武則天女皇統治時期，想重建高句麗的大祚榮，於西元六九八年帶領高句麗遺民和靺鞨族起兵，脫離唐朝的統治，建立震國（之後的渤海國）。之後，渤海國對建國之初處於敵對關係的唐朝朝貢，突厥、日本也經由日本海與唐朝交換使節。在北部擁有廣大狩獵、採集社會的渤海國，與大和王朝一樣是複合性社會，學習唐朝的政治制度，仿長安興建的首都上京龍泉府也因佛教文化而繁榮。所以

歷史筆記　公元七世紀後半，日本將大王改稱「天皇」，決定以「日本」為國號，日本群島於是出現了小型的中華帝國。

公元八世紀中期以後，唐人稱渤海國為「東海盛國」。

新羅獨立救了大和王朝

公元六四五年，當唐朝與新羅結盟開始攻擊高句麗時，日本則開始進行大化革新運動，由重視與百濟結盟的勢力掌握了政權。大和王朝重視與唐朝之間的關係，在公元六五〇年代，曾三度派遣遣唐使。

白江口一戰失敗後，有強烈危機感的大和王朝，將大宰府移往內陸，首都移往近江等，建立了防禦的體制。不過想脫離唐朝獨立的新羅，卻解除了大和王朝的危機。公元六六九年以後，新羅與大和王朝之間頻繁交換使節，在這段期間裡，大和王朝營建了藤原京、決定國號「日本」，並制定律令等，快速建立起制度。到公元八世紀後，長期中斷的遣唐使再度開始派遣，於制定大寶律令的翌年公元七〇二年，再度派遣遣唐使。

這個區域的國際秩序，在歷經唐初的動亂期之後，此時終見安定。

●新羅統一朝鮮半島

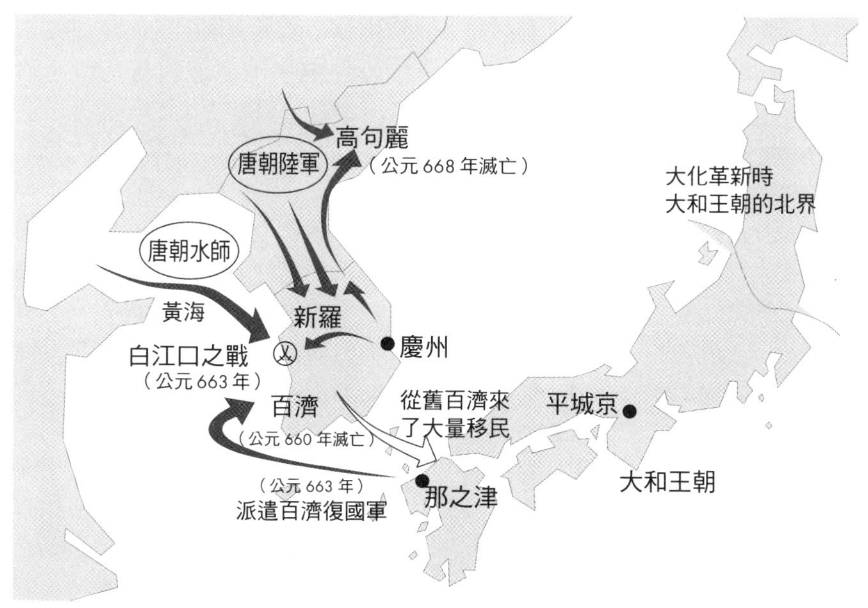

公元7世紀　玄奘與義淨

玄奘法師所走的道路

讓佛教中國化的先驅玄奘，他的印度之旅在明朝被寫成《西遊記》一書。

唐三藏和沙漠之旅

在唐代，隨著帝國文化的世界化，很多的漢人僧侶前往印度，讓佛教更進一步地中國化，因而興起天台宗、真言宗、禪宗、淨土宗等宗教教派，其中的先驅是被後人稱為「三藏法師」的玄奘。

唐朝最初的一百年間，是中華帝國與絲路關係最深的時期。玄奘正是在那個時期遠赴印度，帶回大量佛教經典。他歷時十七年的印度之旅，在明代被編撰成小說《西遊記》一書。

玄奘在公元六一一年十三歲時出家，因為苦於諸學問間的矛盾、漢譯佛經的不完備，便想直接從原著典籍學習佛教，於是在二十六、七歲時下定決心踏上印度之旅。

但是剛建國不久的唐朝，除了官派的使節之外，是不允許任何人踏入其他民族土地的。因此他決定私下偷偷出國，隻身從瓜州橫越沙漠前往印度。歷盡千辛萬苦的玄奘，終於來到吐魯番盆地的高昌國，他受到虔誠佛教徒的國王保護，在一年多之後進入了印度。三年後，他在華氏城（位在摩竭陀國）的印度最大佛教學院那爛陀寺努力學習五年的佛教經典。之後巡迴印度各地，在印度北部羯若鞠闍國戒日王舉辦的大型法論會上，連續破解十八人所提出的難題而聲名大噪。後來，他被視為是精通經藏、律藏、論藏的大師，獲得三藏法師的尊稱。

公元六四五年，玄奘攜帶大量佛教經典、佛像回到長安，受到數十萬民眾的盛大歡迎，太宗也表示出家人不同於一般世俗人，不追究他的罪過，且因為玄奘對西方世界有廣泛的認識，所以太宗更請求他還俗輔佐朝政。為此，他書寫了堪稱是西域詳細地理書的名著《大唐西域記》十二卷，回應皇帝的請

歷史筆記　在《大唐西域記》裡記載著，玄奘實際上去了一百一十一個國家，並從他人身上聽聞了二十八個國家的地理、風俗、宗教等。

求。之後，他活用自己在印度留學所習得的語言能力，全心翻譯佛教經典。直到六十四歲去世為止，他平均每五天翻譯一卷，總共翻譯了一千三百四十七卷的佛經。

由海路進入印度的義淨

領土廣及歐亞大陸的大唐帝國，與西方世界的聯繫增強，除了絲路之外，在海路方面也呈現盛況。唐朝與印度聯絡的中繼點是位在蘇門答臘，控制麻六甲海峽的室利佛逝。

十五歲左右開始就想和玄奘一樣前往印度的義淨，公元六七一年，三十七歲時，從廣州搭乘波斯人的船隻前往印度。他在印度各地學習語言、佛教經典，公元六七四年進入了那爛陀寺。之後，他花了二十五年的時間周遊了三十多個國家，在公元六九五年回到洛陽。直到他高齡七十九歲過世為止，總共翻譯了二百三十卷的佛教經典。其中《金光明最勝王經》傳到了日本，成了日本鎮國的重要佛典。

●玄奘和義淨前往印度的路線

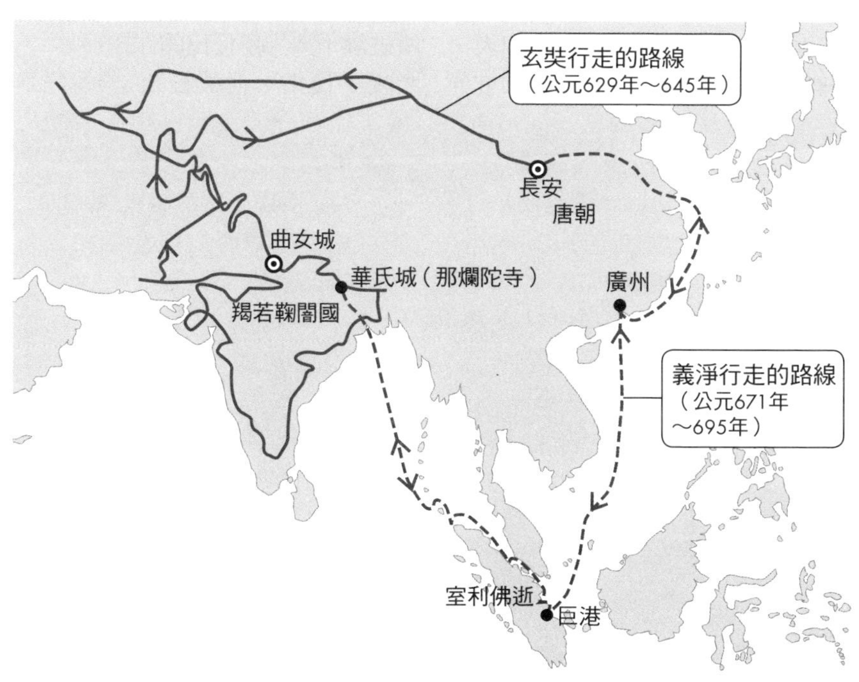

公元7世紀後半　則天武后

女皇帝則天武后誕生

利用各種手段掌握權力的則天武后，實施恐怖統治的同時，自比彌勒佛。

統治廣大領土的平庸皇帝

繼承太宗、成為第三代皇帝的是太宗的第九個兒子李治，亦即唐高宗。他雖然很平庸，但因為有名臣輔佐推展征服諸民族的事業，因而讓唐朝成為空前的大帝國。但是，四十歲以後的高宗，卻因為病弱而變得難以掌理朝政。

不惜殺死親生兒女贏得女人間的戰爭

協助唐朝建國的武氏，其次女照（後來的武后）在十四歲時成為太宗的後宮。但因為僅是個地位低賤的才人，並沒有受到太宗的寵愛。太宗死後，她按照當時的規定出家為尼，可是卻在二十八、九歲時，成了太宗兒子高宗的後宮，而其原因不明。

當時，後宮沒有生下孩子的王皇后與倍受高宗寵愛的蕭淑妃爭寵。王皇后最初為了打擊蕭淑妃而將照獻給皇帝，但當照集皇帝寵愛於一身時，皇后和蕭淑妃又聯合起來想將照驅離。

照於是不惜勒死自己親生的女兒，嫁禍給忌妒自己的王皇后，然後在公元六五五年登上皇后的寶座。一手操縱軟弱無能皇帝的武后，削去王皇后和蕭淑妃的手腳，丟入酒甕中，處以極為殘酷的刑罰，同時掃除所有反對派的官僚。掌握實權的她，在高宗龍椅後面垂簾，從後操弄政治，亦即所謂的「垂簾聽政」。當兒子皇太子李弘，因資質優秀逐漸嶄露頭角時，覺得兒子是障礙的她，卻在公元六七五年毒殺了自己的兒子。

我正是女彌勒

公元六八三年，高宗去世後，武后雖然讓皇太子暫時即位為中宗，但因為她無法按照自己的意思行事，便在翌年廢掉中宗，讓弟弟

則天武后從公元六五五年開始參與政務，公元六六〇年掌握所有的大權，公元六九〇年正式登基成為皇帝。

（唐睿宗）即位。她更設置密告箱，獎勵密告，實行恐怖統治；另一方面，將《大雲經》裡淨光天女下凡為女王的故事，解釋成彌勒下凡變成女皇帝的故事，宣傳說武后正是彌勒轉世。此外，她還修復象徵皇帝德政的建築物明堂（天子召集諸侯的殿堂），在公元六九〇年登基成為中國史上唯一的女皇帝，自號神聖皇帝，改國號周。此時她已經超過六十歲了。

內政安定和對外影響力的降低

則天武后在位統治十五年多，她透過科舉考試積極拔擢平民出身、有才能的官僚，在內政方面施行安定統治。但另一方面，卻在洛陽興建大型宮殿等，濫花公帑。在政治著重於內政的這段期間，發生蒙古高原的東突厥獨立，以及居住在舊高句麗領地的人們，在朝鮮半島到東北地方的廣大區域建立渤海國等事件，唐朝對周邊世界的影響力也由強轉弱。

●公元7世紀～9世紀的東亞世界動向

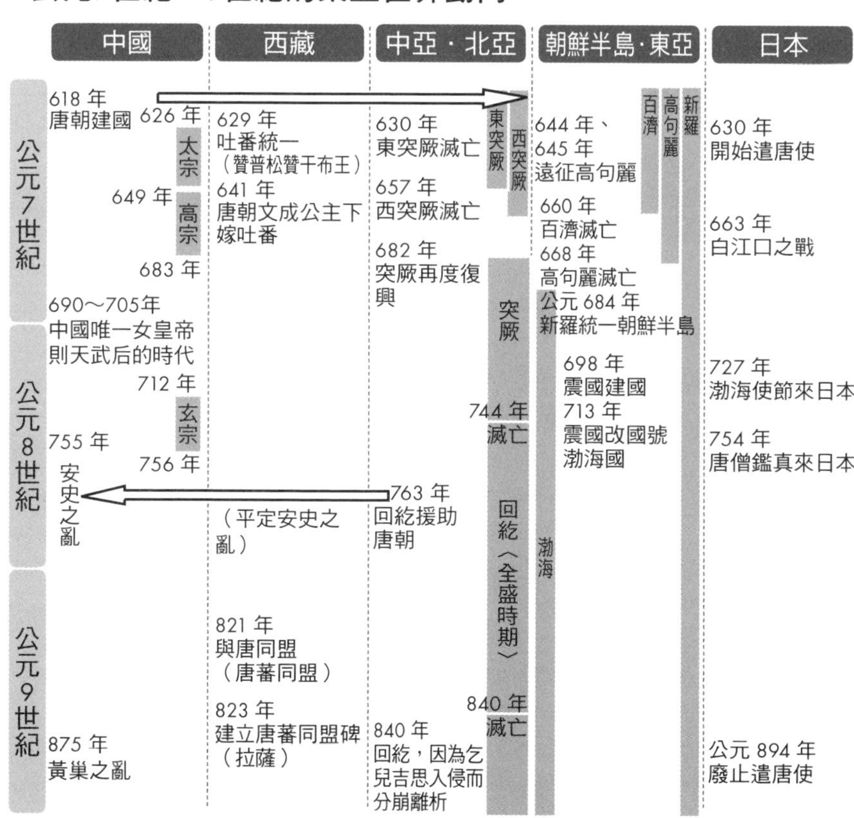

中國
西藏
中亞・北亞
朝鮮半島・東亞
日本
公元7世紀
公元8世紀
公元9世紀
618 年
唐朝建國
626 年
太宗
649 年
高宗
683 年
690～705年
中國唯一女皇帝
則天武后的時代
712 年
玄宗
755 年
756 年
安史之亂
875 年
黃巢之亂
629 年
吐番統一
（贊普松贊干布王）
641 年
唐朝文成公主下嫁吐番
（平定安史之亂）
821 年
與唐同盟
（唐蕃同盟）
823 年
建立唐蕃同盟碑
（拉薩）
630 年
東突厥滅亡
657 年
西突厥滅亡
682 年
突厥再度復興
763 年
回紇援助唐朝
840 年
回紇，因為乞兒吉思入侵而分崩離析
東突厥
西突厥
突厥
744 年
滅亡
回紇〈全盛時期〉
840 年
滅亡
百濟
高句麗
新羅
644 年、
645 年
遠征高句麗
660 年
百濟滅亡
668 年
高句麗滅亡
公元 684 年
新羅統一朝鮮半島
698 年
震國建國
713 年
震國改國號
渤海國
渤海
630 年
開始遣唐使
663 年
白江口之戰
727 年
渤海使節來日本
754 年
唐僧鑑真來日本
公元 894 年
廢止遣唐使

公元8世紀 開元之治與胡風文化

人口百萬的國際化都市長安

東亞世界的中心——唐朝首都長安，成為東西文化交流的場所，西域商人相當活躍。

唐玄宗的開元之治

公元七一二年成為唐朝第六代皇帝的玄宗，統治長達四十年以上，是唐朝在位最久的皇帝。在前半期，玄宗下令禁止奢侈，努力增強國力，所以經濟安定、人口大增，使國家進入了極盛時期。當時年號為開元，所以該時期被後世稱為「開元之治」。而唐初三百萬戶的戶數，到玄宗末年也增加將近三倍，高達八百九十萬戶，顯示當時的繁榮。伴隨著社會的安定、貨幣經濟的普及，銅錢「開元通寶」被大量鑄造。

但是，另一方面，田地的不足卻使均田制的實施日益艱難，府兵制也因農民相繼逃亡而逐漸難以維持。此外國家周邊地區的羈縻政策逐漸喪失功能，游牧民族的入侵日益嚴重。無法再繼續維持兵農合一制的政府，於是將周邊區域改為招募士兵的募兵制，並由中央派遣節度使擔任監督數州到十數州軍團的司令官。

空間化政治理念的大都市長安

最能象徵唐朝繁榮的，是人口達一百萬的大都市長安。長安的規模是東西寬九．七公里、南北長八．六公里，四周被高五公尺的城牆環繞，共有十二座城門。城內的北邊是皇帝的住所太極殿、以及政府機構街的皇城（東西寬約三公里、南北長約二公里）。整個城被南北十一條、東西十四條大道切割成一百一十個坊（最大的「坊」是一公里見方）。順帶一提，最大的朱雀大道，路寬有一百四十七公尺以上。

在左街住有官員，右街則有大量的商人、百姓居住；東市通往洛陽、而西市則連接絲路。在「市」裡面有所謂「行」的同業公會組織，數百家商店櫛比鱗次。

長安從北往南傾斜，整個都市的用水都仰賴流於南邊的龍首渠、永安渠等水路。

波斯風服飾流行

做為東亞世界的中心、連接游牧世界與西方世界的長安，每二十名人口當中，就有一個人是波斯人、土耳其人、粟特人等其他民族，來自日本等其他東亞地區的留學生、學問僧也超過一萬人以上，當中也有人在唐朝底下當官、任軍職。透過這些異族，其他諸國的產物、音樂、習俗也隨之傳入了中國，街上游牧民族風的上衣、褲子、涼鞋、帽子、波斯風耳環、音樂、舞蹈等「胡風文化」四處流行。

市場上充斥著被人稱為胡商的西方商人，其中尤以絲路商人的粟特商人最為活躍，他們擅長做生意到連中國人都不禁要私下說他們的壞話的程度。

還有，瑣羅亞斯德教（祆教）、摩尼教、聶斯脫利派基督教（景教）也都傳入中國，這些宗教的傳教士居住於有很多其他民族的西市附近，並且設有禮拜堂。

●唐朝首都長安的平面圖

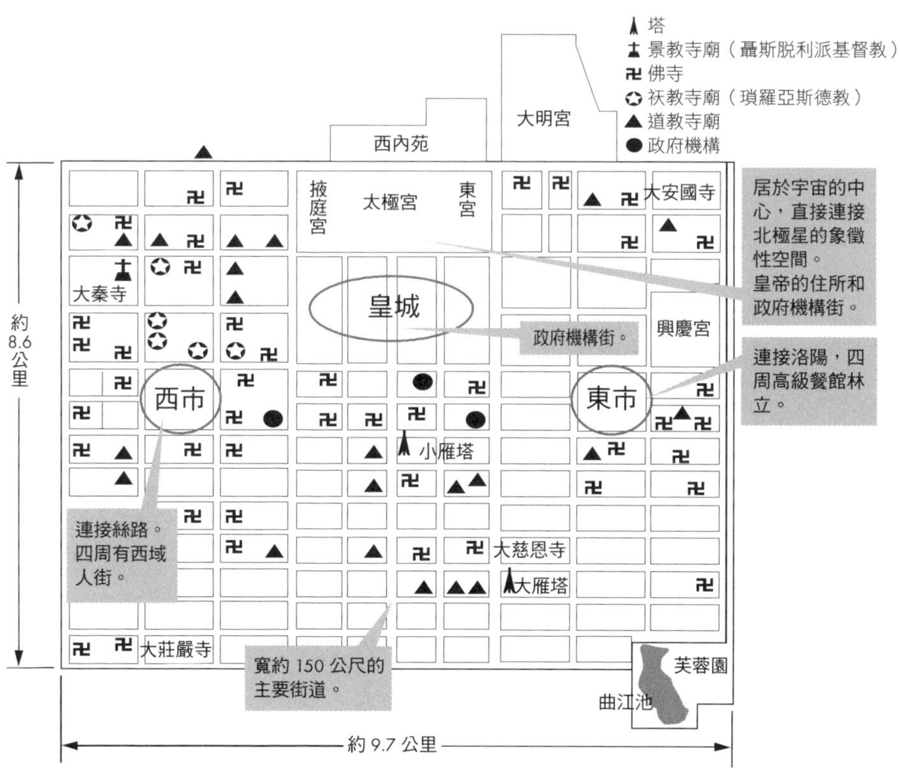

公元8世紀　唐詩的全盛

彩繪唐代的詩人杜甫和李白

「詩聖」杜甫和「詩仙」李白，雖然留下了大量的作品，但兩人的人生卻都頗為坎坷。

代表中國文學的唐詩

在日本，唐草、唐畫、唐紙等從中國傳來的物品，多會冠上「唐（カラ）」字，由此可以窺知唐朝文物對日本社會的影響有多大。唐代的代表文學是詩。科舉考試的科目也有作詩一科，使得作詩成為教養的一部分，五言、七言的律詩、絕句被大量創作，唐詩因而成為中國的代表文學。

落魄詩人——詩聖杜甫

後世人稱「詩聖」的杜甫，是唐代的代表詩人之一。祖父為著名詩人的杜甫，出生在地方豪族家庭，但在二十歲到三十五歲間卻都過著四處流浪的旅人生活，原因仍沒有定論，而他的生活自然也是極度貧困。公元七五五年，在朋友的推薦下，杜甫被錄用擔任下級官員，但不幸的是，隔年就發生了安史之亂。而當他離開首都，想要投效圖謀復興的皇帝時卻遭賊兵所捕，被幽禁在長安一年。當時他在長安寫下「國破山河在，城春草木深……」的〈春望〉一詩。

之後，逃離長安的杜甫，投效繼承玄宗的肅宗，被任命擔任皇帝側近的職位（左拾遺），與肅宗一起回到長安。然而不久就因為觸怒肅宗而被貶為地方的下級官僚（華州司功參軍），兩年後被免職。自此之後，他與家人過著辛苦的流浪生活，並寫下：「朱門酒肉臭，路有凍死骨……」等描寫在貧困中掙扎的農民生活的詩句，最後在沿長江而下的一條小船中病死，時年五十九歲。

熱愛酒和自然的詩仙李白

出生在四川商人家庭的李白，前半生充滿了謎。他與俠義之徒、隱居之輩都有朋友關係。從二十五歲以後就四處遊歷，過著熱愛酒和

歷史筆記　唐朝的天文學家、僧侶在全國設置十二個觀測所，以科學的方法進行世界最早的子午線實際測量。

自然的生活。

李白四十二歲來到長安，詩人賀知章欣賞他的才能，說他是：「天上謫仙人（因罪被打入凡間的神仙）」，之後成為玄宗的御用詩人。但他對參加玄宗、楊貴妃的酒宴感到無聊，也苦於宮中複雜的人際關係。最後因為和玄宗身邊的人發生摩擦，不到三年就離開了長安。

之後，李白再度過著流浪的生活，與杜甫結為好友。安史之亂發生時，玄宗之子、肅宗之弟的永王在江南舉兵，李白擔任他的軍隊參謀。但因為肅宗和永王交惡，結果永王的舉兵被視為叛亂，而被捕的李白也被流放到了夜郎（貴州）。後來遇到大赦被免除刑罰，之後他就在長江下游各地流浪，六十二歲去世。

有關他的死，傳說他乘船在長江上遊玩時，因為喝醉酒想伸手撈起水中月而落水溺死。

●杜甫和李白

「詩仙」李白

前有樽酒行

胡姬貌如花，
當壚笑春風。
笑春風，舞羅衣，
君今不醉將安歸。

「詩聖」杜甫

春望

國破山河在，城春草木深。
感時花濺淚，恨別鳥驚心。
烽火連三月，家書抵萬金。
白頭搔更短，渾欲不勝簪。

公元8世紀後半～9世紀前半　海路的東西交流

來自海洋彼方的阿拉伯商人

海路逐漸取代絲路成為連接阿拉伯世界和唐的主要路線。

歐亞大陸最早的大航海時代

大食（阿拉伯）帝國（阿拔斯王朝）是建立歐亞大陸大商業圈的商業帝國。在極盛時期的統治者拉喜度王（公元七八六年～八〇九年）時期，首都巴格達已經成為人口超過一百五十萬的世界第一大都市，連接著整個大商業圈。

這個時期成長最明顯的是海路貿易。大食商人搭乘逆風時也可以前進的阿拉伯三角帆船（dhow），開發從巴格達外港巴士拉、波斯灣的西拉夫到東非、印度、東南亞、唐朝沿海各地的定期航線。順風時，約一百二十天就可以從波斯灣航行至廣州。此時「海路」取代絲路，成為聯繫東西方世界的主要路線，也是所謂「歐亞大陸最早的大航海時代」。

廣州大規模的外國商人居留地

有大食商人等多數外國商人居住的廣東，設有名為「蕃坊」的外國人居留地，擔任「蕃長」的回教徒擁有裁判權，也建有清真寺。唐朝在這裡設置市舶司，徵收商品價格的三成為稅收，並且掌控對所需商品的優先購買權。

在大食商人公元九世紀中葉所撰的《支那．印度物語》裡，寫著唐末黃巢的亂軍占領廣州時，殺害了總計高達十二萬名的大食商人、猶太商人、瑣羅亞斯德商人。雖然這個數字有點誇張，但可以窺知當時居住在廣州大食商人有多麼地多。

傳往回教世界的倭國情報

到了公元九世紀，大食商人來到長江口的商業大都市揚州。揚州也居住了數千名的大食商人、波斯商人。當時唐朝商人、新羅商人往來於東海上，也有來自日本的遣唐使船隻，想必阿拉伯商人也從他們

歷史筆記　阿拉伯的地理書記載：新羅分為多個公國，也出產豐富的黃金，與中國皇帝交換貢品等。

身上得到了很多有關東亞海域世界的情報。例如：公元九世紀中葉的阿拉伯地理書裡，就介紹說：「新羅東方有倭國，那裡有豐富的黃金，所以居民都用黃金製造狗鍊、猴鍊，拿用黃金線縫製的衣服來賣」。之所以會如此記載，可能是因為當時日本遣唐使一行人帶了很多黃金的關係。

隨著經濟規模的擴大，苦於金、銀不足的阿拉伯世界，金銀島的傳說逐漸誇張擴大，「倭國」的情報最後也變成了「到處充滿黃金的日本」的誇張傳說。

●阿拉伯商人的海路

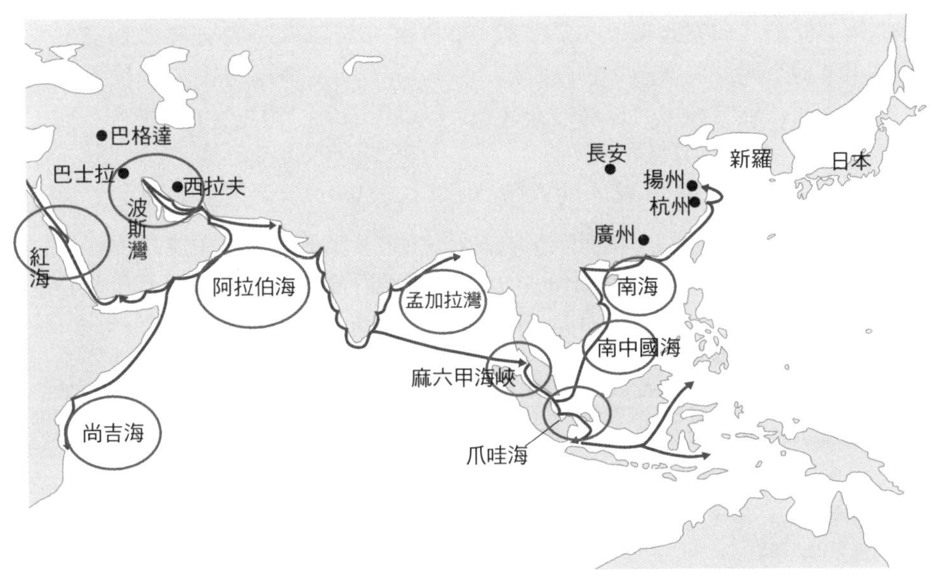

公元8世紀中葉　安史之亂

玄宗寵愛的楊貴妃與安史之亂

雖然平定了安史之亂，但此時唐朝連懲罰叛變藩鎮的力量都已喪失，最後走向了衰亡之路。

傾國美女楊貴妃

晚年的唐玄宗對政治失去關心，過著遊玩享樂的生活，將政事完全委託給「口蜜腹劍」的宰相李林甫。他全面壓制政敵，將政府私有化；而宮廷方面，有以高力士為首的三千名宦官操弄權力。

玄宗每年一到冬天，就會帶著一群美女前往長安郊外驪山的溫泉宮，欣賞美女們入浴洗澡的模樣，因而看上了高力士帶進來的楊玉環。楊玉環是蜀州下級官員的女兒，當時是玄宗之子李瑁的妃子。玄宗先讓她暫時成為女冠（道教的女道士），然後在公元七四五年賜予「太真」之名，封為第二夫人（貴妃）。

楊貴妃的三位姊姊、叔叔、堂哥等五個家族也都因此而被封官，堂哥楊國忠更在公元七五二年成為宰相，兼任四十多個官職，執政治之牛耳。楊氏一族有如「沐浴春日」。

野心者安祿山叛亂

安祿山是一名武將，父親是粟特人，母親是突厥人，會說六國語言。他以武將身分獲得封賞的同時，更款待來自中央的使者，藉以提高自己的評價，終於在公元七四二年登上平盧節度使的地位。

翌年，他謁見皇帝時，玄宗對身材高大的安祿山留下很好的印象。據說當玄宗問他說：你那巨大的肚子裡放了什麼東西？安祿山竟面不改色地回答：唯赤心耳（忠義之心）。此外，安祿山還接近楊貴妃，無視於自己的年紀較長，拜她為乾娘。

公元七五一年，安祿山兼任十個節度使中的三個，擁有所有兵力四成的十八萬大軍。楊國忠於是對安祿山燃起對抗之心，上奏玄宗說他有叛變之意。對此，安祿山哭著表示自己絕無貳心，而獲得皇帝的諒解。

安祿山率領十五萬大軍叛變時，玄宗還認為是虛報，可見玄宗有多麼相信安祿山。

但是，安祿山因為恐懼楊國忠的排擠，公元七五五年，以剷除逆賊楊國忠為名起兵叛亂，翌年占領了長安。這場突發的軍事叛變，讓太平盛世脆弱地崩潰了。玄宗暫時逃到四川，而楊國忠和楊貴妃也在逃難的途中被殺。占領長安之後的安祿山，因為眼睛變瞎而脾氣變得很粗暴，公元七五七年被兒子（安慶緒）所殺，結束了五十多年的人生。但安慶緒不久也被部下史思明所殺，叛亂於是改由史思明領導。

逐漸衰敗的唐朝

安史之亂在八年後平定。但是安史之亂後的唐朝，喪失壓制叛亂節度使（藩鎮）的力量，只得允許其實質上的獨立國化。因為安史之亂而完全荒蕪的華北地區，均田制瓦解，無法再藉由舊的稅制來對農民課稅。唐朝的全盛時期過去，逐漸步上衰亡之路。

●蕃將安祿山和安史之亂

年代	事件
	〈唐玄宗改採募兵制鎮守邊疆〉
公元732年	安祿山成為幽州節度使的部下
公元742年	安祿山成為平盧節度使（指揮官）
公元743年	安祿山在長安深獲玄宗寵愛
公元744年	安祿山兼任范陽節度使
公元745年	楊貴妃進入玄宗的後宮
公元751年	安祿山兼任河東節度使（統領十八萬的軍隊）
公元752年	楊國忠成為宰相
	〈楊國忠和安祿山的權力鬥爭日益激烈〉
公元755年11月	安祿山以掃除楊國忠為口實起兵
公元756年1月	安祿山在洛陽登基，國號燕
公元756年6月	安祿山占領長安
	楊國忠、楊貴妃被殺
公元757年1月	安祿山被兒子安慶緒所殺
公元759年	史思明殺死安慶緒，取得主導權
公元761年	史思明被兒子史朝義所殺
公元763年	安史之亂被平定（史朝義自殺）

安史之亂（公元755年11月～公元763年）

走私鹽商的叛亂與唐帝國的消失

在政治混亂、農民苦於重稅、飢餓之下所引發的黃巢之亂，給了唐朝最後的致命一擊。

兩稅法和可怕的消費稅

當華北地區均田制瓦解，無法再藉由「租」、「庸」、「調」法徵稅時，為維持龐大制度和軍隊，確保財源成為唐朝的當務之急。於是首先將鹽改為國家專賣，並課以原價三十倍以上的稅。然後將酒和茶葉也改由國家專賣。順帶一提，中國在公元八世紀前半以後，飲茶習慣已經相當普及。

此外，在公元七八〇年允許土地私有化，實施根據土地面積繳納銅錢為稅金的兩稅法。兩稅法的實施，使唐朝原則上不允許農地私有化的基本原則解體，但這項改革卻讓唐朝再延續了一百多年。

墮落成宦官王朝

在唐朝，貴族階層不必接受科舉考試，而是根據依家世給予一定官職的「任子」制度成為官僚。但透過科舉考試踏入仕途的官僚，也想鞏固自己在官場上的地位，於是兩派間不斷進行激烈的競爭，雙方勢力都企圖將皇帝身邊的宦官納入己方陣營，於是從玄宗時代就開始逐漸擴張勢力的宦官集團，漸漸擁有強大的力量，到公元九世紀中葉以後，更出現由宦官左右皇帝的「宦官王朝」。

動搖唐朝的走私鹽商

政治的混亂壓迫財政，農民為重稅和飢餓所苦。在這樣的情形下，公元八七四年，私鹽商人王仙芝為對抗貪官污吏而舉兵，黃巢也響應起事。於是提供便宜的鹽給農民的走私商人，成了國家的敵人、百姓的朋友，叛亂瞬間擴大到了除了四川之外的全國。

王仙芝戰死後，黃巢從福建南下廣州，然後經過湖南北上，公元八八〇年攻陷洛陽、接著攻陷長安。成為皇帝的黃巢，國號大齊，

歷史筆記 黃巢自稱天補平均大將軍，宣示說自己是為了救濟百姓而舉兵。

建立了新的政權。

逃到四川的唐朝皇帝雖然要求各地節度使出兵，但都未果，只有土耳其族沙陀部的族長李克用答應出兵援救。勇猛的李克用率領軍隊不斷激戰，並獲得黃巢叛軍朱全忠的協助，在公元八八四年，平定了這場長達十年的叛亂。

之後，李克用和朱全忠之間，為了霸權展開不斷的爭鬥，結果朱全忠勝利，以聯繫大運河和黃河的開封為據點，氣勢凌駕唐朝。唐朝於是變成只不過統治長安附近一帶的地方政權。

不久，朱全忠攻入長安，殺盡宦官，打倒所有主要的貴族、官僚。朱全忠在公元九〇七年，以唐朝最後皇帝禪讓的形式奪得皇位，建立後梁，結束國祚長達二百九十年的唐朝。

●唐朝走向滅亡的過程

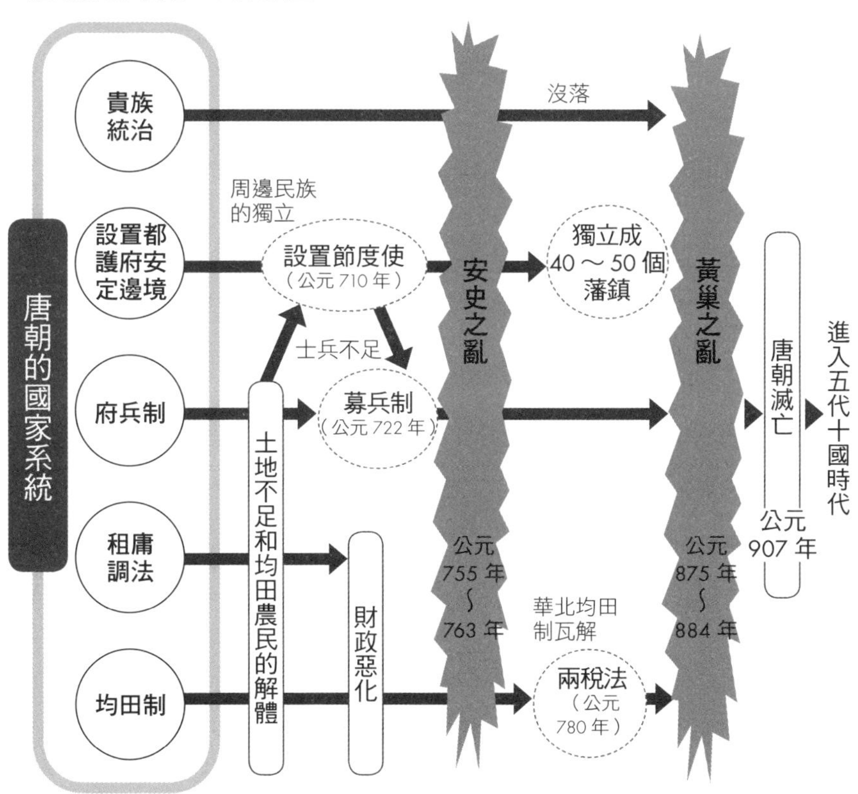

公元907年～960年　五代十國時代

進入藩鎮割據、武人政治時代

節度使割據、武人掌握政權的王朝始終不安定，政權更迭頻仍。

藩鎮相爭的五代十國時代

唐朝以防衛為第一考量而建都長安，但隨著對江南經濟仰賴程度的提高，經濟的重要性成為選擇首都的條件，這也是為什麼往後的首都被遷到聯繫大運河和黃河的開封。

在「五代」的五十多年間，後梁、後唐、後晉、後漢、後周這幾個短命的王朝，都是建都開封，反覆興亡。但五代這幾個王朝都僅統治黃河流域而已，而在江南、四川等地方，則有唐末節度使（藩鎮）所建立的十個獨立政權（「十國」）。因此這個時代被稱為「五代十國」。

土耳其族游牧民族和蒙古族契丹的入侵

建立後梁的朱全忠，殺死唐的高官、宦官，打擊貴族社會。但因為繼承者問題的紛爭，他六十一歲被兒子殺死後，家族也因為內鬥而勢力削弱。公元九二三年，土耳其族游牧民族推翻後梁，建都洛陽，國號後唐。

但是，後唐也是內鬥不斷，於是土耳其族節度使接受蒙古高原游牧民族契丹人的軍事援助而推翻了後唐，建都開封，國號後晉。這時，後晉為了報答契丹的援助，割讓萬里長城以南的燕雲十六州（河北、山西北部十六州）給契丹。之後，後晉和契丹的對立增強，公元九四六年契丹的大軍占領開封，消滅了後晉。

占領開封的契丹，將國號改為中國風的「遼」，鞏固統治體制，但因為遇到百姓的抵抗而退回蒙古高原。趁此機會進入開封的土耳其族軍閥，於是建立了後漢，但是持續不到四年，就被部下的節度使推翻。之後建國的是後周。

後周第二代皇帝世宗，是五代首屈一指的皇帝，他強化直屬軍隊，

後晉的皇帝，自稱「兒皇帝」，對契丹行臣下之禮。

壓迫北方的契丹、江南的南唐，朝統一的道路邁進，但卻在三十九歲時病死。世宗死後，七歲的皇帝即位，可是期望王朝能強而有力的軍隊將領卻在此時發動政變，軍中被寄予厚望的將軍趙匡胤於是被黃袍加身成為皇帝，建立宋朝。傳說是子弟兵為爛醉中的趙匡胤穿上皇帝的衣服，強迫他登上帝位。

短暫的中國戰國時代

在中國傳統上，武將的社會地位低落，但在承繼唐末節度使割據傳統的五代十國，王朝幾乎都是節度使所建立，進行以直屬軍隊為主的武將統治。

節度使掌握軍事、民政、財政三權，割據各地，諸王朝都得巧妙地利用節度使，但國家政局也因此不安定。為了穩固王朝的根基，有必要削減武將的力量，恢復傳統的中央集權體制，所以宋朝再度建立以文治主義為主的文人官僚統治。

●五代十國的變遷

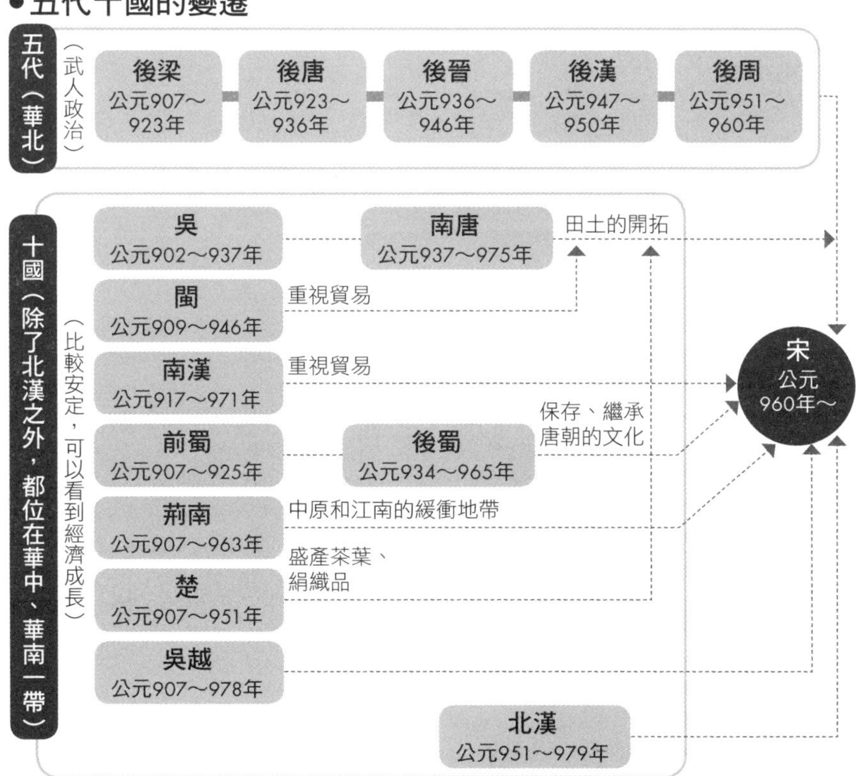

專欄

粟特人的商業才能
連中國人也為之乍舌

唐朝首都百萬都市長安，是直接連接絲路的國際都市。

絲路是西方中亞的大交易通路，其最大中心是發源自帕米爾高原的黃金河（「灑黃金」的意思）所流貫的肥沃平原粟特地方。居住在這一地區的伊朗族粟特人，大部分都是瑣羅亞斯德教（祆教）教徒，在中亞各地區進行殖民、商業活動。他們經常組成商隊前往長安，大量居住在西市的附近，從事寶石、毛毯、香料的買賣、金融等貿易。

他們的商業才能，連中國商人都自嘆弗如，在《舊唐書》裡就記載著：「粟特人如果生小孩，會在小孩口中灑入冰糖、雙手握著黏膠。希望小孩子長大之後，嘴巴說話能夠像冰糖一般甜，錢財像黏膠一樣永不離手。」

在唐朝，管理瑣羅亞斯德教信徒的官員叫做「薩寶」，這是粟特語裡表示「商隊長」之意的「Sarutopau(サルトパウ)」的音譯，而「薩寶」一職幾乎都是被粟特人所獨占。

粟特人的出生地可以從他的姓氏獲知。薩馬爾罕出身的姓「康」、布哈拉出身的姓「安」、（譯註：大致位於今阿姆河與錫爾河之間烏茲別克斯坦的薩馬爾罕南部，古稱羯霜那的地方。）出身的姓「史」。安史之亂的領導者安祿山、史思明都有粟特人的血統。在唐代，所謂「胡人」，大多是指粟特人。

成熟的都市與來自北方的威脅

游牧民族的壓迫、知識分子的統治

⊙北方民族的壓迫增強，海上貿易圈呈飛躍性成長

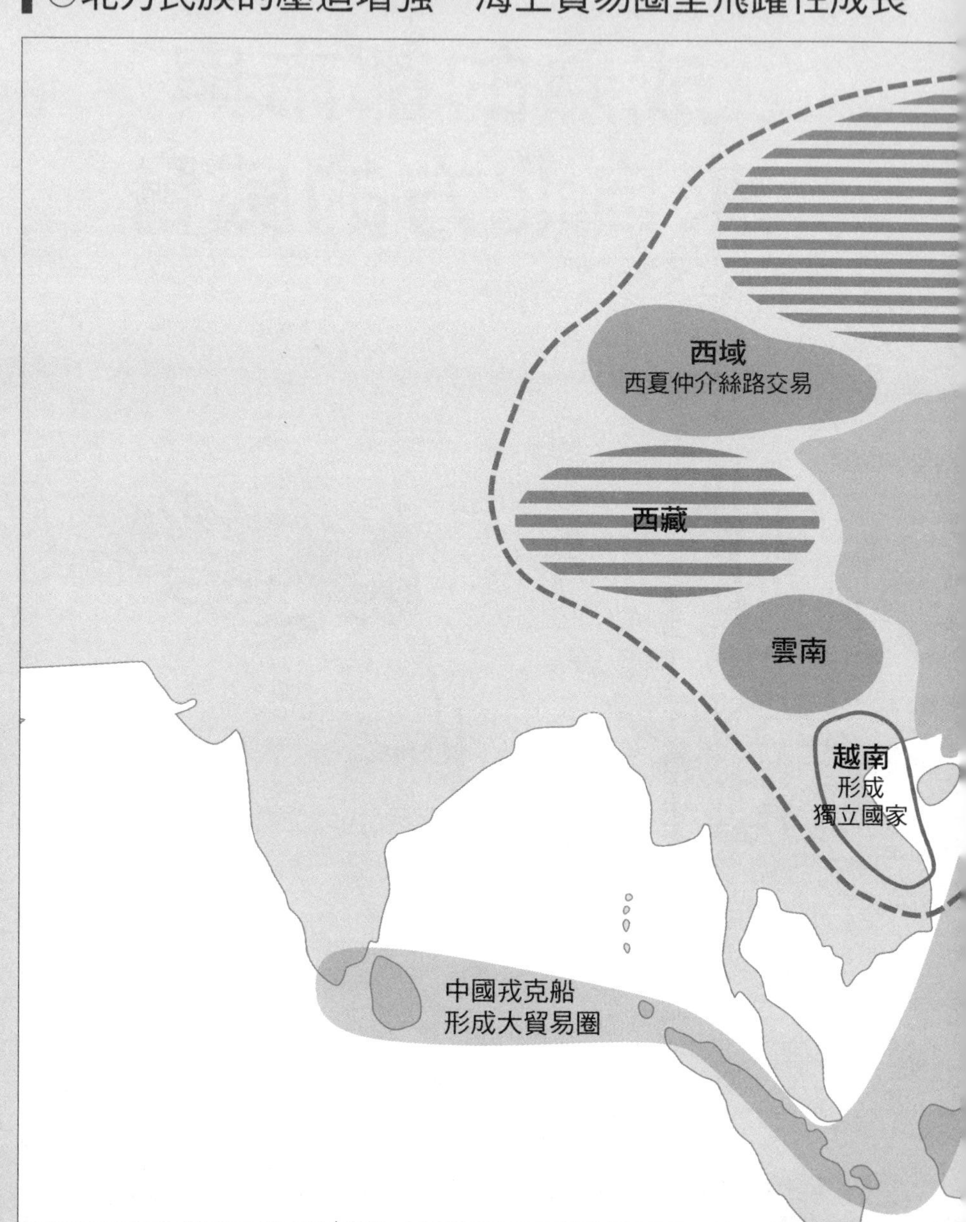

以及經濟的膨脹

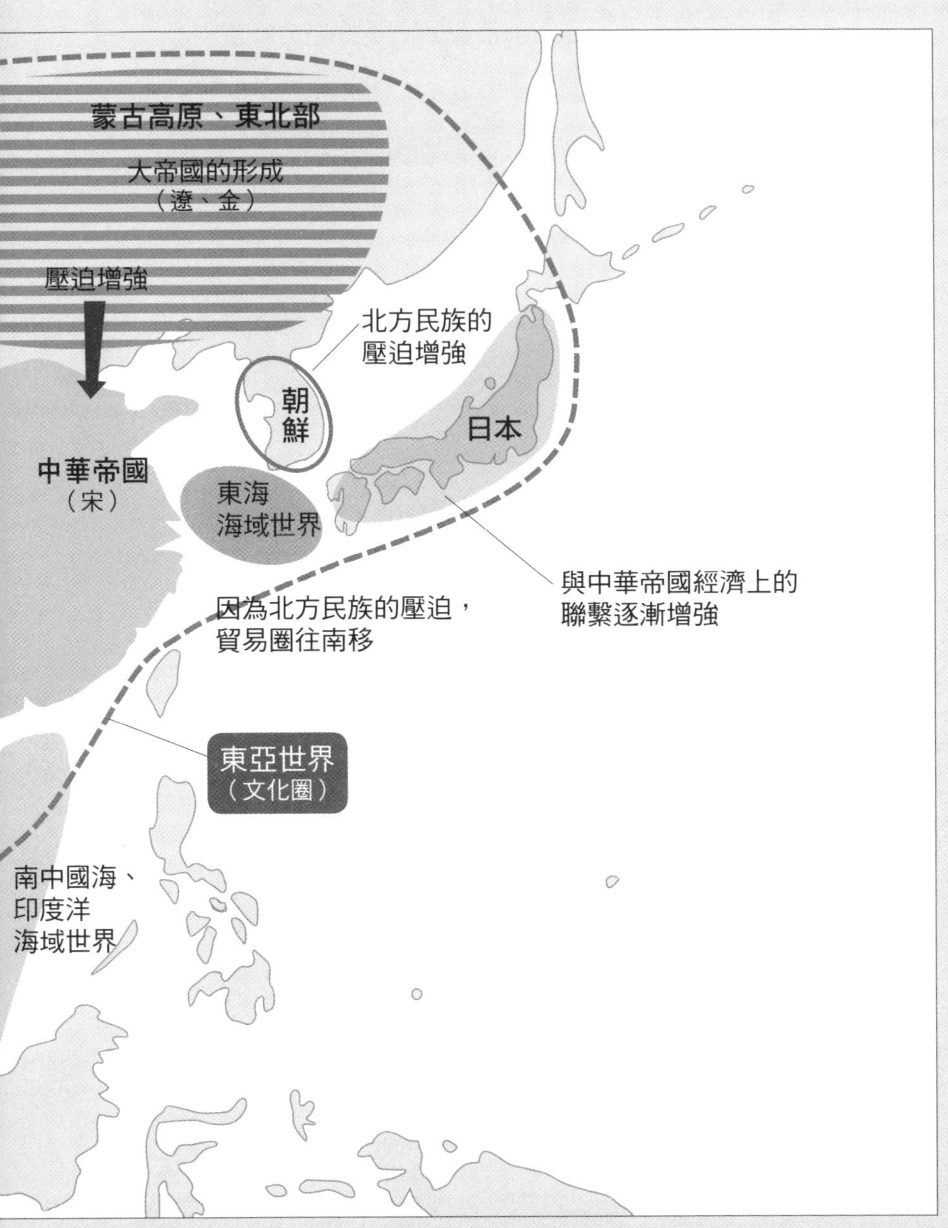
蒙古高原、東北部
大帝國的形成
（遼、金）
壓迫增強
北方民族的
壓迫增強
朝
鮮
日本
中華帝國
（宋）
東海
海域世界
與中華帝國經濟上的
聯繫逐漸增強
因為北方民族的壓迫，
貿易圈往南移
東亞世界
（文化圈）
南中國海、
印度洋
海域世界

【軍人時代】

由於四周民族的入侵和統治農民力量的弱化，唐朝改採了募兵制。結果卻造成為了指揮邊境募兵而設置的節度使，趁安史之亂割據各地，再加上華北地區均田制的瓦解，使唐朝步向衰亡之路。

在唐末走私鹽商黃巢指揮農民叛軍轉戰各地之下，貴族沒落。公元九〇七年，朱全忠推翻唐朝，建立後梁，自此進入節度使紛紛獨立建國的五代十國時代。

【利用科舉重整皇帝的權力】

宋朝採取「重文輕武」的政策，壓制軍人力量的同時，建立分散官僚權力，加強皇權的「架構」，重整中華帝國。科舉就在此時扮演了重要的角色，從全國各地選拔具備學識、教養的知識分子進入中央政府，以支持皇權。這群知識分子被稱為「士大夫」，成為中華世界的新統治階級。還有，儒家學說也受到佛教的影響而有所革新，最後由朱子學集其大成。

公元916年	公元960年	公元965年	公元1023年	公元1038年
契丹人耶律阿保機建立遼國（～公元1125年）	宋朝建國（北宋～公元1127年） ◆宋太祖趙匡胤即位	實施殿試 ◆科舉制度的完備	發行世界最早的紙幣（交子）	黨項人李元昊建立西夏（～公元1227年）

【大流通網和紙幣】

在宋代，因為水田的開發、稻麥一年二穫耕種的普及等等，農業方面有飛躍性的成長，茶等經濟作物、陶瓷器等手工業製品成為各地的特產，所有物資經由大運河匯集到首都開封，然後轉運到全國各地。透過全國性規模的流通網，帶動了大小商業都市與庶民文化的蓬勃發展。還有，以廣州為中心的戎克船（譯註：中國式帆船）海外貿易也急速成長，使東南亞貿易圈擴大。

經濟明顯膨脹，銅錢的鑄造量因而激增，出現叫「交子」的紙幣。

【屈服於北方外族的中華帝國】

宋朝受到遼、西夏等北方民族強烈壓迫，以負擔歲貢的方式購買和平。但新興的金國在占領華北的同時，不但消滅了北宋，更讓南宋對自己稱臣與負擔高額歲貢。於是在臣屬於北方民族的中華世界中，攘夷思想隨之擴大，而這種思想也反映在朱子學上。

公元1069年	公元1115年	公元1127年	公元1130年	公元1142年
王安石開始改革（新法）	女真人阿骨打建立金國（～公元1234年）	北宋滅亡和南宋的建國（～公元1279年、建都臨安）	朱熹（朱子）出生（～公元1200年）	紹興議和 ◆南宋和金簽訂合約，對金稱臣

文治主義和官僚天國的開始

為了維持皇帝獨裁體制，大量重用科舉考試選拔出來的文官，取代已經沒落的貴族。

由皇帝掌握軍隊

掌握後周軍隊的趙匡胤（宋太祖）建立宋朝（北宋）之後，他知道要強化皇帝的權力，必須掌握軍、政權，所以立刻著手改革軍事制度。

趙匡胤吸收各地節度使的精銳部隊，整編成皇帝直屬的軍隊（禁軍），使節度使無力化，更剝奪其民政、財政等權限，一舉加強集權體制。再將這直屬於中央皇帝的軍隊分為三部分，設置三位職權相等的指揮官以分散權限，由皇帝直接統領三軍，並且將作戰和命令的權限交給由文官組成的樞密院負責。

結果，軍隊完全為皇帝所掌握，克服了唐末以來的群雄割據問題。

中央集權體制的重整

雖然將政治的權限集中於隸屬皇帝的文官，已經是加強了皇權的行為，但趙匡胤更進一步地分散各部門的權限，建立起由皇帝做最後裁決的體制。

趙匡胤在中央設置軍事（樞密院）、行政（中書省）、財政（三司）這三個部會，分別派遣數位長官、副長官以分散權限，而最後的裁決則是在他們合議之後，由皇帝下達。

在地方，將全國分為約二十路的行政單位，每一路下面設置多數的州、縣。路的軍事、行政、司法長官由中央派遣，監督各自管轄的州。

透過科舉脫穎而出的精英官僚

皇帝獨裁的體制須仰賴有如皇帝手足的大量文官才得以維持。在貴族階級已經沒落的北宋，這群文官全都是透過科舉考試選拔出來的。科舉考試合格者被視為是皇權的代行者，擁有絕大的權限，因此

官僚的特權極大，所以俗語說：「三年清官，十萬雪花銀」（再怎樣清廉的官員，只要當上三年，就可以累積十萬兩銀子）。

被視為是精英中的精英。從北宋以降到二十世紀初的中華帝國，除了元朝以外，都是由這一群精英分子負責掌控。

科舉的形式並不是一開始就決定好的，而是歷經數代皇帝之後才逐漸定型。最後演變成每三年舉行一次，分地方（州）舉行的解試、中央（禮部）舉行的省試、宮廷皇帝擔任主考官的殿試這三個階段選拔，合格的人再按成績高低分派官職。有出官僚的家庭，會被納入不同於庶民的戶籍，擁有多數的特權，即使有貪污行為也會被寬容。結果形成所謂只要擔任三年的縣官，就可以累積子孫三代財富、享樂過活的現象。

因為科舉考試的內容有合計共約六十二萬字的龐大儒家學問、史書、以及作文、作詩等，所以當時為準備科舉考試的私立學校（書院）也很普及。這一群官僚和集儒家教養於一身的準官僚們，被稱為知識分子、士大夫，成為北宋以降取代沒落貴族的新精英階級。

●北宋的統治制度

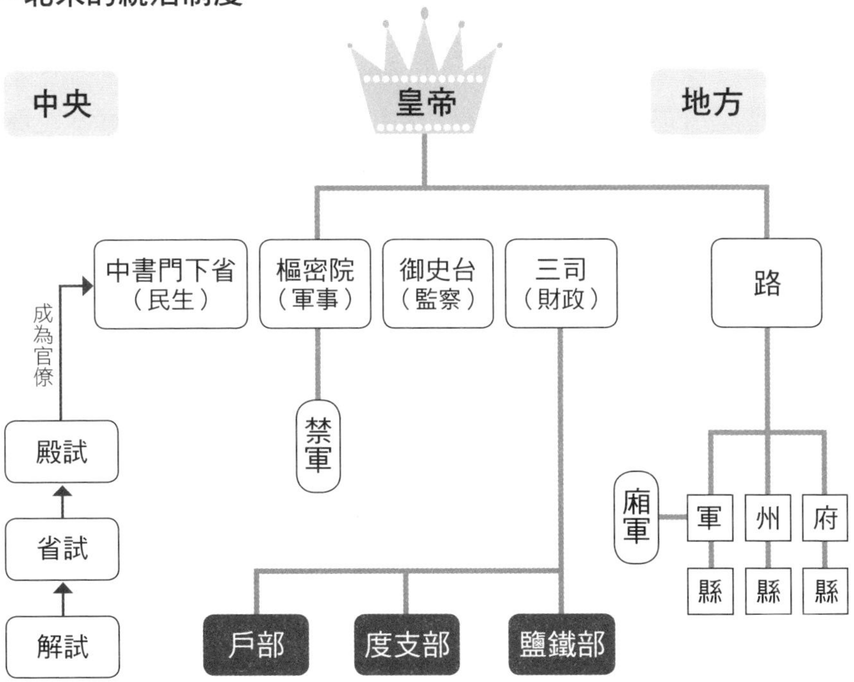

以贈禮懷柔北方游牧民族

農耕世界和游牧世界的勢力消長逆轉，北宋向游牧民族的遼、西夏締結合約，提供物資。

軍事力量衰弱的北宋

北宋為了穩固皇帝獨裁的根基，將地方的精銳部隊集中到中央，但這也意味著北宋軍事的弱化。因此北宋沒有能力對抗北方占領長城以南「燕雲十六州」、壓迫著北宋的遼國軍事力量。歷經數次的遠征，每次都是以慘敗告終。東亞的農耕世界和游牧世界的權力關係也因此不斷消長逆轉。

用錢購買和平

公元一〇〇四年，當北宋第三代皇帝真宗收到遼國率領大軍南下的情報時，親自率領大軍，在澶淵迎擊遼軍，顯示頑強抵抗的態度。但表面上表現作戰態度的真宗，心裡其實是想利用金錢購買和平，而遼國也判斷這樣對自己有利，所以答應了宋真宗的和平之請，這就是所謂的「澶淵盟約」。

這個和平條約大約維持了一百二十年，宋為兄，而遼為弟，雙方平等對待。這對輕視北方游牧民族為夷狄的漢人來說，可說是極大的轉變。澶淵盟約的內容是，宋朝每年要提供銀十萬兩（約三・七噸）、絹二十萬匹（約二千五百公里）的龐大物資給遼。但不論如何，這個和平條約讓北方邊境獲得了安定。

脫離游牧帝國的遼

蒙古族契丹人的耶律阿保機在唐朝滅亡後擴張勢力，於公元九一六年建立遼國。公元九二六年，消滅渤海國，稱霸蒙古高原，成為大帝國；公元九三六年更協助後晉建國，取得了燕雲十六州。

遼國為了避免踏上完全漢化的北魏後塵，勉強撤離華北回到蒙古的根據地，設置南面官、北面官的雙重官制，建立南面官透過州縣制統治中國人、北面官透過部族制統

耶律阿保機模仿漢字創造契丹大字，模仿回紇文字創造契丹小字。

治契丹人的雙重統治。也就是採取一面維持游牧民族特性，一面滲透農業社會的政策。

遼國在境內五個重要區域建立五個主要都市，頻繁地進行貿易。尤其是在以燕雲地方為中心設置的「南京」城，匯集有很多絲路、草原地方的商人，呈現國際商業都市的熱鬧盛況。

控制西域貿易的西藏族西夏

在北宋的西方，西藏族游牧民族的黨項人勢力抬頭。宋朝雖然想利用他們而採取積極的同化政策，但公元一〇三八年，族長李元昊卻建立了西夏，反覆入侵北宋領土。北宋雖然派遣了一百萬大軍迎擊，但因為苦於巨額的軍事費用，只好再以金錢購買和平的方式，於公元一〇四四年與西夏締結和平條約。結果北宋每年要送給西夏銀子五萬兩、絹十三萬匹、茶二萬斤（約一萬二千公斤）。

●北宋、遼、西夏的關係

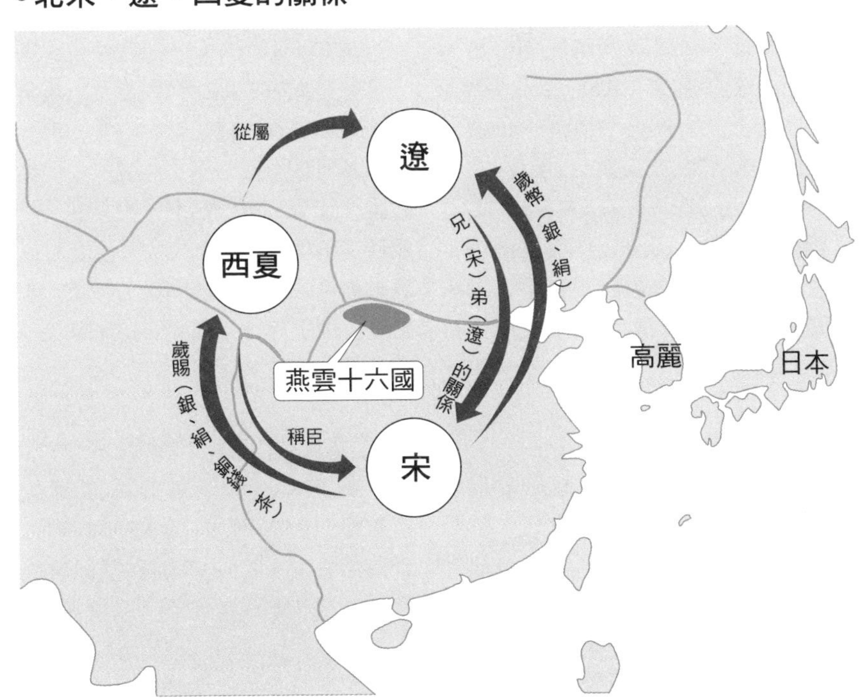

因為運河而繁榮的商業都市開封

北宋首都開封終日熱鬧，伴隨著經濟的發達，銅錢的鑄造量也有飛躍性的成長。

大運河和全國性規模的商業網

在北宋，江南的水田被大規模開發，稻子的品種不斷改良，於是各地出現了特產品。人口也增加到一億數千萬人。以大運河為中心的交通網連接全國各地，人稱客商的大商人掌握了物資的流通。首都開封、路、州、縣的中心都市、小經濟都市（鎮）、以及全國交通要衝所展開的定期草市（譯註：位在農村的交通要道上，為供應小農消費的定期交易市集，買賣各式衣服、蔬果、糧食、酒水，售賣牲口、農具、肥料及種籽等），以全國性規模連成一氣。從江南經由大運河往北送的穀物，在唐代最多僅有二百萬石，但是到了北宋卻增加了有三倍多。

首都開封的繁華榮景

唐朝的首都長安是一個限制很多的政治都市，商業地區一入夜，都市的機能就完全停擺。而位於大運河與黃河交通要衝的北宋首都開封，則是一個有龐大官僚和軍人居住的大型消費都市，因而強化了它的商業機能。在開封，哪裡都可以開店，對營業時間也沒有限制。夜店到半夜二點都還很熱鬧，而一到早上四點，都市的生活又開始新的一天，可以說幾乎沒有歇息的時候。

人口高達一百萬的開封，居民大多數是從事各種行業的百姓，娛樂設施完備。在六個娛樂中心（瓦市）裡，各有數十個劇場（勾欄），提供雜劇、說書、單口相聲、皮影戲、鬥蟋蟀等各種娛樂。劇場中甚至有可以容納數千人的大規模劇場。餐廳、飲食店、理髮店等各種商店櫛比鱗次，終日熱鬧喧囂。

銅錢充斥但仍是不夠用

隨著經濟的活絡化，貨幣的需求量也明顯增加。銀子雖然被大量使用在交易上，但因為挖掘量很

歷史筆記　在華北，森林被砍伐殆盡，煤炭成為燃料，開始用焦炭煉鐵。

少，於是銅錢的鑄造量急速增加。此外，當時優質的北宋銅錢（宋錢）也輸出到日本、東南亞，成為當地的流通貨幣，這也是銅錢需求量增加的原因之一。

在北宋一百六十年間所鑄造的銅錢，約有二千億枚，與唐代相較，估計約成長了十倍以上，但還是不夠用，為了彌補四川等地區銅錢的不足，也使用重而不方便的「鐵錢」。

在鐵錢流通的四川，民間商人工會使用「交子」的支票付款結帳。經常惱於貨幣不足的政府，在公元一〇二三年沿用交子當做紙幣使用。歐洲最早的紙幣是法國革命時，革命政府以教會財產為擔保所發行的「信用券」，它的出現比宋朝的紙幣晚了七百數十多年。

北宋所發行的紙幣，南宋、金朝仍繼續沿用，而到了元朝時，則所有的貨幣都改為紙幣。

●以開封為中心的商業網

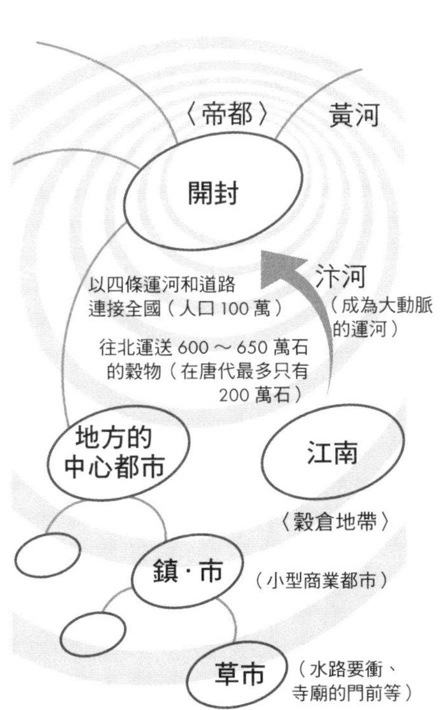

●唐、北宋的銅錢鑄造量

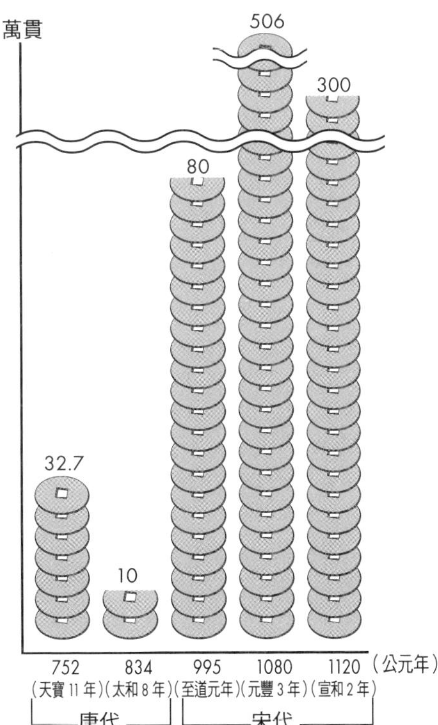

公元1067年～1085年　王安石變法

重建財政的大改革

被提拔為副宰相的王安石，展現魄力改革財政，但卻被維護既有利益的反對派擊潰。

財政赤字擴大和百姓沒落

北宋在建國一百年後，財政轉為嚴重的赤字。財政支出激增的原因是：與西夏大規模戰爭的龐大軍費支出、軍隊規模的擴大以及官僚人數的激增。對此，政府以最容易的增稅措施來加以因應。此時，與官僚勾結的大地主，便利用特權將自己該負擔的賦稅加諸在中小農民身上，再以便宜的價格收購破產農民的田地。結果不但貧富差距明顯擴大，形成嚴重的社會問題，且政治的改革也無法獲得效果。

王安石理想的大政府

每當制度上的危機日益嚴重時，必然會出現具有新展望的人才，但是既有的利害關係也往往會在此時阻礙新制度的建立。

王安石是地方官之子，十九歲時父親去世後，一家陷入極度的貧窮。奮發向上的王安石，在二十二歲以第四名的成績考中科舉考試，成為地方官員之後，於轄區內振興灌溉事業等，有非常好的政績。

公元一〇六七年，內心充滿改革熱情、二十歲的神宗即位。兩年後，神宗提拔王安石為副宰相，並為了重建財政新設審議機關，積極進行改革。

王安石實施了調整物價和物流的「均輸法」、低利融資給苦於農業經營資金不足的農民的「青苗法」。翌年登上宰相職位的他，更將國家的強制勞動改為繳納金錢，並根據土地所有的多寡來徵收。另一方面，制定僱用失業者從事必要勞動的「募役法」、對商人低利融資的「市易法」、為削減軍費、組織民眾讓其維持治安的「保甲法」、委託民間飼養馬匹的「保馬法」，並在太學培養人才，錄用為官員，希望廢除科舉考試。五年後，判斷改革已經有希望的王安

歷史筆記　王安石的改革是希望擴大國家的機能，救濟貧民和富國強兵。

石，兩袖清風地離開中央政界，回到了地方。

推翻改革的司馬光

大膽跳過與舊有高官合議的制度大改革，產生了很多的反對派，於是政界分為支持王安石變法的新黨，以及反對的舊黨。公元一〇八五年，年僅三十八歲的神宗去世後，舊黨抬頭，僅半年的時間，新法就被一一撤除，制度又恢復回原來的舊制。這事發生在王安石去世的前一年。

一一廢除新法的舊黨領導人司馬光，雖與王安石私交很好，但立場卻完全不同。他認為人民的貧富與個人的怠惰與否有關，如果救濟怠惰的人，將會讓勤奮努力的人感到洩氣。司馬光從小就有神童的美譽，傳說小時候有一次，當朋友掉入大水缸幾乎要溺死時，冷靜的他用石頭敲破大水缸，救了朋友一命。他還按照年代順序，編撰了從戰國時代到北宋為止的史書《資治通鑑》。他在王安石死後四個月去世。

●王安石的財政改革

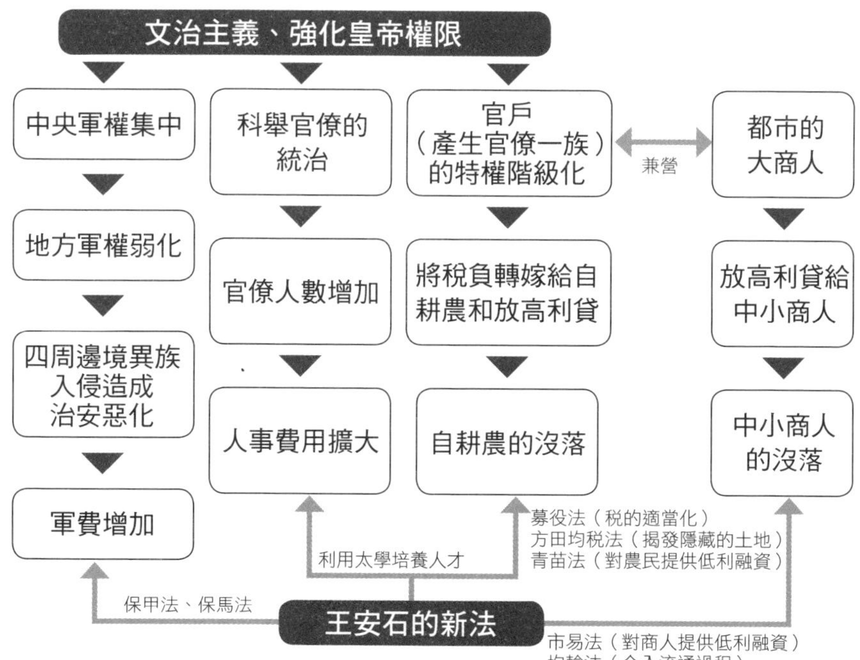

北宋的社會矛盾和《水滸傳》

因為「花石綱」等帶給農民極大負擔和濫花公帑，北宋也因此從內部開始瓦解。

文人皇帝的謬妄

社會情勢不斷惡化，中央政府的新舊黨持續憎惡對立，但是雙方都沒有能解決眼前困境的對策，並未對挽救當前頹勢起任何作用。

在這樣的局勢下，第八代皇帝徽宗（公元一一〇〇年～一一二五年在位）即位。溫文而有藝術家氣息的他，擅長書畫，不但自創出所謂「瘦金體」的書法文體，還是有名的花鳥畫家，更致力於文物的保護。但生活日夜沉迷於自己興趣的皇帝，完全不問政事，有長達十六年的時間，將政治委託給擅於諂媚的新黨蔡京，任其如流水般地濫用公帑。尤其是要江南地方獻上珍貴樹木、石頭，強迫農民們勞動搬運至首都的「花石綱」（譯註：為專門運送奇花異石的特殊運輸交通名稱），讓農民感到無限地痛苦。

農民的蜂起和《水滸傳》

在這個時期，各地頻頻發生農民群起叛亂事件。與《三國演義》、《西遊記》同為明朝知名小說的《水滸傳》，就是以徽宗年間（宣和年間）實際發生的農民起義為主題。

小說裡描述，在山東地方的山賊窩「梁山泊」聚集有以宋江為首，武松、魯智深等一百零八條好漢，他們打倒窮凶惡極的官員、盜賊，拯救痛苦的百姓。當他們勢力擴大時，朝廷曾屢次派兵討伐，但每次都被擊退，最後他們接受皇帝的招降，成為宋朝的正規軍。他們與北方的遼國大戰，雖然獲得勝利，但卻沒獲得賞賜，還被命令順道平定江南由方臘領導的農民叛亂，一場激戰之後，有三分之二的好漢犧牲。然而戰功彪炳的豪傑們，卻僅被賜予低賤的官位，不久之後宋江等人在高官的陰謀陷害下被殺害。

方臘最初雖然只率領一千多人蜂起叛亂，但後來人數增加到一百萬人，他宣示說十年內要統一全國。

宋江是徽宗時期帶領三十六名幹部掀起農民叛亂的真實人物，轉戰於東部地區。雖然結果如何沒有人知道，但一般百姓對他的評價卻很高，說他是義民。

江南地區，因為反抗「花石綱」，拒絕搬運沈重且大量石頭、樹木，使得以方臘為首的叛亂擴大。方臘自稱「聖公」，樹立政權，襲擊腐敗官員、地主等，將他們的財產分給貧窮的農民。宋徽宗雖然派遣了十五萬大軍鎮壓，但因為叛亂廣及整個穀倉地帶，使得首都有段時間都沒有穀物入倉，很多人因而餓死。

無法解決這般嚴重社會矛盾的北宋，在無視現狀、每天過著奢華生活的徽宗統治下，逐漸從內部開始瓦解。最後北宋雖然是被占領首都開封的北方新興勢力金朝所滅，但其實宋朝的全面瓦解只是時間的問題而已。

●北宋滅亡的背景

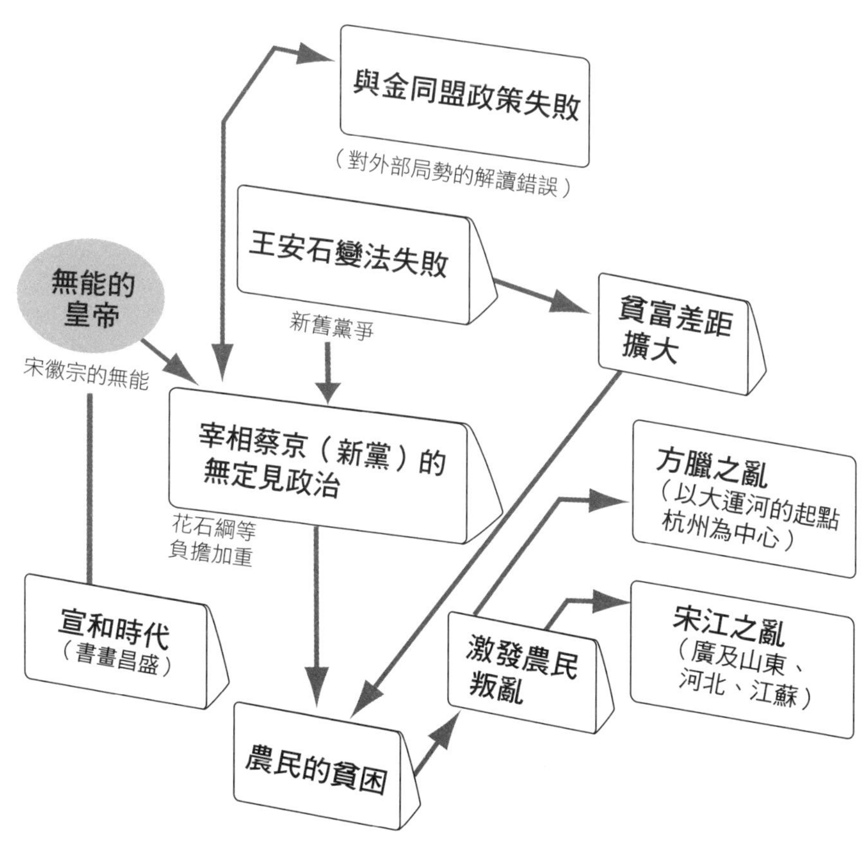

公元1115年～1127年　女真人的入侵

因為金人而混亂的中華秩序

二度企圖背叛金的北宋，結果在兩位皇帝被俘虜下，悲慘地滅亡了。

英雄阿骨打和金的建國

統治蒙古高原、中國東北地方到長城以南燕雲十六州這片廣大區域的遼國，從北宋獲得龐大的貢品、進行交易之後，逐漸習慣於奢華的生活。所以對生活在東北地方森林地帶，以狩獵維生的女真人，也強迫其貢獻砂金，對其實施高壓統治。

完顏部的阿骨打，在公元一一一五年統一女真人，建立國家，取金為不變、不壞金屬的意思，國號「金」。他以三百戶為一謀克（女真語的譯音），以十謀克為一猛安（女真語的譯音），武裝組織女真人，並制定女真文字。

之後女真軍接連大破遼軍，將面向渤海灣的朝鮮半島納入統治之下。

北宋背叛金國盟約

當遼國快要被金打敗時，想利用此機會收復燕雲十六州的北宋，派遣使者經由海路造訪金，與其締結攻打遼國的攻守同盟（「海上之盟」）。

但就如前節所述，國內有眾多農民蜂起叛亂的北宋，根本無法專心與遼國作戰，只是在一旁看著金國一個個攻下遼國的要地。在遼國快要滅亡時，北宋雖然派遣了軍隊到燕京，但卻敗給了遼國，最後還是以提供貢品為條件，獲得金的援助，才終於勉強收復了六州。

達到目的之後，北宋卻無視於與金之間的約定，不肯拿出貢品，反而送皇帝的親筆信給名存實亡的遼國皇帝，企圖結合遼國的殘餘部隊攻打金，但是使者卻在半途被金所俘虜，使北宋的背叛完全被攤在陽光下。

宋朝帝國的瓦解

對北宋的背叛深感憤怒的金，

金在阿骨打稱帝之後的第十一年消滅了遼國，第十二年消滅了北宋。

南下進攻北宋的首都開封。

整天耽於逸樂的徽宗沒有辦法只好「下詔罪己」，將帝位傳給兒子欽宗，被迫退位。

雖然繼位的欽宗答應支付賠償，讓金撤退軍隊，但是危機解除後，充滿中華意識的無謀主戰論又再度興起，北宋撕毀了與金之間的承諾。於是，金的軍隊再度南下猛烈攻擊開封，經過四十天的戰鬥之後，開封被攻陷。徽宗、欽宗沒來得及逃出首都，成了金兵的俘虜。

金的軍隊掠奪宮中的財寶，俘虜了徽宗、欽宗、以及三千多名官員回到了北方，北宋也因此滅亡了。因為這個事件發生在靖康二年（公元一一二七年），所以又稱「靖康之變」。徽宗最後在寒冷東北地方的五國城（現在的黑龍江附近）裡，寂寞地結束了五十四歲的人生。而欽宗也在同個地方結束了一生。

●金的雙重統治

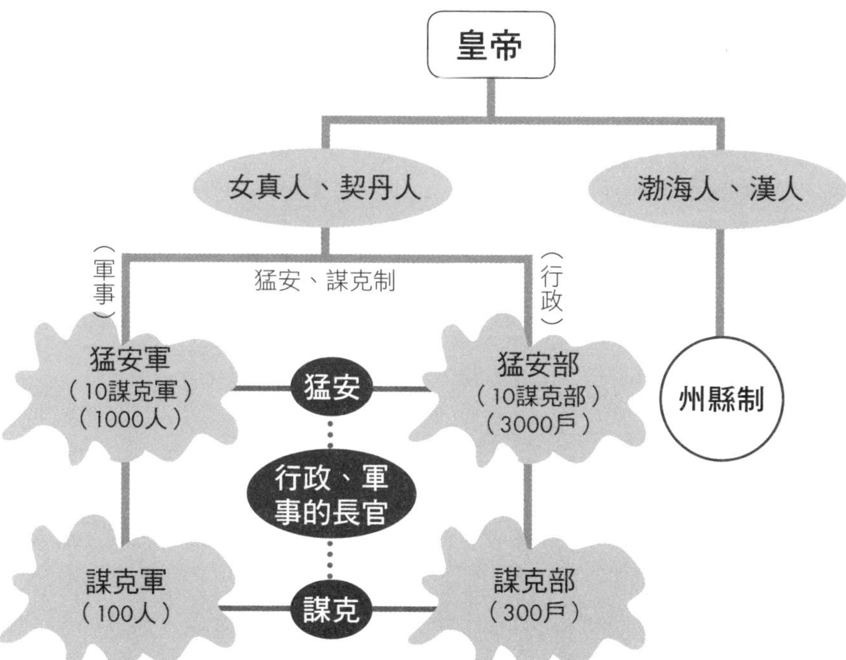

公元12世紀　聖約翰傳說

元朝和聖約翰傳說

從蒙古遷移到中亞的契丹人，其活躍使歐洲產生幻想而開啟了大航海時代。

名聲遠震中亞的遼國

契丹人所建、威脅北宋的遼國，在領域內修築五個主要都市以及許多其他都市，不僅成為軍事大國，也成了有名的國際貿易大國。遼從北宋獲得龐大的銀和絹等貢品，在國境地區和宋朝的商人進行大規模的交易，於是貢品也經由回紇人之手流入了中亞、阿拉伯世界。再加上統治西域地區的土耳其族西夏積極投入絲路貿易，使得十一世紀以降的中亞國際貿易變得活潑繁榮。

透過遼國，以蒙古高原為中心，整個中國、東北地方、中亞被結合了起來。因此「契丹」在中亞地區成了東亞的代名詞。俄語裡稱中國為「契丹（kitann）」，還有古代英語裡的「Cathay（中國）」也是從這裡來的。

西遼和聖約翰傳說

金消滅遼的時候，王室成員之一的耶律大石率兵逃到了西方，推翻已經阿拉伯化的黑汗朝，在公元一一三二年建立了西遼。此時正與土耳其的塞爾柱王朝（譯註：土耳其人在中亞所建立的王朝，公元一〇三八年至一一九四年）戰爭的拜占庭帝國、與發起十字軍東征的西歐，都謠傳說這個鄰近阿拉伯世界、突然出現的異教徒國家，是基督教徒國王所統治的大帝國。這就是所謂的聖約翰傳說。在蒙古帝國建立時，羅馬教皇（法王）、法國國王之所以會派遣使節，就是因

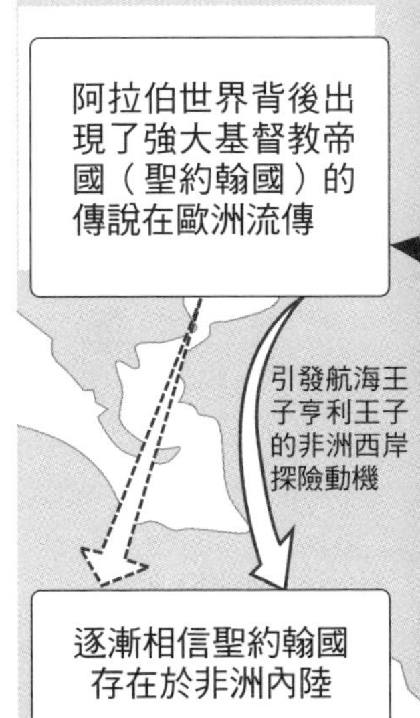
阿拉伯世界背後出現了強大基督教帝國（聖約翰國）的傳說在歐洲流傳
引發航海王子亨利王子的非洲西岸探險動機
逐漸相信聖約翰國存在於非洲內陸

歷史筆記　促使歐洲進步的「大航海時代」，就從聖約翰傳說和日本傳說開始。

為錯以為蒙古帝國是聖約翰國的關係。

後來聖約翰國被認為存在於非洲內陸。而開啟大航海時代的葡萄牙人在非洲西岸進行的探險事業，其目的就是為了與摩洛哥的回教勢力戰爭，尋找非洲內陸的聖約翰國。

聖約翰國真的存在嗎？

最早前往印度卡利卡特（譯註：印度西南岸城市科澤科德的舊名）的伽馬，在航海記裡記載說他曾經聽說非洲內陸有聖約翰國的事情。還有，來到日本之前曾在東南亞各島傳教，但成果不彰的耶穌教會傳教士查威爾（譯註：即西班牙天主教Jesuit會傳教士Francisco Javier），在他的書信中也記載說聖約翰國一定就在諸島的彼方。

世界史上劃時代的大航海時代，就是因為從蒙古遷移到中亞的契丹人的活躍，使歐洲產生幻想而開啟的。

●西遼和聖約翰傳說

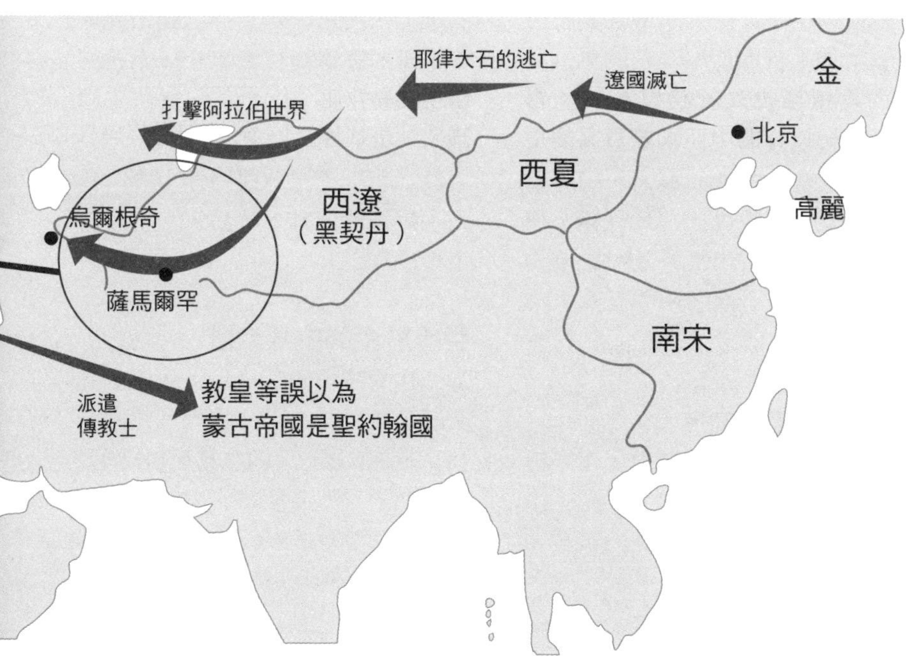

公元12世紀～13世紀前半　南宋和金的關係

南宋秦檜是賣國賊嗎？

南宋秦檜謀殺主戰派的岳飛、締結屈辱的和約、向金稱臣，所以後世給了他很低的評價。

領土縮小了一半的宋朝

北宋滅亡之後，公元一一二七年，皇族中唯一殘存的欽宗之弟趙構，在應天府即位為高宗，建立南宋。但是，與金兵的不斷戰鬥，使高宗皇帝輾轉於江南各地，十二年後，才終於以杭州為臨時首都（「行在」）穩定下來。此時與北宋時期相比，人口、土地都減少了一半。

金占領了包括開封在內的華北地區，因為僅以一百萬遷居而來的女真人統治多數的漢人，同時還要戒備蒙古游牧民族，政權極不穩定。此外，金為了維持支撐統治的軍事力量，苦心思考不讓女真人漢化。

應該戰鬥還是屈服

在與金的不斷戰鬥中，南宋裡主和與主戰派的激烈對立不斷。由義勇軍組成的南宋軍隊戰力衰弱，龐大的軍費成了南宋沉重的負擔。主戰派的中心是率領堪稱最強私家軍隊「岳家軍」的岳飛。

公元一一三〇年與宋徽宗一起被金兵俘虜到北方的秦檜，死裡逃生地逃出金回到了南宋。由於他是帶著妻子和家產回國，所以分明與金有所勾結。但因為他通曉金國的事情，所以被希望迎回徽宗靈柩與生母的高宗提拔為宰相。秦檜讓將軍們坐上高官的地位，瓦解主戰派的勢力，更在公元一一四一年以「莫須有」的罪名逮捕最頑固的岳飛入獄毒殺。結果，南宋完全傾向了和平論的一方。

臣服於金的中華帝國

岳飛被殺的那一年，秦檜和金簽訂了和平條約。這是一個使南宋蒙受屈辱的條約，內容為：1.兩國以淮水為界；2.金為君、南宋為臣；3.南宋每年贈送銀二十五萬兩、絹

歷史筆記　金將首都遷到北京，壓迫已經變成地方政權的南宋。北京首度成為帝國首都。

二十五萬匹給金。農業大帝國完全屈服於北方游牧民族。

議和的結果，高宗的生母和徽宗的靈柩被送回來，秦檜集皇帝的寵信於一身，直到他六十六歲去世的十九年間，一手玩弄政治於股掌中。例如：他的孫子參加科舉考試，本來在中央禮部的考試上名列第二，但秦檜卻在最後階段的殿試上將孫子的成績改為第一名，而讓原本第一名的陸游落馬。陸游正是之後南宋時期的代表性詩人。

觀察當時金和南宋的實力關係，秦檜選擇的和平之路，確實是南宋得以殘存的唯一道路。但因為其中也包含了私人利害關係而冷酷壓制主戰派的行為，所以後世對秦檜的評價很低。秦檜死後，岳飛的名譽被恢復，並且建廟紀念。在岳飛像前還放了身戴枷鎖的秦檜像，後世的人將岳飛當做救國英雄崇拜，秦檜則是被唾罵為賣國賊。

●北方游牧民族和漢人世界的關係

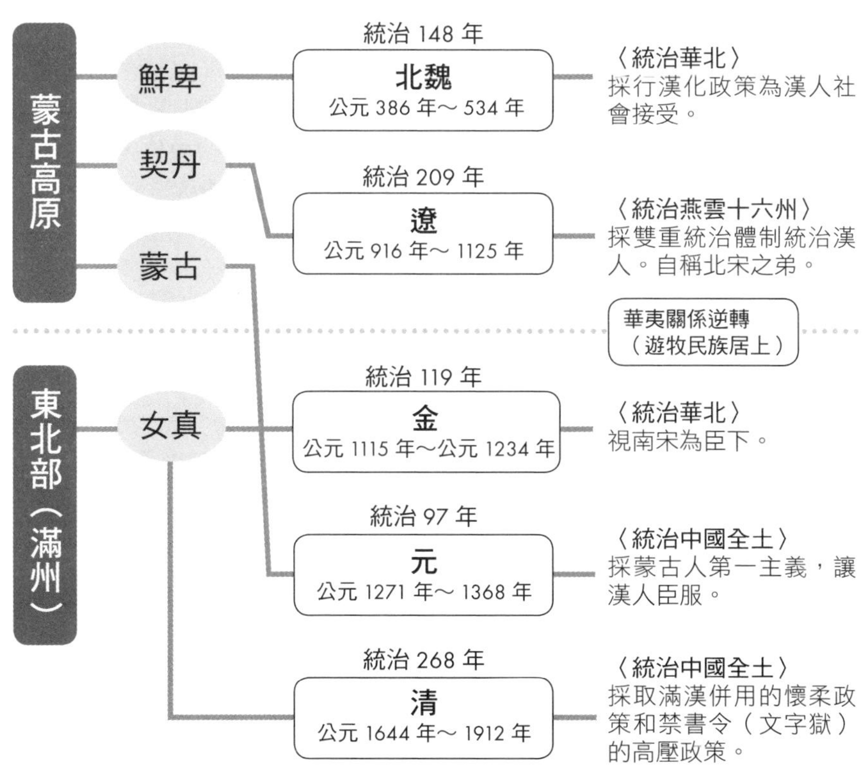

公元10世紀～14世紀 亞洲第二次大航海時代

宋磁和陶瓷之路

受到北方的壓迫下，南宋推展海洋貿易，利用戎克船建立了遠抵南印度的商業圈。

圖謀經濟立國的南宋

必須在明顯縮小的領土上養活約七千萬人口的南宋，除了積極快速開發長江下游的農田，更從越南引進對日照抵抗力強的早熟占城（古占婆國）米。二獲稻作普及的結果使得稻米產量激增，更產生「江蘇熟天下足」的俗諺。還有，景德鎮的陶瓷器、絹織品等手工業也很發達。結果，首都臨安成為超越開封的大都市，人口也超過了一百五十萬。

承受來自北方龐大壓力的南宋，獎勵海上國際貿易，中國商人於是一舉進出海外。他們建造數百噸的木造帆船戎克船，使用羅盤從事遠洋航海。開啟從廣州、泉州到統治麻六甲海峽的三佛齊（室利佛逝）二十至三十天的定期航線，也開啟了遠至日本、高麗、東南亞諸國、孟加拉灣、印度洋的多個航線。南宋中期（公元十二世紀末）與北宋初期（公元十世紀末）相比，貿易的收益約成長了二十倍。

中國商人的航線也遠及南印度的奎隆，他們在當地換搭阿拉伯人的三角帆船（dhow），與阿拉伯世界進行交易。公元八世紀以降，波斯灣的阿拉伯商人利用三角帆船往來於印度洋與南中國海，開拓了遠及中國沿海的定期航線（亞洲第一次的大航海時代）；到了宋朝，尤其是南宋時代，則變成中國的戎克船建立遠及南印度的商業貿易圈（亞洲第二次大航海時代）。

龐大的陶瓷輸出和陶瓷之路

宋代輸出海外的商品高達一百七十種，除了以往的主要輸出品絹織物、金、銀等之外，還多了陶瓷器和銅錢等新輸出品。尤其是陶瓷器，在英語裡稱做「CHINA」，成為中國代表性的輸出品。使用含有石英的特殊黏土

歷史筆記 在公元十二世紀後半被寫成的《嶺外代答》就記載說：「三佛齊在南海的中央，居諸蕃水道的要衝」，指出了三佛齊的重要性。

高嶺土，高溫燒製而成的堅硬瓷器，因為很難在中國以外的地方製造，所以被當做是權力和財富的象徵，輸往世界各地。今天在日本等東亞、東南亞、印度、西亞、東非等地都有很多宋瓷的碎片被挖掘出土。因此這個「海上之路」，也被後世稱呼為「陶瓷之路」。

成為世界貨幣的宋錢

行駛戎克船的大貿易圈成立之後，銅錢也輸出到日本、東南亞各地，成為當地的通用貨幣。位在東南亞中心位置的三佛齊，採用宋錢為通用貨幣；而日本自鎌倉時代以後，也普遍使用輸入的宋錢。此外，非洲東岸也有宋錢被挖掘出土。現在，華人貿易網受到全球矚目，長期以來一直是內陸農業國家的中國採行開放政策逐步往海外發展，但其實早在南宋時期，中國早就已經是朝海外發展的時代了。

●第二次大航海時代相互競爭的貿易圈

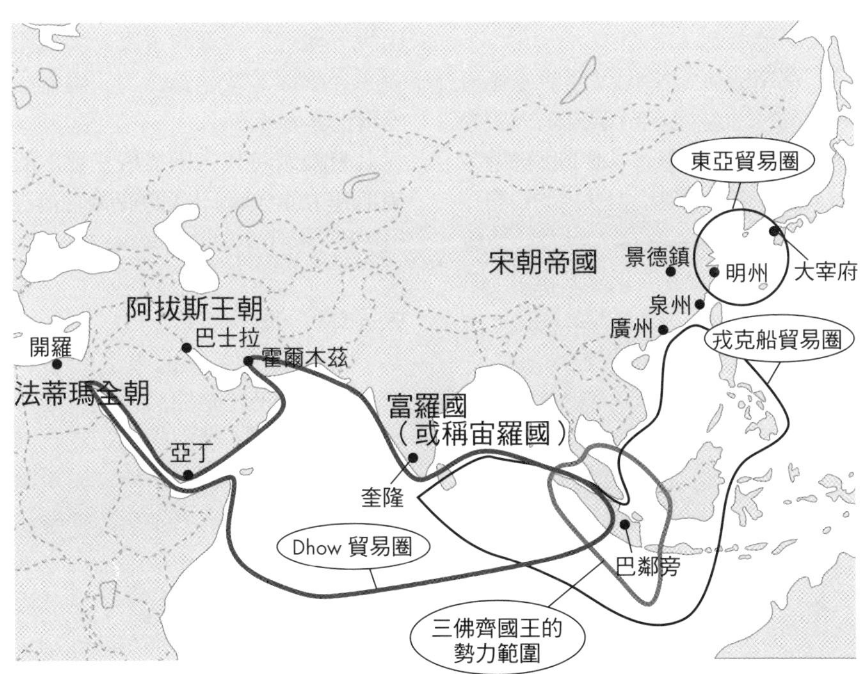

支撐階級社會的朱子學

朱子學藉由「理」和「氣」的二元論，有系統地說明自然、社會和人的關係，革新了儒家學說。

平民文化和東洋的文藝復興

宋朝社會和唐朝社會有很大的不同，是中國歷史上劃時代的時期。總之，貴族沒落、都市民（庶民）的成長，以及透過科舉考試晉升官僚、集儒家學問於一身的「士大夫」成為統治階級，於是出現了庶民文化、士大夫文化。

都市的庶民文化以開封、臨安等城市的鬧區（瓦市）為中心。在那裡有戲劇、說書等大眾藝文活動的演出，使得後來通俗小說採用的口語藉此獲得了成長。還有，相對於「唐詩」的「宋詞」，不但形式自由，且多富含感傷，被用在音樂歌詞上，使得當時的韻文學蔚為流行。

北宋代表性詞人蘇軾，雖然二十六歲就擔任地方書記官，成為中央官僚，但四十四歲時因為毀謗中傷新黨而被判處死刑，之後被減輕罪行，流放到了湖北。〈赤壁賦〉就是他在那時的作品。蘇軾之後雖然又被捲入政爭的漩渦，六十六歲離開人世，但卻擁有樂觀超越困境的堅強意志。在日本也廣為人知的「春宵一刻值千金」，正是他〈春夜〉一開頭的詩句。

此外，由於木版印刷盛行，經書、史書、科學書籍等被大量印刷出版，促進了知識的普及。其他還有，火藥被當做兵器使用、羅盤的實用化等。

中國人認為「玉」所呈現出的美是最理想的美，宋朝時期成功燒製出可以呈現玉之美的青瓷、白瓷。

朱子學的儒學革新

成為士大夫文化中心的儒家學說，受到唐朝時期佛教盛行的影響而有所革新。儒家學說一直到唐代，都是以解釋經書為主，但由南宋朱熹集其大成的朱子學，則是注重合理的思考，利用所謂「理（本質）」和「氣（現象）」的二元

歷史筆記　火藥的主要成分硝酸，波斯語叫做「中國的鹽」，阿拉伯語叫做「中國的雪」。

論，有系統地說明自然、社會和人的關係。

朱子學是一門探究「理」的學問，認為連貫社會的「理」在於「大義名分（臣子要對君主盡忠）」、「明確區分華夷」。還有，朱熹強調做學問的目的是為了追求人格的完成，藉由「格物致知（透過學問明白事物運作的道理和順序之後，知識才算完成）」究明「理」的人，必定會成為社會的領導者。

上下階級化的東亞世界

朱熹主張，以集儒家學問於一身的人物為統治者的社會型態，是不變的「理」，這對士大夫階級來說，是極為方便有利的主張。朱子學也被日本、朝鮮、越南所採用，對穩固階級化社會有很大的幫助。相對地，強烈受到禪宗影響的陸九淵（象山），則是重視直覺，提倡「心即理」，成為明朝陽明學的先趨。

●宋朝的文化

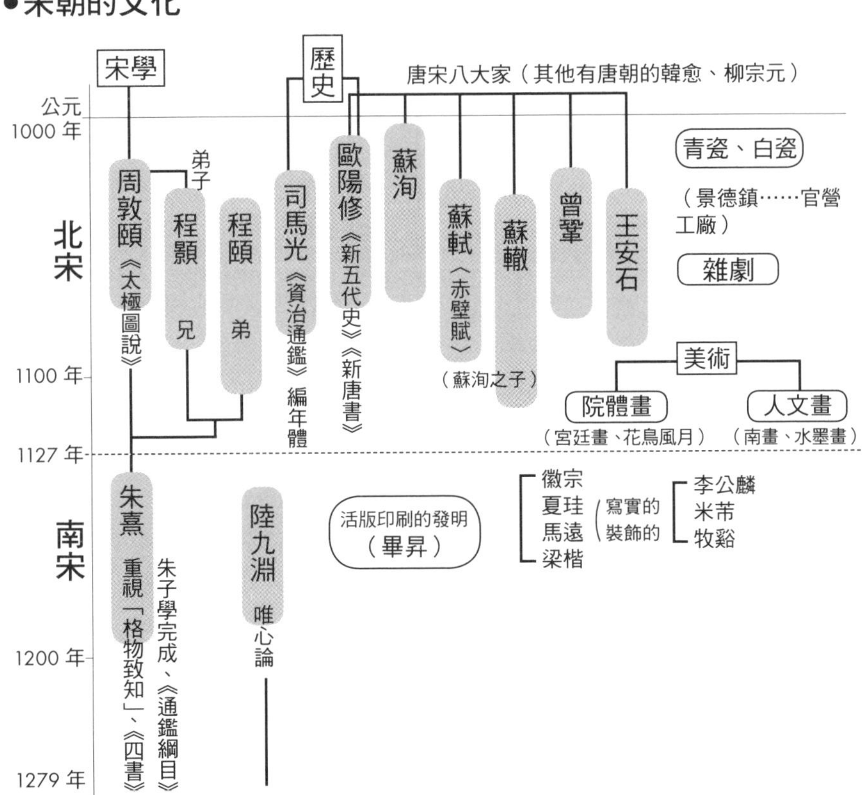

公元918年～1392年　朝鮮半島和高麗

Korea起源自高麗

取代新羅統一朝鮮的高麗，接受宋朝的冊封，模仿宋朝的政治制度、文化。

巧妙吸收宋朝文化的高麗

從唐朝因為安史之亂而陷入混亂時開始，朝鮮半島上的新羅也因為王位之爭而內鬥激烈，到了公元九世紀末，地方豪族已經割據各地。

公元九一八年，黃海海盜出身的開城豪族王建，剷平所有諸侯的勢力，於公元九三五年接受新羅王投降之後，翌年以開城為首都建立了高麗。這個高麗後來成為韓國英語名稱Korea的由來。

高麗在公元九六〇年北宋建國的兩年後，派遣使節並接受北宋的冊封。最初，高麗原本模仿唐朝的制度，但後來為了削弱豪族的力量，改模仿宋朝的制度，採用將中央政府三分為政治、軍事、財政的制度，企圖加強王權。還有，公元十世紀以後，更模仿宋朝實施科舉制度，將地方豪族吸收入中央政府。

除了導入禪宗、宋朝的新儒家學說，仿宋朝的瓷器製造獨特的高麗青瓷外，也學習宋朝引進印刷術，製作了世界最早的金屬活字。

特權化的兩班官僚

官僚被分為文官（文班）和武官（武班），但獨占中央、地方要職的則是文官。與宋朝一樣，科舉合格的文官居於優勢的地位。武官則被認為是身分低下者當官的管道。以兩班官僚為首的所有官僚被分為十八個等級，根據其等級給予田地和柴田（燃料取得地），這就叫做柴田科制。根據規定，土地在本人死後要歸還給國家，但事實上卻多半被私有化了，高級官僚也逐漸貴族化。

遼的入侵和軍人的抬頭

北方遼國勢力抬頭後，高麗屢屢受到遼國入侵，公元十二世紀初，甚至還曾經一度發生首都被占領的事態。之後，東北地方的女真人興起，

根據《高麗史》等史書的記載，高麗派遣到北宋的商船團有一百零三團、商人數高達三千一百六十九人次。

高麗受到了更強烈的壓迫。

就在這樣的情形下，社會地位低的軍人抬頭，公元一一七〇年發生軍人政變（庚寅之亂），文人貴族大量被殺害，後來軍人的反抗勢力和農民的叛亂結合，進入了數十年的混亂時代。公元一一九六年，將軍崔忠獻重整秩序，建立了長達六十年（公元一一九六年～一二五八年）的崔氏軍人政權。

高麗商人的活躍

遼國入侵遼東半島之後，山東半島的主要貿易港登州被封鎖，長江口的明州（寧波）成為宋朝的主要貿易港。明州到高麗首都開城之間的航線發達，繼新羅商人之後的高麗商人活躍於海上貿易。明州還設置有高麗使節行館，很多的商人與宋朝從事貿易。高麗和北宋之間從事傳統的朝貢貿易，曾六十三次派遣使節。此外，當時日本和高麗之間的貿易也很興盛，根據紀錄，日本商團曾經二十四度造訪高麗。

●高麗的建國

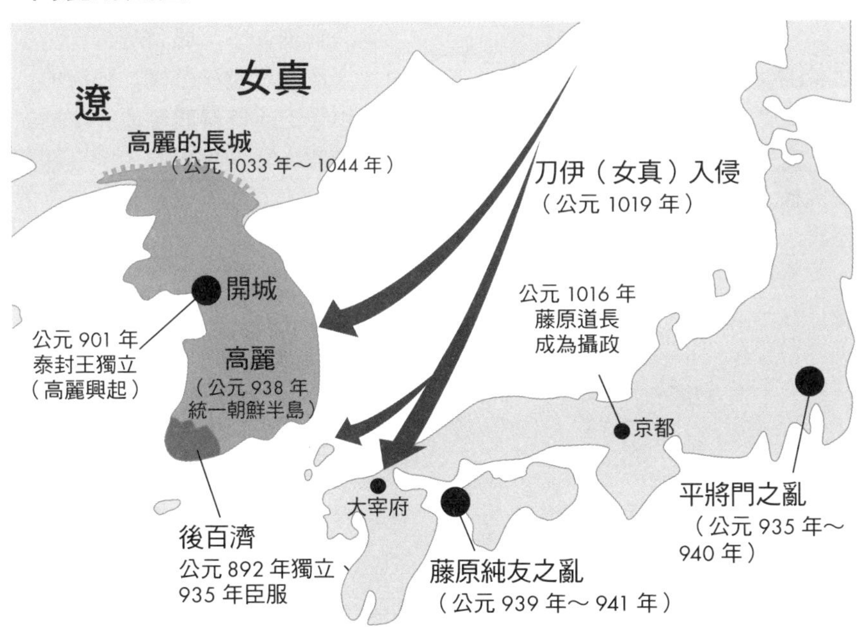

公元9世紀後半～13世紀　日宋貿易

支撐日本平氏政權的宋朝銅錢

繁盛的日宋貿易，促使中國文物輸入日本，影響平安後期的國風文化。

民間貿易的繁榮和國風文化

東海貿易的推手，到了公元九世紀後半，從官方的使節團變成了商人。連結日本博多、平戶與江南的航線被開啟，中國的商人可以直接造訪大宰府，使得中國文物大量流入，滲透入日本貴族社會。中國文明的大眾化，影響了日本平安時代後期的國風文化。

因與宋朝貿易而繁榮的博多

到了宋朝，長江口的明州市舶司成為前往日本、高麗的宋船管理機構。宋船將陶瓷器、絹織品、銅錢、香藥、筆墨、書籍等輸入日本，然後從日本運出砂金、珍珠、硫磺、水銀、漆器的泥金畫、扇子、刀劍等。根據紀錄，在北宋的一百六十多年間，有七十多個航次的宋船造訪了日本。

最初，宋朝的商人都在大宰府的管理下進行貿易，但是到了公元十一世紀，博多乃至筥崎設立了宋朝商人的居留地「大唐街」，管理體制於是逐漸瓦解。到了公元十二世紀後半，一年就有四、五十艘的日本商船造訪明州。

新興的武士團體和日宋貿易

此外，新興的武士集團也將與宋朝之間的貿易以及輸入品的流通納入管理之下，希望穩固勢力根基。平清盛就整建了瀨戶內海的大輪田泊（之後的兵庫港），積極與東亞的海上貿易網接線，掌握關西地區輸入物資的流通。宋船帶來的大量銅錢，支撐了平氏政權財政的同時，但卻也成為促使日本社會變動的要因。

開創鎌倉幕府的源賴朝也掌控了關東、東北地方的宋朝輸入品，並以此經濟力量為後盾，組織東國武士，稱霸全國。之後的北條氏也對民間貿易加以管制，掌控日

歷史筆記　日本出土的錢幣中，在中世前期約有八十八％是宋錢、在後期則約有六十七％。

本海的主要港口，將日宋貿易納入管理之下。所以日本和宋朝之間的貿易，也和武士的抬頭有密切的關係。

日本僧侶的入宋

北宋時期，為了巡禮五台山等佛教聖地，日本僧侶來到了宋朝。公元十世紀末來到宋朝的僧侶 然晉見北宋皇帝，介紹了日本的風土人情。《宋史》〈日本傳〉裡的記載，有七、八成是根據他的報告。

到了南宋，有一百多名日本僧侶來到宋朝。公元十二世紀末來到南宋的榮西在天台山學禪，將臨濟宗傳入了日本；公元十三世紀初，道元傳入了曹洞宗。之後造訪日本的南宋禪僧蘭溪道隆，除了傳授正式的習禪方法，還在鎌倉興建了建長寺。

●公元9世紀後半～13世紀初的日宋貿易

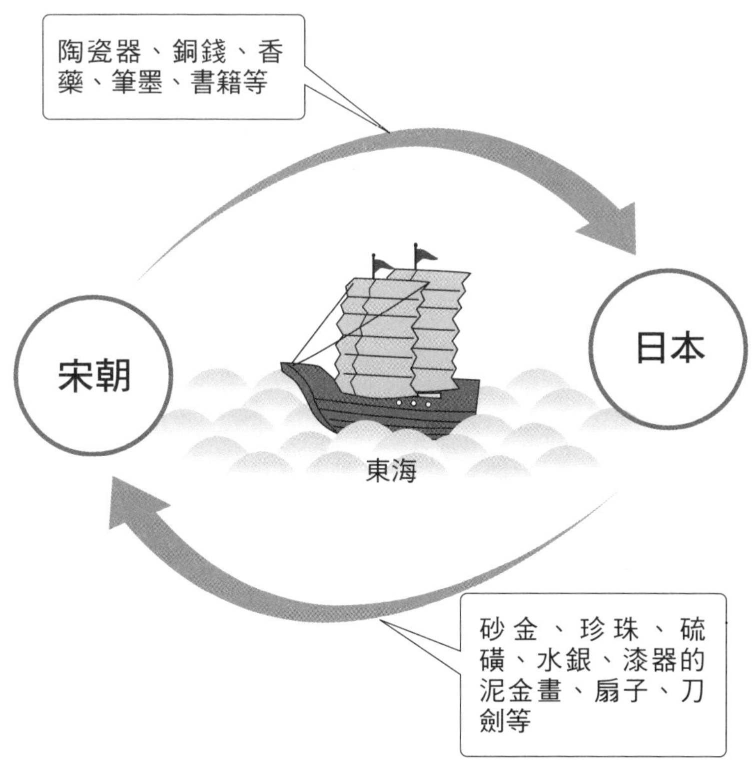

公元前3世紀～13世紀 中國的越南統治和獨立

持續抵抗中華帝國的越南

受中國統治一千年後，越南雖然終於獨立成功，但大越國的李朝卻被納入了中華世界。

對越南的千年統治

越人居住在中國南部到東京（譯註：越南北部一帶的舊稱）地方一帶區域，秦始皇時代被中國征服，在秦末時曾獨立建立南越國。後來在公元前二世紀末被西漢武帝所滅，於越南北部設置了交阯郡（現在的河內）、九真郡（現在的Thanh Hoa）、日南郡（現在的順化）三郡。此後的一千年，越南都在中國諸王朝的統治下不斷漢化，成為深受印度文明影響的東南亞地區中唯一被納入中國文明圈的國家。另一方面，越南對漢人官僚、商人的蠻横統治，則不斷發起反抗運動。公元二世紀末，在越南南部，漁民占婆人建立了深受印度文明影響的貿易國家占婆國（林邑）（譯註：亦即占城）。

對中華帝國的反覆抵抗

在不斷出現的反抗漢人統治運動中，最有名的是公元一世紀，東漢初期所發生的徵側和徵貳兩姊妹所領導的叛亂，以及唐玄宗時期所發生的渠梅叔之亂。

徵側和徵貳兩姊妹領導的叛亂是越南最早的反漢人叛亂，公元四十年，兩姊妹雖然攻陷了六十五座城池稱王，但三年後就被東漢的三萬人軍隊所鎮壓。

唐朝時期，雖然在河內設置了安南都護府，但在公元七二二年還是發生了渠梅叔的大規模叛亂。當時叛亂軍更和林邑、柬埔寨人的真臘合作，占領都護府，渠梅叔自稱「黑帝」，建立統治體制。唐朝雖然命令宦官為指揮官，派兵鎮壓，但卻遇到激烈的抵抗，最後還是在當地招募軍隊才終於平定了叛亂。後來，安南都護府被改名為鎮南都護府，而其長官則是在唐朝擔任高官的日本人阿倍仲磨呂。

歷史筆記

越南諸王朝在公元十一世紀中葉以後使用了「大越」這個國號，直到了公元一八〇四年才改稱「越南」。

獨立的越南

唐朝滅亡後，中國進入了五代十國的混亂時期，越南也在此時脫離了中國的統治。從公元十世紀中葉開始，歷經吳朝（公元九三九年～九六五年）、丁朝（公元九六八年～九八〇年）、前梁朝（公元九八〇年～一〇〇九年）這幾個短命王朝的興衰後，最早的安定王朝李朝（大越國，公元一〇一〇年～一二二五年），以河內為首都建國，李朝從宋朝開始受封為安南國王，被納入中華秩序。自此之後到公元十九世紀為止，中國人都稱越南為「安南」。

宋朝文明流入越南

李朝引進宋朝的官僚制度、科舉，建立統治體制。也積極地引進儒家學說，在河內興建孔子廟以及附屬於孔子廟的國立大學，對貴族子弟施以漢人式的教育。此外，也努力導入中國式的佛教，從宋朝輸入佛教經典，興建眾多的佛教寺廟。

●越南諸王朝的興亡

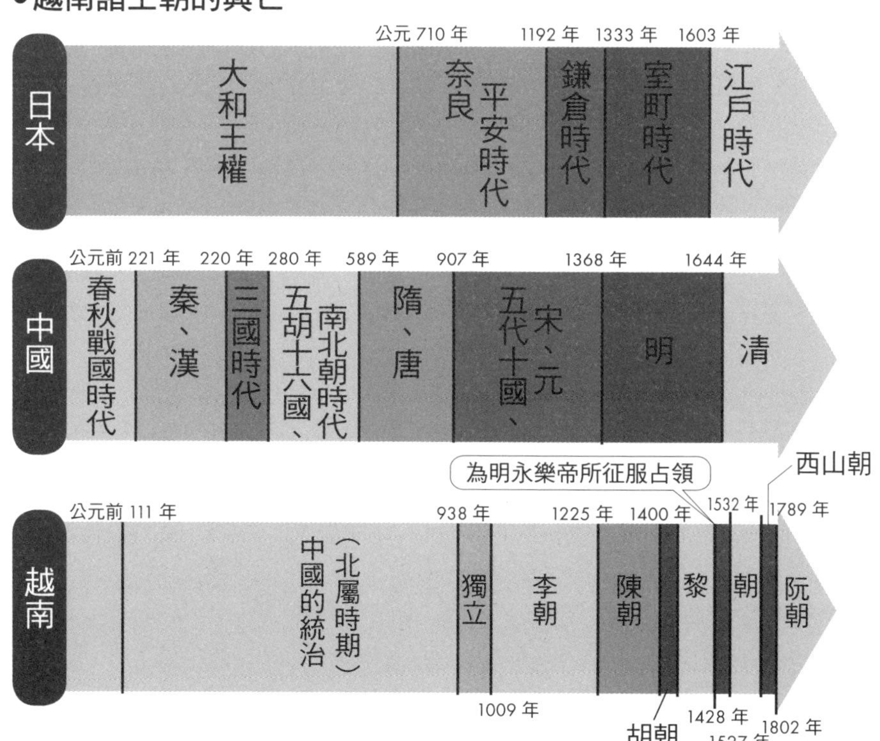

專欄

坐椅子是游牧民族帶來的生活習慣

看看描繪清明時節北宋首都開封熱鬧景象的宋朝名畫「清明上河圖」，可以看到人民坐在椅子上的生活模樣。但其實自殷商以來，漢人傳統的坐姿原本與日本一樣都是「跪坐」。大家在房間裡鋪上蓆子，進房時必須脫下鞋子。

在游牧民族占領黃河中游的魏晉南北朝時代，游牧文化和佛教文化大量傳入中國，漢人的生活方式也跟著產生了變化。名叫「胡床」的凳子、以藤編製像鼓一樣的坐椅、椅子、椅墊被當時人所使用，於是漢人開始有了坐椅子的生活方式。華北地區所製造的坐椅盤足菩薩像、坐著一隻腳翹在椅子上的彌勒半跏像等佛像，就反映了這個最新的生活形式。新羅王送給聖德太子的京都太秦、廣隆寺的彌勒佛像也是呈坐姿。

與佛教文化一起傳入的「椅子」以及坐在椅子上的坐法，給人特權、權威的印象，使得坐椅子深入了統治階級，到了唐朝中期，貴族之間高腳的桌子、椅子已經很普及。

但這樣的「生活革命」直到宋朝才完全固定在社會裡。到了宋朝末期，一般平民日常生活也都是坐椅子的方式，至此，漢人的生活形式已經完全改變了。但現代中國風家具的造型，則是在明朝確立的。

被納入歐亞帝國的中華世界

游牧世界吞噬中華世界的時代

⊙被迫成為歐亞世界一分子的中華世界

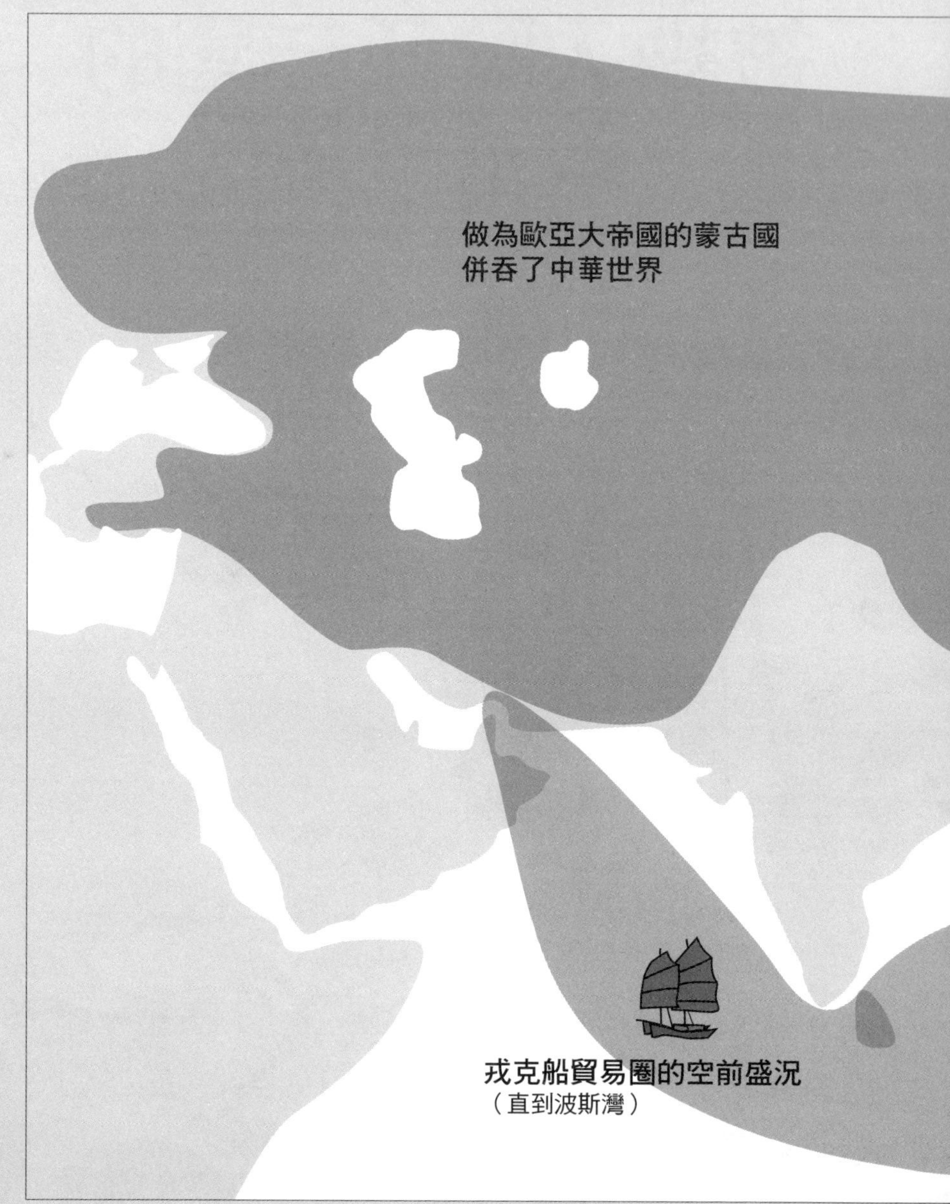

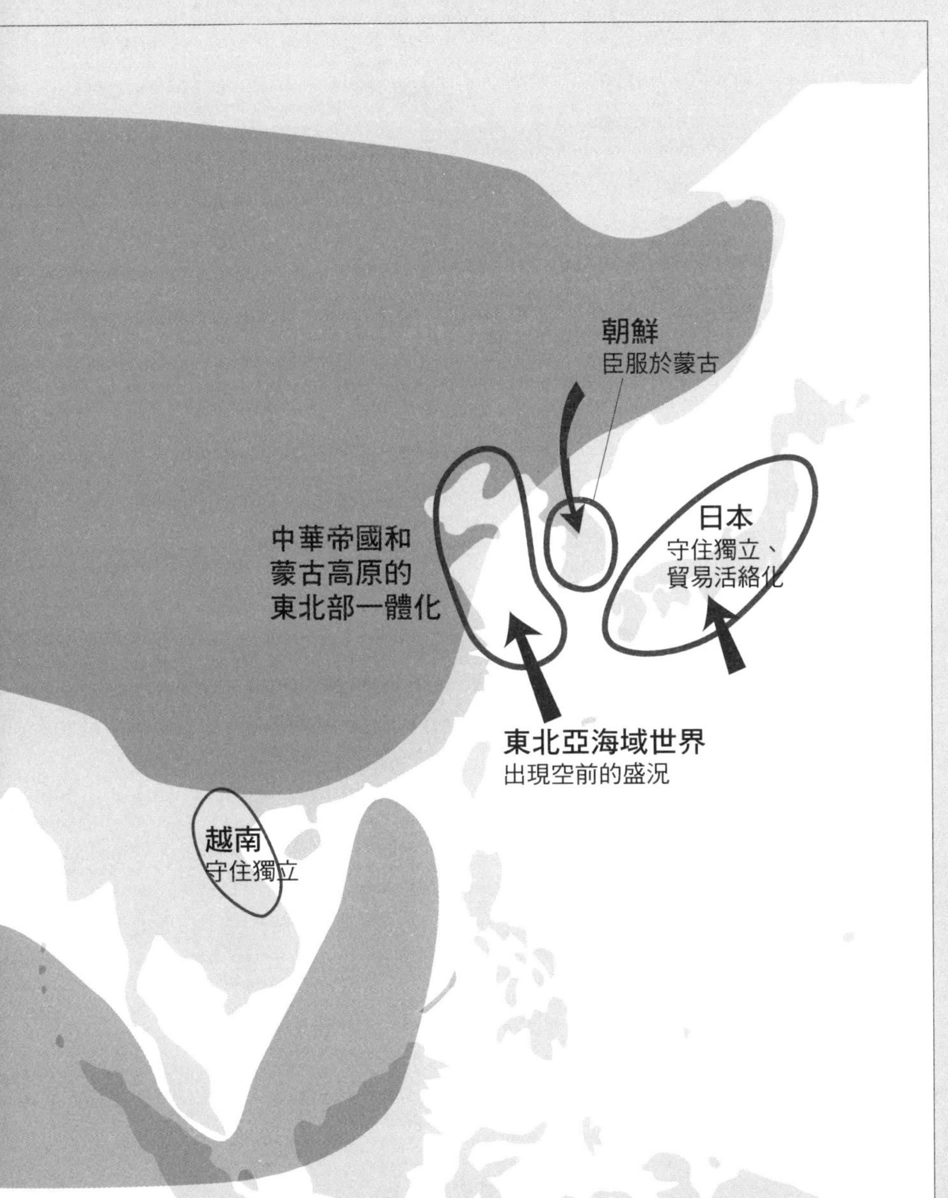
朝鮮
臣服於蒙古
中華帝國和
蒙古高原的
東北部一體化
日本
守住獨立、
貿易活絡化
東北亞海域世界
出現空前的盛況
越南
守住獨立

【世界史的轉變從中亞開始】

公元十二世紀的歐亞大陸，出現：1.東亞世界北方民族居優勢地位；2.中亞分裂；3.土耳其人入侵並帶來阿拉伯世界的混亂；4.十字軍東征等，局勢重疊的「大分裂時代」。當中，在金國統治下的蒙古高原，成吉思汗勢力抬頭，消滅花剌子模帝國、西夏，將草原和絲路所在的中亞地區都納入了蒙古帝國的統治之下。

【被征服的東西大農耕世界】

蒙古帝國接著征服了東亞的金、南宋、高麗，西亞的阿拔斯王朝（譯註：即古大食〔阿拉伯〕帝國，公元六三二年至一二五八年間阿拉伯回教勢力所建立的王朝，範圍橫跨中亞、西亞到北非一帶）、俄國的基輔公國，串連起東西大農耕地區，成為統治一大半歐亞大陸的空前大帝國。巴格達的陷落，象徵了阿拉伯帝國和平時代的結束。還有，蒙古帝國也遠征日本（日人稱之為「元寇」）、越南、占城、爪哇等地，帶給海洋世界極大的衝擊。

公元1206年	公元1240年	公元1258年	公元1259年	公元1271年
成吉思汗統一蒙古高原 ◆成吉思汗成為大汗	拔都進攻俄國的基輔	旭烈兀攻陷巴格達 （伊兒汗國、～公元1353年）	高麗臣服於蒙古	忽必烈改國號元 （～公元1368年）

【發達的陸海大交通網】

蒙古帝國藉由驛站制度建立歐亞大陸交通網，統一印度洋、南海、東海的海域世界，使歐亞的陸上、海上貿易活絡化。大都（現在的北京）和大不里士（譯註：在今天的伊朗西北邊）兩大城市分別為東、西方的貿易中心，阿拉伯商人相當活躍。大量的白銀透過阿拉伯商人之手，從東亞運往白銀不足的西亞世界。

忽必烈建立元朝帝國、征服南宋，使得中華世界被游牧世界所併吞，喪失獨立性。在阿拉伯商人等色目人協助下，蒙古人無視於中華世界的傳統，進行了「蒙古人第一主義」的高壓統治。

公元1274年	公元1275年	公元1292年	公元1279年	公元1351年
元軍侵略日本（文永之役、公元1281年弘安之役）	馬可波羅抵達大都	開通往大都的運河（惠通河） ◆大都（北京）與海路連接	元朝帝國消滅南宋	發生紅巾之亂（～公元1366年）

公元13世紀前半　蒙古帝國的形成

成吉思汗的游牧帝國

蒙古帝國利用有組織的騎馬戰術征服中亞，之後中華帝國也被游牧民族所吞噬。

蒙古帝國和中華世界

雖然中華世界利用經濟力量，解除了逐漸增強的遼、金等北方游牧民族的壓力，好不容易保住國運。但以中亞為中心，建立歐亞大帝國規模的蒙古帝國，卻給了中華帝國致命的一擊。於是，中華世界被橫跨歐亞大陸的游牧帝國所吞噬，而創造這個機會的人正是鐵木真（後來的成吉思汗）。

克服痛苦青年時期的成吉思汗

起初，在金的統治下，蒙古高原上的游牧部族彼此展開激烈的戰爭。宋朝邊境輸入鐵錢所鎔鑄成的武器，以及東北部金國所採行的「以夷制夷」政策，都煽動著部族之間的爭鬥。

鐵木真九歲時，父親遭到敵對的塔塔爾部（譯註：即韃靼）毒殺，部族四分五裂。鐵木真雖然度過了痛苦的少年時代，但後來與父親昔日舊友，也是草原上最強而有力、克烈部的王罕結盟，在他的保護之下擴展勢力。但到了公元一二〇三年，雙方關係決裂，鐵木真獲得勝利，並依次擊潰乃蠻族、塔塔爾族，於公元一二〇六年召開首長大會，鐵木真被推舉為汗（王），改名成吉思汗（光之精）。

成吉思汗利用模仿金國軍制的千戶制，穩固集權的軍事體制，制定名叫大札撒（編按：又稱為成吉思汗法典）的法典，建立強而有力的游牧帝國。

屈辱是導火線

成吉思汗在公元一二一一年出兵攻打金國，逼近中都（現在的北京）（譯註：這裡的中都應該是指金的中都，非元中都），金國當時因為國內層出不窮的政變，無力對抗，於是中都在公元一二一五年被成吉思汗攻陷。

成吉思汗模仿金國的軍制，將軍隊分為十戶、百戶、千戶、萬戶的單位，派遣心腹部下擔任長官，建立集權體制。

成吉思汗攻擊統治絲路東部的西夏，同時對西亞新興勢力土耳其族的花剌子模派遣使節團，企圖分享絲路的統治權。但是花剌子模的地方長官卻殺了使節團，奪走了贈禮，而之後再度派遣的使節也被割去鬍子趕回來，讓成吉思汗蒙受極大的侮辱。為了雪恥，他親自率領了十萬軍隊攻打擁有四十萬大軍的花剌子模。

中亞的統一

沿著通商道路進攻的成吉思汗軍隊，在各地擊潰花剌子模的軍隊，於公元一二二〇年消滅了花剌子模帝國。而另一支部隊則在公元一二二五年征服了南俄。

接著，在公元一二二七年，成吉思汗消滅位居絲路東邊的西夏，中亞此時完全納入蒙古帝國的統治。同一年，成吉思汗因為從馬上摔下來的傷勢惡化，在六盤山去世。成吉思汗死後，其廣大的領土被分配給自己的四個小孩。

●蒙古軍強大的祕密

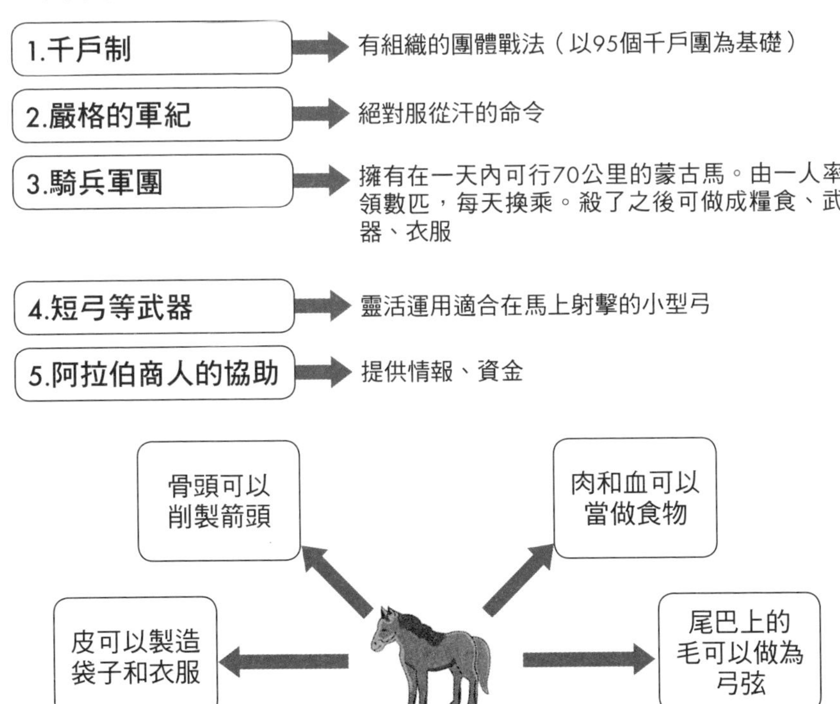
1.千戶制
有組織的團體戰法（以95個千戶團為基礎）
2.嚴格的軍紀
絕對服從汗的命令
3.騎兵軍團
擁有在一天內可行70公里的蒙古馬。由一人率領數匹，每天換乘。殺了之後可做成糧食、武器、衣服
4.短弓等武器
靈活運用適合在馬上射擊的小型弓
5.阿拉伯商人的協助
提供情報、資金
骨頭可以削製箭頭
肉和血可以當做食物
皮可以製造袋子和衣服
尾巴上的毛可以做為弓弦

公元13世紀　元朝的建國

連接東西大農耕地帶的蒙古

忽必烈統治中國全土，對抗草原勢力，消滅了南宋。

位在世界史出發點的蒙古帝國

蒙古帝國這個橫跨歐亞的大帝國，是成吉思汗以中亞為核心，征服中華帝國、阿拉伯帝國、基輔公國等農耕世界而形成的，東西大農業世界第一次被一體統治。

在公元十三世紀初，東西的農耕社會同時瀕臨了危機。中華帝國（南宋）華北的廣大土地被金所占領，淪為地方政權；阿拉伯帝國（阿拔斯王朝）也是各地政權分立，統治變成形式化。蒙古人接受為尋求大商業圈的阿拉伯商人協助，征服了衰弱的東西方大農業世界。

征服俄國

成吉思汗死後兩年，成為第二代大汗的窩闊台，因為南俄草原發生叛亂，便在公元一二三六年派遣拔都率領十萬名軍隊遠征。拔都軍隊爭戰四年之後，消滅基輔公國，征服了整個俄國。之後的二百四十年間，俄國都在蒙古人的統治之下。

阿拉伯帝國的結束

受到第四代大汗蒙哥命令的旭烈兀，率領軍隊前往征服阿拉伯世界，攻陷並徹底破壞了曾經是世界大都市、領導世界史、為阿拉伯世界中心的巴格達。結果，阿拔斯王朝滅亡，阿拉伯世界的中心轉移到了埃及的開羅。蒙古人以新都大不里士為中心，在西亞建立了伊兒汗國。

中華世界的征服和建立霸權的元朝帝國

公元一二三四年，統治華北的金已被繼承成吉思汗的窩闊台所消滅。

忽必烈以軍事力量打倒在正式首長大會上被選為汗的弟弟阿里

忽鄰勒臺（譯註：或稱忽裡勒臺，亦即貴族議事會）在蒙古語裡是「集合」的意思，有勢力的部族長集合，共同決定大汗的選拔、出征等事宜。

不哥，於公元一二六〇年坐上大汗的位子。對於忽必烈這樣的行為，窩闊台的孫子海都提出異議，並結合草原的三個汗國，開始對忽必烈展開作戰。這個持續三十年、直到海都去世為止的大戰，就是海都之亂。

忽必烈為了要統治整個中華世界，決定和海都所率領的草原勢力對抗。自公元一二六六年以後，忽必烈在中都的郊外興建新的首都大都（今天的北京），公元一二七一年，採《易經》裡的「大哉乾元」之意，以中國式的「大元」為國號。「元」是「天」的意思。蒙古軍在公元一二七六年攻陷南宋的首都臨安，公元一二七九年消滅南宋。

結果，元朝帝國統治了中國、蒙古、東北地方、西藏、緬甸，征服高麗成為屬國，統一了東亞世界。

●蒙古帝國的形成和主要的遠征

利用阿拉伯商人的忽必烈

沒有徵稅、物資調度知識的蒙古人，接受阿拉伯商人等有色人種的幫助，進行統治。

回回砲成為進攻南宋的決勝關鍵

忽必烈進攻南宋的關鍵地是湖南襄陽。襄陽位居聯繫長江中游和江南的要衝位置，占領襄陽，不僅可以將南宋切成東西兩半，蒙古軍更可以長驅南下長江，一舉攻占南宋首都臨安。因此南宋在襄陽布下重兵，蒙古軍包圍了五年還是攻打不下來。於是忽必烈從伊兒汗國聘請回教徒技術人員，製造可以打穿一百公斤以上岩石的回回砲（阿拉伯砲），並且讓他們參加攻擊行動。結果固若金湯的襄陽城在公元一二七三年被攻陷了。翌年，蒙古的主力軍南下長江，進攻臨安，公元一二七六年攻陷臨安，南宋實質上滅亡。

當宰相等多數官員四處逃亡時，二十歲就高中科舉考試狀元的文天祥，組織起義勇軍，北上被摧毀的首都。之後他被封為宰相，與蒙古軍進行交涉。忽必烈愛惜他是個不屈不撓的「人物」，於是請他到元朝當官，但文天祥絲毫不為所動，被關在獄中三年後，死於獄中。

堅決對抗元朝的抗戰派，公元一二七九年被追逼到香港西方一百公里的　山。九歲的皇帝投海自盡，數萬具屍體漂浮在海面上，南宋滅亡。

協助忽必烈的外國人們

統治整個中國的忽必烈在大都設置最高行政部門中書省，在地方設置擁有相同權限的十個行中書省（簡稱「行省」，是現代「省」的起源），建立一種聯邦制。各行省的長官由蒙古人（約占人口的一%）擔任，不用經由科舉考試選拔。但是，蒙古人沒有徵稅、調度物資的技術，所以由中亞、西亞地方的阿拉伯商人等外國人（色目

元朝歲入的七十至八十%來自鹽稅、茶稅，現今所謂的消費稅是元朝主要的歲收來源。

人）、前金國統治下的諸民族（漢人）協助統治管理。擔任忽必烈財務長官長達二十年、與七個兒子一起運用高明手腕建立元朝經濟基礎的阿合馬，就是阿拉伯商人。因撰寫《東方見聞錄》而知名的威尼斯商人馬可波羅，也是以「色目人」的身分，在忽必烈底下當了十七年官，還到雲南等地方任職。

至於占人口總數八十％的南宋漢人（南人），則被視為「蠻子」而受到差別待遇。

營利組織斡脫的積極利用

忽必烈為了統治經濟，積極將各項事業委託給阿拉伯商人，利用他們手上的經濟網絡。所謂「斡脫」，在土耳其語是朋友、公會的意思，在中國則是指商人們共同出資建立的營利組織。忽必烈給予多數的斡脫權利，將它們納入元朝官方統治機構中。總之，忽必烈以組合擁有國際性通路的民間組織，建立了柔軟的統治制度。

●蒙古人的統治中國

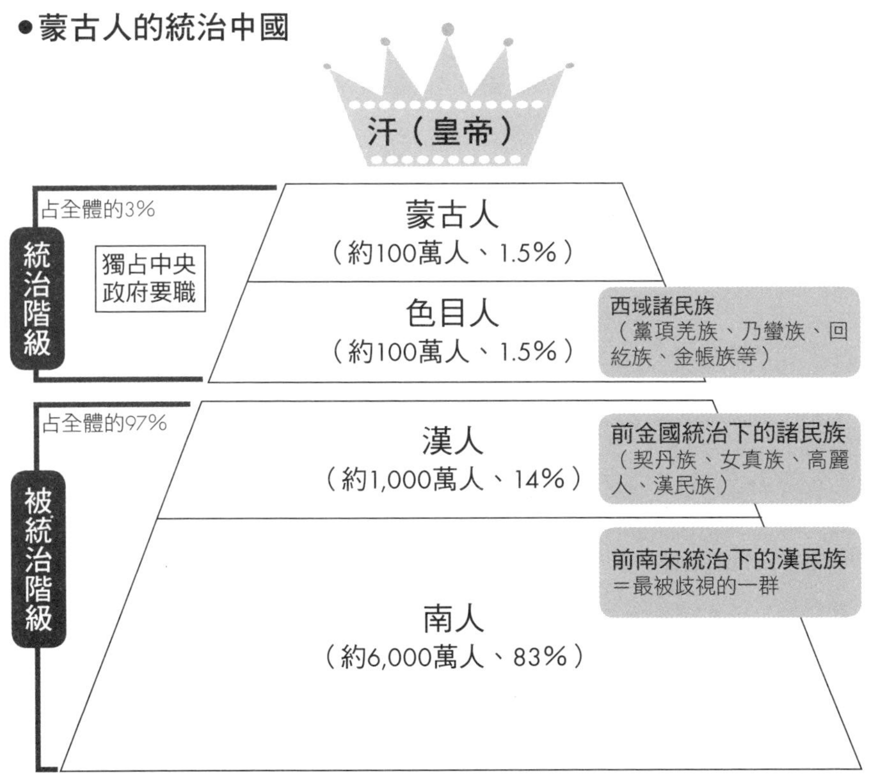

公元13世紀～14世紀　連結東西的陸路和海路

被納入歐亞世界的元朝帝國

因為東西方交通變得方便，因此集中到大都的白銀也回流到白銀不足的阿拉伯世界。

安全無虞的大陸路網

在蒙古帝國下，東、西亞的大陸路網以「草原道路」為媒介被連接在一起，於是出現了橫跨整個歐亞大陸的大交通網。陸上的主要幹道上，每隔約四十公里即設置一個驛站，儲養馬匹、糧食（驛站制度＝站赤制度），並且給予往來的官員、使節特別通行證，讓大汗的特使可在此換乘馬匹，一晝夜持續奔走四百五十公里。

在蒙古人管理下的中亞道路，處於所謂「頭頂黃金行走也很安全」的平和狀態，歐亞大陸各地商人往來頻仍。大交通網的東方中心是人稱「王之都」的大都，西方的中心是伊兒汗國的首都大不里士。當時有很多義大利商人都經由黑海北岸殖民都市敘利亞來到大都。義大利麵、冰淇淋就是在此時從中國傳到義大利。

連接印度洋的大都

此外，大都與歐亞大陸的海上交通網亦相互連接。大都人稱「積水潭」的湖泊，連接著惠通河、白河這兩條閘門式運河，與面臨渤海灣的港都直沽（現在的天津）相連，經由東亞諸港，以及人口超過一百萬人的杭州、泉州、廣州等港口，連絡東南亞、印度洋周圍地區。所以大都也是海上交通網的中心。例如：以教皇使節團一員的身分拜訪伊兒汗國的孟高維諾（譯註：公元一二四七年～一三二八年，義大利人，Friars會教士），就是從波斯灣經由海路來到元朝大都，建立了東亞最早的天主教會。

根據馬可波羅的記載，泉州是大量胡椒的集散港，數量遠高於亞歷山卓港的一百倍，是世界兩大港之一。還有，比馬可波羅晚數十年來到中國的摩洛哥大旅行家Ibn Batouta也曾經記載，在印度卡利卡

馬可波羅雖然在元朝忽必烈大汗底下當了十七年官，但在四十一歲時回到了威尼斯，公元一三二四年去世，享年七十歲。

特有十三艘中國的大型船隻來航，並說中國商人是世界上最富有的商人。

回流到阿拉伯世界的白銀

雖然元朝將所有的貨幣統一為紙幣，稱為「交鈔」，但蒙古帝國的基本貨幣還是銀兩。而在西方的阿拉伯世界，白銀嚴重不足，雖然曾經嘗試模仿伊兒汗國發行紙幣，但卻失敗了。因此，元朝在把鹽（鹽稅占總稅收的八十％）的專賣權賣給阿拉伯商人時，要他們用銀兩支付款項，且華北的稅收也要求使用銀兩支付，並在雲南致力於開採銀山挖掘銀礦。就這樣，大量的銀被集中往大都，讓大汗有充足的銀兩支薪給歐亞大陸各地的蒙古人，而白銀也透過了阿拉伯商人流入白銀嚴重不足的阿拉伯世界。

●陸路和海路的東、西交通網

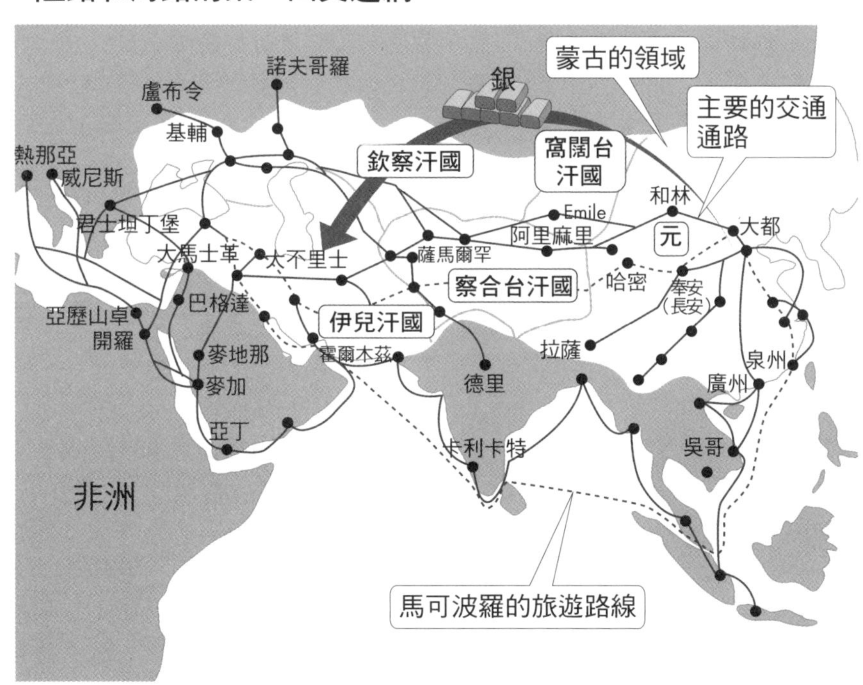

公元13世紀～14世紀　元朝遠征四方諸國

熱鬧的東亞海域和元寇

海域網因為元人、高麗人、日本人等而活絡，但隨著元朝衰退，海盜搶劫也跟著頻發。

蒙古遠征高麗

以蒙古使節被殺為藉口而派兵的蒙古軍，從公元一二三一年以後，連續六次入侵高麗，達三十年之久。高麗軍人政權崔氏政權雖然激烈抗戰，並將首都從開城遷到江華島，但整個朝鮮還是遭受到了毀滅性的破壞。公元一二五八年高麗發生政變，崔氏政權被推翻，在忽必烈的手中成為元朝的屬國，由元朝皇帝所派遣的蒙古人長官負責治理。高麗王娶元朝公主（大汗的女兒）為妻，由他們所生的兒子繼承王位，王族的名字、服裝、髮型等全部改成蒙古風。蒙古人食肉的習慣、棉花的栽培、以及棉布的製造等技術也在這時傳入朝鮮。

元寇和日本傳說

公元一二七四年時，最早的元寇（文永之役）命令高麗建造九百艘船隻，動員約三萬到四萬名兵力攻打日本。這是進攻南宋的側擊戰。蒙古遠征軍在博多灣登陸，團體戰法雖然讓日本陷入苦戰，但後來因遭遇颱風而失敗退兵。

在攻陷臨安、南宋實質上滅亡的五年後，公元一二八一年，元朝再度從高麗派遣東路軍四萬（兵船九百艘）、從慶元（今日的寧波）派遣江南軍十萬（兵船三千五百艘）遠征日本（弘安之役），但這次還是因為颱風來襲而失敗。忽必烈雖然想再度出兵遠征，但由於一二八七年草原上的三大汗國叛亂而無法成行。馬可波羅的《東方見聞錄》記載說，忽必烈雖然為了日本豐富的黃金而遠征，但因為失敗而沒有得到黃金。後來讀到這一段記載的哥倫布，於是駕船由西向東航行，出發尋找日本的黃金，結果開拓了前往美洲大陸的新航路。

元朝為了控制南海貿易中繼站林邑（譯註：即占城，位於今越南中南

歷史筆記　哥倫布以為加勒比海的最大島古巴島是亞洲大陸的一部分，斷定海地島就是「日本」。

部），不斷入侵位在遠征路線上的陳朝越南。但陳朝利用叢林戰，擊退了元軍。

熱鬧的東亞海域

連接海路、成為江南大量穀物（在十四世紀前半有三百五十二萬石）交易都市的大都盛況，也讓東海、黃海海域的貿易隨之繁榮起來。元日貿易的規模遠遠凌駕於宋日貿易之上。這樣繁榮的貿易盛況，從公元一九七五年在韓國全羅道新安郡德島外海所發現的沉船（推估船身全長約三十公尺、排水量約三百噸、船員有七十名之多）可以窺知，船上堆有二萬二千個陶瓷器、約八百萬枚的銅錢（二十八噸）、胡椒等。根據調查，這艘船在公元一三二三年從慶元路出發前往博多，貨主是日本商人或佛寺神社。

在這個海域，由元人、高麗人、日本人等建立了一個國際社會，非常熱鬧，但隨著元朝的逐漸衰亡，由於貿易上的糾紛、從事海運者的窮困等因素，海盜行為不斷發生。這個持續到十五世紀初的海盜現象被稱為「前期倭寇」。

●元寇和之後的東亞海域繁榮

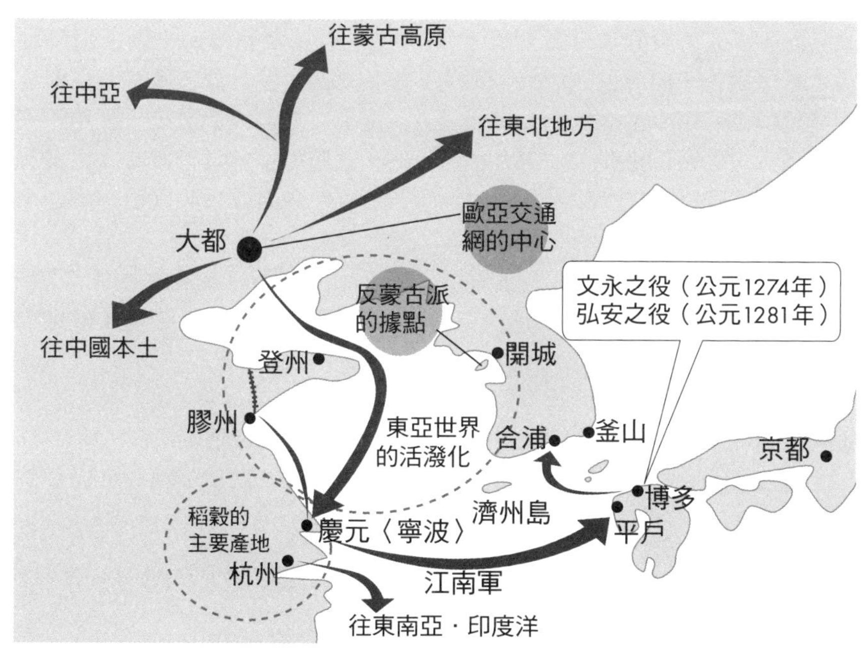

統治九十年即滅亡的元朝帝國

因為繼承者之爭而白熱化的內部紛爭，以及軍事力量的衰弱，蒙古人對中華世界的統治畫上了句點。

元朝統治的衝擊

元朝的統治僅維持九十年就結束了，可以說是以失敗收場，其原因是：以蒙古人為第一主義的統治方式、皇位交替時的激烈鬥爭、交鈔濫發所造成的通貨膨脹等。在蒙古人的統治之下，簡化了宋朝趨於腐化停滯的制度，斷絕中華世界的傳統文化，並且革新儒家社會、農業社會，幾乎沒有實施過科舉考試。元朝漢人的身分被分為十個等級，官僚居首，第三位是僧侶、第四位是道士、第六位是工匠、第七位是獵人、第八位是農民、第九位是儒者、第十位是乞丐。也就是說，農民和儒者的地位都很低。因此，失去生存空間的讀書人轉而在使用口語的元曲（戲曲）創作上，尋求知識活動的出口。

連接歐亞的元朝文化

元朝以蒙古語為官方語言，不使用漢字，而使用回紇文字。忽必烈皈依西藏的喇嘛教，迎接喇嘛僧侶八思巴為國師。八思巴所制定的八思巴文字成為了元朝的官方文字。一直以來都食用豬肉的漢人在這個時期也開始喜歡羊肉料理，並且大量使用辛香料。

能正確計算出一年有三百六十五．二四二五天的阿拉伯曆（譯註：即回教太陽曆，又稱為伊朗曆）也在元朝傳入中國。受到阿拉伯曆的影響，郭守敬在北京興建天文台，觀測天象之後，製作正確的「授時曆」。這個授時曆也被傳入日本，成為江戶時代貞享曆的來源，普及於一般大眾。

另一方面，中國的火藥、羅盤傳到了阿拉伯世界，中國的繪畫也影響了伊朗的細密畫。

繼承者之爭的結局

在位三十四年，穩固帝國根基

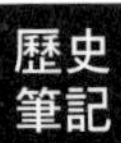

元曲由序幕和四個幕所構成，演員限男性，台詞則是以口語唸唱。

的忽必烈在公元一二九四年去世，由孫子繼位。但是，十三年後這個孫子去世後，因為繼承者的內爭日益嚴重，在各種陰謀鬥爭之下，二十五年之間有九位大汗相繼即位。之後，公元一三三三年，亦即日本鎌倉幕府滅亡的那一年，最後第十一代的大汗脫歡帖木兒即位，統治了三十六年。他為了穩固自己的地位，逐一肅清將軍們，然而這樣做卻削弱了蒙古人的軍事力量。

退回蒙古高原

於是，持續數代在都市裡過著安樂生活的蒙古人逐漸變得柔弱，而這也是蒙古軍力衰弱的原因。軍事力量變弱的蒙古人喪失了壓制民眾蜂起叛變的力量，公元一三六八年，只好被迫退回蒙古高原。

●元代的文化特色

特色	●蒙古人第一主義→輕視中國文化 {制定八思巴文字為蒙古文字 蒙古語為官方語言 ●歧視士大夫階級，儒家學者的地位僅在乞丐之上 →傳統學問、思想不發達 ●庶民文化發達 ●大帝國的形成和交通的完備→東西文化的交流
宗教	●羅馬＝天主教、回教……對通商、學術有貢獻 ●西藏佛教（喇嘛教）……宮廷中心、全真教
科學	●授時曆……郭守敬（1年有365.2425天） 影響日本的貞享曆
書畫	●趙孟頫……宋的皇族。在元朝當官（書法家、畫家） ●黃公望、倪瓚、吳鎮、王蒙……南宗畫（元末四大畫家）
文學	●元曲（雜劇） ・《西廂記》王實甫 ・《琵琶記》高則誠 ・《漢宮秋》馬致遠 ●小說發達……已出現《水滸傳》、《三國演義》的原形

專欄

侍奉忽必烈，獲得巨大財富的阿拉伯商人阿合馬

就如我們所知的，馬可波羅在忽必烈底下當了十七年官，元朝巧妙利用被稱為「色目人」的西方外國人來統治中華世界。

在忽必烈底下擔任財務長官長達二十年、後半的十多年間還兼任宰相的阿合馬，原本是進出忽必烈妃子Charbyl住處的阿拉伯商人，為忽必烈所重用。他在元朝建國之初，透過戶口調查、徵稅報表的編製、鹽的專賣制度、紙幣（交鈔）制度的全國化等，穩固元朝財政的根基，協助蒙古人統治中華世界。

馬可波羅的《東方見聞錄》記載說：「他是一個很周詳體貼且有才能的人，擁有的權力在所有人之上，對大汗（忽必烈）有強大的發言權。大汗打從心裡寵愛他，不管他怎樣任性都原諒他。但在阿合馬死後大家才明白，阿合馬其實是利用魔術迷惑大汗，才讓大汗完全信任他的話，而沒有任何懷疑……。他因此能指揮整個政治，掌握要職，懲罰所有罪人」。

但在漢人官僚階級發言權逐漸增強下，阿合馬一族因為收賄、專橫遭到批評，而陷入了窘境。

公元一二八二年，阿合馬在大都的宮廷裡遭到謀殺，結束了一生。之後，他的家族也因為「利用宰相的權力行商業貿易」的罪名被殺害，龐大的財產也被沒收了。其實不只是阿合馬位高權重、獲得了龐大利益，其他因為協助蒙古人而獲得龐大利益的阿拉伯人還有很多。

第6章

萬里長城和大量白銀的往來

復活的中華世界和活躍的走私貿易

⊙世界的白銀都往明朝集中的時代

走私貿易商人
王直的貿易圈
北京
李朝
石見銀山
釜山
寧波
博多
長崎
平戶
那霸
雙嶼港
廈門
馬尼拉
西班牙大帆船貿易
波托西銀山（祕魯）、
墨西哥各大銀山等的銀

【回歸中華帝國】

由於大汗王位之爭的混亂、紙幣（交鈔）的濫發，使得元朝衰亡，而為求救世的白蓮教徒叛亂（紅巾之亂）則逐漸擴大。從叛亂軍崛起、建立明朝的貧農朱元璋，將中華世界從歐亞世界切離，恢復了傳統。明朝實施海禁政策，禁止民間商人從事海外貿易，大幅地從海洋世界退縮。

【將中華秩序擴大到歐亞大陸】

因為靖難之變而獲得地位的明朝第三代皇帝永樂帝，他五次親征蒙古、征服越南、命令鄭和率領約六十艘大船以及二萬七千名船員六度下印度洋遠征，並派遣宦官到四周各國，企圖擴大以中華帝國為中心的國際秩序。

【興建萬里長城和沿海走私】

由於游牧勢力復興，明朝花費了巨額的費用，建設至今仍留存的「萬里長城」，藉以穩固北方的防衛，但卻減弱了沿海地區的監視體系。到了十六世紀，以福建、廣東沿海地區為中心的民間商人走私日漸猖獗。

公元1368年	公元1405年	公元1405年	公元1449年	公元1517年
明朝建國（～公元1644年） ◆朱元璋洪武帝即位	帖木兒在遠征明朝中去世	鄭和下西洋（～公元1433年、7次）	土木之變 ◆瓦剌入侵明朝，俘虜了英宗	葡萄牙人航行至廣州

【大量的白銀往來於東亞海域】

中國沿海地區的走私網，後來加入了日本博多商人、進出東亞海域的葡萄牙人，規模擴大到明朝無法再坐視不管的地步。公元一五四八年，明朝消滅走私據點雙嶼港後，走私貿易的中心移往了日本平戶。正當明朝沿海地區混亂（「後期倭寇」）之際，葡萄牙人占領澳門、福建月港開港、西班牙人進攻馬尼拉、日本對外貿易窗口長崎逐一登場。

以澳門—長崎、墨西哥—馬尼拉—月港這兩條航線為主軸的貿易相當興盛，新大陸的白銀，以及產量占世界三分之一的日本白銀均流入明朝，促進了商品經濟的成長。

【因為農民大亂而消失蹤影的明朝帝國】

十六世紀末，因為東北地方女真人興起，以及出兵援救受到豐臣秀吉攻擊的朝鮮李朝，使得明朝的國力減弱，農民日益貧窮。最後李自成所率領的農民叛亂軍，在公元一六四四年消滅了明朝。

公元1557年	公元1567年	公元1571年	公元1592年	公元1616年
葡萄牙人在澳門建立據點	明朝福建的月港開港 ◆廢除海禁政策	西班牙占據馬尼拉 ◆西班牙大帆船貿易的開始、新大陸的銀經福建大量流入	文祿之役（公元1597年的慶長之役） ◆豐臣秀吉攻打朝鮮	努爾哈赤建立後金國（後改為清）

貧農朱元璋統一天下

在蜂起勢力割據下，統一江南的朱元璋攻擊首都大都，趕走蒙古軍。

元朝的動搖和復興宋室的浪潮

在元朝的統治下，公元一三四八年鹽走私商人方國珍點燃了叛亂的火苗。他活躍在長江下游福建到上海一帶，讓元朝很頭痛。三年後的公元一三五一年，黃河發生大氾濫，造成經濟大動脈的運河無法使用。政府雖然動員了大量的農民修復運河，但在農民之間具有真正影響力的卻是強調彌勒降生、傳授正確佛法、救眾生之苦的白蓮教。教主韓山童自稱明王（救世主），組織眾多農民，準備同時在各地蜂起叛亂，但因為事前事跡敗露而被元軍所殺。

以推翻元朝復興宋朝為目標的白蓮教徒，克服了教主死去的危機，在各地頭目的領導下起兵叛亂。因為他們以紅色的頭巾為記號，所以被稱為紅巾軍。當中，韓山童的兒子韓林兒於公元一三五五年嶄露頭角，以安徽亳州為總部，自稱為小明王，是大宋帝國的皇帝。蜂起的叛軍得勢，各地群雄割據，使元朝的混亂更為嚴重。

出身自貧農家庭的朱元璋

朱元璋於公元一三二八年出生在淮水沿岸貧窮地區亳州的貧農家庭。「元璋」是日後他給自己取的名字，他原本的名字因為在家中排行老八而叫重八。十七歲那一年，他因為瘟疫而失去雙親和長兄，不得已只好出家當和尚，但因為寺廟裡沒有食物，所以他有三年的時間都在各地村落行乞維生。

二十五歲那一年，朱元璋成為亳州紅巾軍頭郭士興手下的士兵，成為他的左右手，還娶了郭士興的養女馬氏為妻。後來，在郭士興死後的公元一三五五年，朱元璋承接了他的軍隊。公元一三五六年，朱元璋占領了集慶路（南京）之後，將其改稱為「應天府」，以該地為

歷史筆記 洪武帝雖然禁止胡服、胡語、胡姓等，一掃蒙古色彩，但在軍制上卻參考了蒙古制。

總根據地，成為一大勢力，並企圖從叛亂軍蛻變建立正式政權。公元一三六〇年，三十三歲的朱元璋聘請了當時五十歲的學者劉基擔任自己的智囊。劉基除了對日後王朝體制的建立有所貢獻外，也成了沒有唸過書的朱元璋的老師。

明朝帝國的誕生

叛亂軍的勢力最後集中為朱元璋、在長江中游自稱漢國皇帝的陳友諒，以及鹽走私商人出身、在江蘇自稱吳王的張士誠等勢力。公元一三六三年，打敗陳友諒軍隊的朱元璋，偽裝成意外，溺死阻礙自己發展的小明王韓林兒；公元一三六七年，

擊破張士誠軍隊，俘虜了張士誠。張士誠拒絕投降自殺。就這樣統一了江南的朱元璋，對元朝首都大都發出總攻擊，隔年的公元一三六八年正月，自稱大明皇帝（洪武帝），建立了明朝（正式名稱是大明王朝）。「大明」是太陽的意思。二十五歲時加入叛亂軍的朱元璋，這時已經四十一歲了。同年九月，明軍攻入大都，蒙古軍退回了蒙古高原的喀啦崑崙。

●元朝帝國滅亡的過程

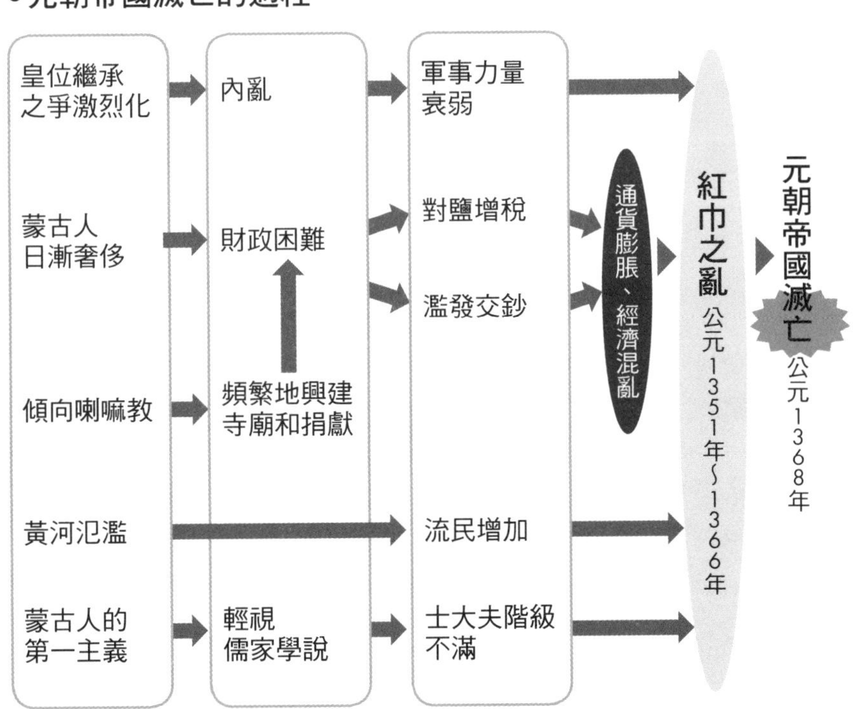

流氓集團蛻變成王朝

為確保自己的地位，不斷進行整肅的朱元璋，最後一掃叛亂軍出身的人。

明朝的主子

朱元璋雖然投身紅巾軍十六年，四十一歲成為皇帝，但他的權力基礎是繼承自郭士興的軍隊，與部下們之間全都是兄弟關係。例如：成為中書省長官（宰相）的李善長，就比朱元璋要年長十四歲，在郭士興底下比朱元璋的位階高。因此，不得不為李善長在官僚機構中安排主要職位的朱元璋，於是將自己的兒子分封到各地為王，並給予軍隊，藉以穩固自家一族的根基。

朱元璋建國後十一年的公元一三七九年，宰相胡惟庸因謀反之嫌被處死，朱元璋也藉此一併肅清繼承紅巾軍體系的一萬五千人（胡惟庸事件）。自此之後，才真正確立了朱元璋的皇帝地位。

胡惟庸事件後，朱元璋廢止掌管六部的中書省，改全部直屬於皇帝，並將掌管軍隊的大都督府分成五個，此外，也分割負責監視官僚的御史台，將其直接隸屬於皇帝。總之，朱元璋將權限全部集中到皇帝自己身上。還透過特別警察錦衣衛來監視官僚。據說，當時官僚如果一早告別妻子進入宮廷到傍晚回家，一整天都平安無事的話，就會與妻子相互欣喜不已。

繼承元朝的制度

利用紅巾軍、但後來卻說白蓮教是「妖術」集團的朱元璋，雖然為了一掃蒙古風的生活習慣、制度，不得不高喊所謂恢復傳統的民族主義，但另一方面，在制度上卻是繼承蒙古的制度。例如：在軍事方面，廢除了軍戶的稅制，改設置負擔軍役的家（譯註：亦即軍戶。明代的兵制稱為衛所兵制。衛和所大多設在軍事要衝，區內的人民稱為軍戶，受衛和所管轄，有當兵的義務，平時農耕、練武，有戰事時，則由朝廷遣調出兵），

歷史筆記 朱元璋雖然分封一族二十五人為王，但除了西安、太原、北平王有統兵權之外，其餘都僅有三千名衛兵，並且禁止他們干涉民政。

實施所謂百戶所—千戶所—衛（兵員五千六百人）的十進法軍事制度（衛所兵制），但這其實是模仿蒙古的千戶制。還有，為了統治農民、順利徵稅的里甲制（一百一十戶為一里甲。一里甲是由十戶里長戶和十個以每十戶為一單位的甲首戶所構成。每年輪流由一名里長和十名甲首負責徵稅）也是一樣。在地方行政方面，元朝的行省同樣被明朝沿用下來，只是改稱為省。

然而，朱元璋抑制承繼自宋、元的商業和貨幣經濟，以農民自給自足、實物納稅、負擔繇役為中心的農業本位主義政策，雖然有助於民力的恢復，但卻隱含了違反社會變化的趨勢。

到最後都無法安心

朱元璋一族的統治，逐漸穩若磐石。但公元一三九二年，年僅三十九歲的皇太子突然病死後，朱元璋頓時衰老不少。擔心年幼的孫子不知是否堪當大任的朱元璋，便在翌年捏造藍玉將軍謀反的事件，連坐殺害了一萬五千人，再度一口氣掃除了出身自紅巾軍的人。之後，朱元璋在公元一三九八年去世，享年七十一歲。

●明朝帝國的統治制度

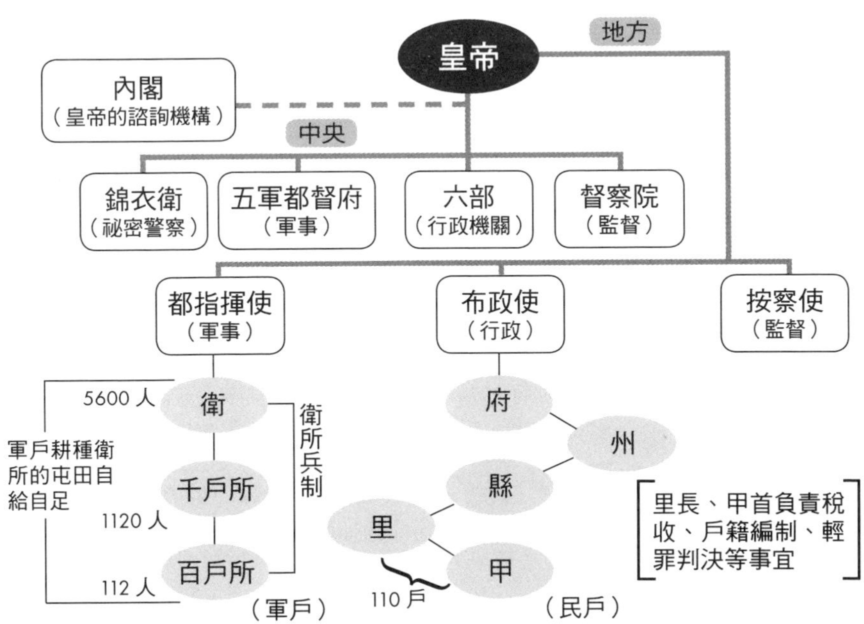

公元14世紀末～15世紀　李朝的政治、文化

建立小中華帝國的韓國

李氏朝鮮注重附屬於明朝的事務，認為自己是中華帝國的分身，蔑視日本、琉球。

李氏朝鮮的建國

新興的明朝將元朝逐出中國的同時，高麗也將元朝的勢力逐出朝鮮，但卻因為「倭寇」和北方紅巾軍的入侵而陷入不安定的狀態。

公元一三六九年，一接到明朝洪武帝建國的通知，高麗立刻派遣使節前往明朝朝貢。但是在高麗國內親元派和親明派的對立卻仍持續著，當明朝軍隊準備進駐東北地方南部時，高麗國親元派鬥爭勝利，決定進攻明朝軍隊的總根據地遼東城。但當時討伐「倭寇」有功的將軍李成桂，從鴨綠江的島嶼（威化島）引兵（「威化島的策軍」），發動政變，一掃親元派的勢力，並將首都遷到漢城，在公元一三九二年登上王位（太祖）。翌年，派遣使節前往明朝，並提示了「和寧」和「朝鮮」兩個國號，但因為明朝選擇了「朝鮮」，所以便以朝鮮為國號（為了與古代做區別，所以稱李氏朝鮮）。

捨棄佛教改採朱子學

朝鮮太祖為了吸收科舉考試出身的官僚，沒收了舊貴族的土地，再根據官僚們的官位高低賜予土地，並允許其世襲。此外，太祖壓制在高麗時期擁有龐大勢力的寺廟，沒收寺廟領地，提倡朱子學，連婚喪喜慶也一改為儒家方式。學習儒家學說的兩班官僚成了特權統治階級，地位穩固。公元十六世紀以降，已經成為各地統治者的官僚，則是形成派閥爭奪中央政權，史稱「朋黨之爭」，結果使得政治陷入混亂。

以「小中華」自居

重視儒家學說理念的李朝，自稱是中華帝國的分身「東華（東方的中華國）」、「小華（小型的中華國）」，藐視東北地方、日本、

歷史筆記　統治階級的「兩班（通過科舉考試的文官、武官）」，輕蔑韓文，稱它為「諺文（俗字）」，而使用漢文。

琉球為野蠻國家。過去，朝鮮在蒙古、「倭寇」的包圍下展開傳統而保守的歷史，但此時這種傾向則是更形顯著。李朝視侍奉明朝是「大事」，積極吸收中華文化的同時，也加深了對日本等國的優越意識。

儒家文化和韓文的制定

在李朝，儒家文化相當盛行，世宗（公元一四一八年～一四五〇年）為了讓不會使用漢文的人民也可以蒙受文化的洗禮，在公元一四四六年制定了組合二十二個子音字母（現在是十九個）和二十二個母音字母（現在是二十一個）的韓文，使口語也變得可以書寫記錄。世宗編修《訓民正音》，希望將文字普及化，但由於兩班官僚認為那是俗字而不肯使用，所以只在女性、一般百姓間被廣泛使用。

李朝和日本的貿易

「倭寇」平定之後，李朝限定與日本貿易的港口為釜山等三個港口（三浦），僅允許持有李朝所開證明書的商船入港。公元一四三五年以降，日本對馬的宗氏獨占了李朝的朝貢貿易。

●與日文相近的韓文

公元13世紀後半～15世紀 陳朝和後黎朝

加強獨立性的越南

在明朝統治二十年後建立的黎朝，是越南實現中華文明的國家。

擊退蒙古人的陳朝

越南陳朝積極吸收中國宋朝的制度，除了忠實模仿科舉制度之外，也開放國學院給貴族以外的人，努力普及朱子學說。雖然元朝不斷入侵越南，但每次都被民族意識強大的陳朝擊退，公元十三世紀後半，陳朝模仿中國正史的形式，編撰了史書《大越史記》。還有，為記錄口語，也制定了以漢字為依據的字喃。

明八十萬大軍征服越南

在中國，元朝被擊退，明朝興起，如何與新勢力應對成為陳朝的一大問題。明朝第三代皇帝永樂帝，以外戚奪取了陳朝政權為藉口，在公元一四〇六年派遣八十萬大軍，將越南收歸為明朝的直轄地，統治時間長達二十年，使越南在歷經四百年後，再度為中國統治。

恢復獨立和以南方中華帝國自居

歷經十年的民族鬥爭，黎利建立了後黎朝（公元一四二八年～一七八九年）。

這個時期，朱子學說成為統治的思想意識，科舉制度和中國官僚系統都已達到完成。結果，讓越南認為自己已經與北國（亦即中國）擁有同等文明、制度、歷史的「南國」意識變強。這樣的意識使得越南成為一個普遍實現中華文明、有著越南化中華思想的國家。

後黎朝的統治階級認為居住在首都的自己如同居住在文明之地的「京人」，而視少數民族、周圍國家為「蠻夷」。結果，越南的侵略行為也被視為帶去「文明之光」而合理化。

從內陸農業國家蛻變

越南自公元十三世紀以來，雖

歐洲傳教士所創立的羅馬字拼音quoc ngu（國語字）（譯註：越南現在使用的拉丁字母是十七世紀以後才有的產物），在法國殖民時代普及，而字喃（譯註：即Chu-Nom，越南漢字）則被廢不用了。

然朝向以北方紅河三角洲為中心的農業國家發展，但南部卻有因南海貿易興盛而繁榮的林邑國。後黎朝建立以來，不斷和林邑作戰。公元一四七一年，後黎朝的一場大攻勢實質上消滅了林邑。自此之後，越南統一了性格完全不同的北部、中南部兩個區域，並開始著手從事南海的國際貿易。

●越南看待世界的方式

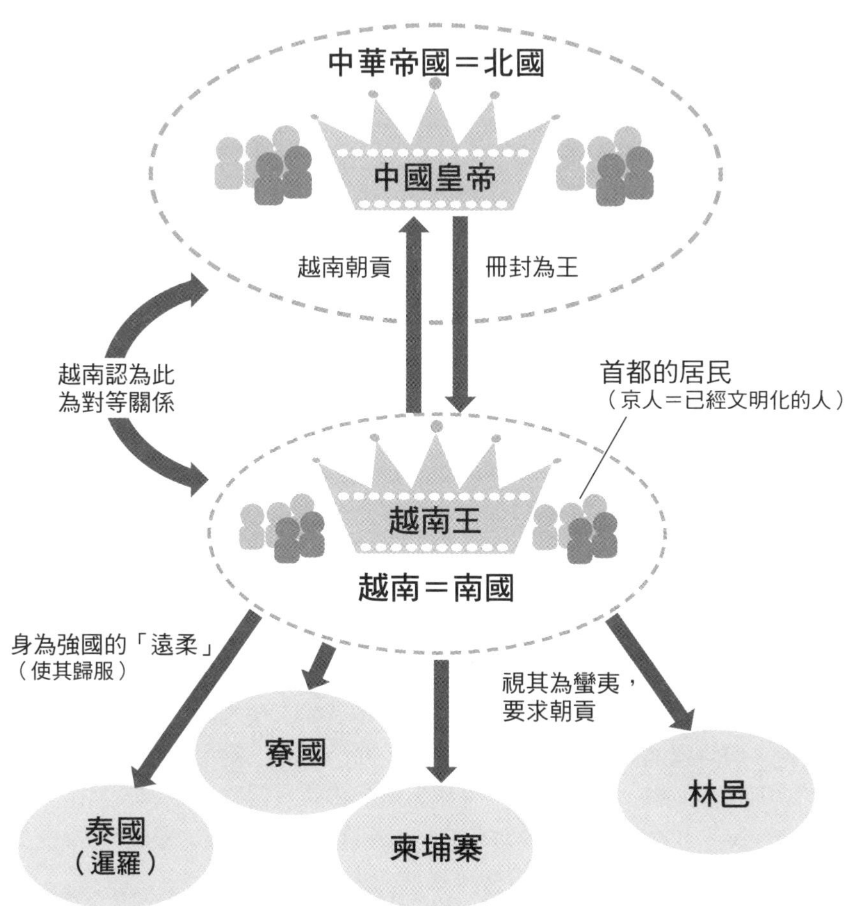

想擴大中華世界的永樂帝

想要擴大、重建中華世界的永樂帝，親自率領大軍數度遠征蒙古高原。

靖難之變

洪武帝（朱元璋）去世之後，十六歲的孫子登基成為第二代皇帝建文帝。洪武帝有二十六個兒子，其中有二十四個被封在各地為王，這當中最有能力的是四子燕王。他經常打敗蒙古軍，洪武帝稱讚說他「讓朕無後顧（北顧）之憂」，獲得皇帝完全的信賴。

接受儒家思想教育的建文帝，提拔儒學官僚，希望建立以皇帝為中心的中央集權統治制度，企圖削奪諸王的領地、權力。因此，燕王在公元一三九九年，以「剷除君側奸臣、綏靖明室之難」為藉口，舉兵攻打南京，史稱「靖難之變」。經過四年的爭戰後，燕王占領了南京，燒毀宮殿。但是，並沒有發現建文帝的遺體，傳說他化身為僧侶逃走，與身邊的幾位家臣四處流浪。幸田露伴（譯註：公元一八六七年～一九四七年。本名成行，幼名鐵四郎，是一位具有詩人性格的思想家、小說家、日本文學家、中國哲學家、中國文學家）的《命運》，就是以此為題材的小說。以武力奪得王位的燕王，在公元一四〇二年即位成為第三代皇帝永樂帝，並殺害所有反對派官僚及其家族。

蒙古帝國重建夢碎

蒙古帝國瓦解時，從中亞的西土耳其斯坦嶄露頭角的回教徒武將帖木兒（譯註：帖木兒是中亞帖木兒王朝的奠基人，或稱為跛子帖木兒，公元一三三六～一四〇五年），找來蒙古帝國大汗的孫子擔任形式上的統治者，自己則以將軍的身分掌握實權。希望利用蒙古帝國的名聲，再度統一歐亞地區。帖木兒統一西亞之後，在永樂帝即位兩年後的公元一四〇四年，親自率領二十萬大軍遠征正疲於內戰的明朝。但是，年齡已經超過七十歲，又因酒傷害了

歷史筆記　永樂帝動員一百萬農民和二、三十萬名工匠，花費三年半的時間建設北京，在公元一四二一年定為首都。

身體的帖木兒，並沒有完成遠征的體力。翌年初正要率軍出帝國的他，為了禦寒飲酒過量而突然死亡，遠征於是中止。重建蒙古帝國的夢想也隨之消失。

中華秩序擴大到全世界

永樂帝在北京與蒙古勢力長期對峙，在「具備有歐亞規模的視野」這層意義上，與帖木兒是一樣的。只是永樂帝的目標是擴大傳統的中華世界。

他將首都遷往靠近蒙古高原的北京，在蒙古舊城南方不遠處興建宮殿（現今故宮的原型），展現與游牧世界對決的決心。他親自五度率軍遠征蒙古高原的舉動，在中國歷史上也是很少見的行為。此外，他更以中華秩序混亂為藉口，派遣八十萬大軍占領越南，並派遣以自己身邊宦官為首長的使節團前往西伯利亞、沿海州（譯註：今西伯利亞東南端）、西藏、中亞、南海和印度洋，要求他們來朝貢。在永樂帝時代，有三十多個國家派遣使節前來明朝。日本足利義滿也在這個時期以日本國王的身分前往朝貢。

●蒙古帝國之後的歐亞大陸（公元14世紀末）

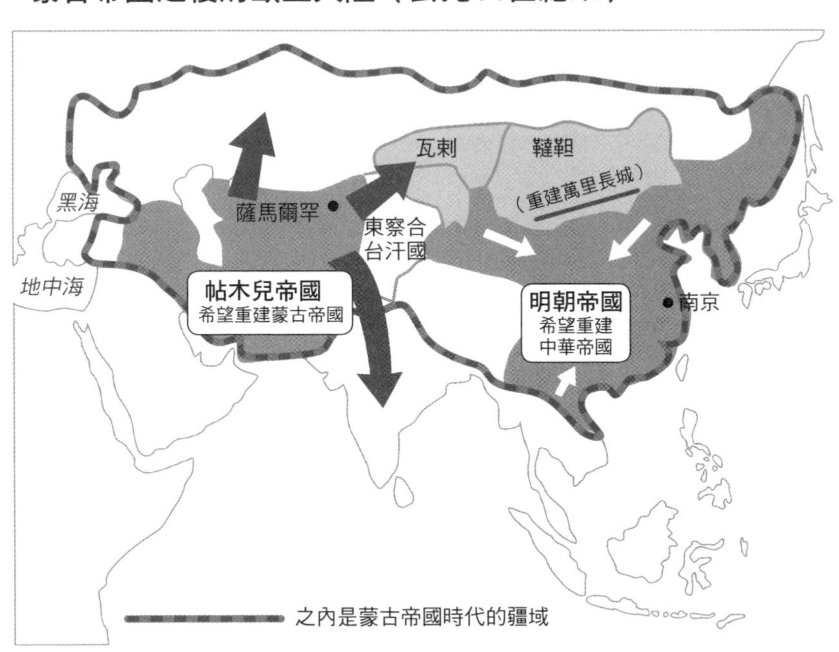

西元15世紀前半 鄭和的遠征南洋

誇示明朝帝國存在的大遠征

擁有世界最強造船能力的明朝大艦隊，遠航印度、波斯灣、甚至於非洲東岸。

橫渡印度洋的大艦隊

從洪武帝時代開始的明朝海禁（禁止民間的海上貿易）政策，一舉縮小了之前不斷擴大的海上貿易。因此朝廷、寺廟等所需要的木香、香料等物品陷入不足。所以永樂帝便派遣大艦隊前往南海、印度洋四周諸國，要求他們前來朝貢，更進行官營的貿易。

永樂帝在西元一四〇五年，以回教徒宦官鄭和為司令官，率領二萬七千多名船員、以最大的寶船（長一百五十一公尺、寬六十一公尺、重二百噸以上）帶頭的六十多艘大型船隻，合計共二百多艘船隻的艦隊，經由東南亞前往印度西岸的卡利卡特（印度洋貿易；胡椒貿易的中心港）。第四次以後，西洋遠征的目的地是波斯灣的霍爾木茲港。鄭和整個下西洋的遠征計畫進行得非常成功，到西元一四二二年為止的十七年之間，鄭和共進行了六次遠征，其間，艦隊的分遣隊還抵達了阿拉伯半島的麥加、非洲東岸諸港口。

之後，包括印度洋四周在內的五十多個國家都派遣了朝貢使節團，讓明朝在永樂帝時代實現了強大中華帝國的形象。這個巨大艦隊的遠航，成功向海洋世界宣揚了明朝帝國這個巨大中華帝國的存在。

凌駕歐洲的造船能力

據說元朝的造船能力一年約五千多艘，到了明朝也是如此。英國科學史學家李約瑟推測，當時中國的造船能力是世界最強的，西元一四二〇年時，明朝所擁有的船舶數量凌駕歐洲各國的總和，巨大的寶船可能也有二百五十艘以上。在鄭和艦隊遠航的九十多年後，西元一四九八年，歐洲艦隊中第一次抵達非洲東岸的葡萄牙人伽馬的艦隊，才不過四艘（其中一艘為糧食

歷史筆記 鄭和完成最後遠航的時間，是在哥倫布、伽馬出發遠航的半世紀之前。

補給船）、船員不過一百七十人、旗艦聖蓋布瑞爾號才不過一百二十噸而已，由此可知當時中國的強大造船能力。

從非洲渡海而來的吉祥動物長頸鹿

鄭和艦隊繼承宋朝、元朝所累積下的豐富地理知識和航海技術，才可能有如此的遠航。航海所使用的海圖流傳至今，可以明確得知航線是連結了中國商人的戎克船貿易圈和阿拉伯商人的三角帆船貿易圈。

艦隊從非洲帶回來的長頸鹿（音Kirin），是索馬利語對脖子長的動物的稱呼。由於牠與傳說中太平盛世時會出現的動物「麒麟」同名，所以讓背負搶奪皇位污名的永樂帝非常地高興。西元一四一五年，花費四個月的時間將長頸鹿從南京運送到北京時，很多人都瞪大眼睛看著這隻遠來的奇異動物。

●明朝帝國和鄭和的遠征路線

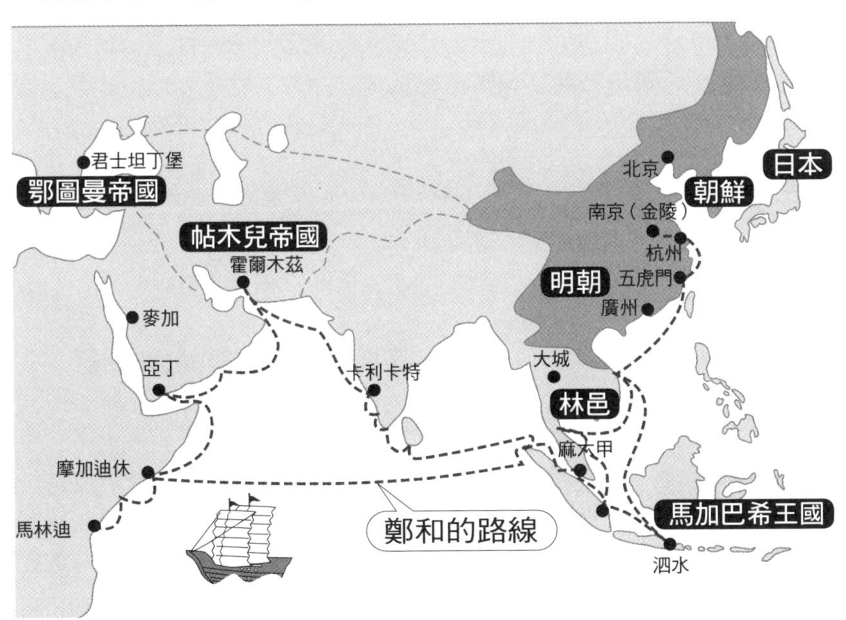

西元15世紀～16世紀　對游牧民族的防禦

為什麼要修築萬里長城？

受到瓦剌的攻擊，對游牧民族採取守勢的明朝，花了一百年的歲月修築了長城。

進入守勢的中華帝國

永樂帝死後，長子雖然繼承了皇位，但不到一年就去世，改由孫子宣德帝（西元一四二五年～一四三五年）即位。他著重安定，將北方防衛線下拉到萬里長城，並從越南撤退，採取守勢防衛的態度。

接下來，九歲的英宗（西元一四三五年～一四四九、西元一四五七年～一四六四年）即位後，宦官王振弄權。當時蒙古高原上的瓦剌部也先汗勢力變大。也先要求娶明朝公主為妻，明朝皇帝並沒有答應他的要求，但翻譯卻任意傳達明朝皇帝答應的消息，引發誤解紛爭，所以也先便率領大軍南下進攻明朝。

當消息傳來，王振雖然要求英宗擔任司令官率軍親征，但當明軍來到八達嶺附近的土木堡時，卻遭到瓦剌軍隊的偷襲，英宗被俘虜，史稱「土木之變」。

明朝害怕遭俘虜的皇帝被瓦剌當做政治籌碼利用，因而立即讓英宗的弟弟登基為帝，並在北京集結二十二萬大軍固守邊防。瓦剌包圍了北京五天，仍被擊退，一年之後便答應無條件釋放英宗。英宗回國後雖然遭到幽禁，但西元一四五七年的政變，讓英宗再度登上皇位。明朝的皇帝根據一世一元制，應以元號（年號）代稱，但由於英宗當了兩次皇帝（譯註：英宗的第一個年號是天順、第二個年號是正統），因此僅能以廟號「英宗」稱呼。

因為這個事件，明朝不得不對游牧世界加強防禦的體制。

花費一百年修築萬里長城

接下來即位的成化帝（西元一四六四年～一四八七年），為年長自己十七歲、善妒的皇后所苦，再加上口吃，所以非常討厭和臣子們說話。在這個時代，官僚、軍人

朝廷課稅的土地，在明初雖然有八百五十萬餘頃，但到了西元一五〇二年銳減到四百二十二萬餘頃。逃漏稅嚴重，使得明朝衰亡。

都很害怕失敗，完全採防守體制，修築萬里長城，專心防備游牧民族的入侵。現今雄偉的萬里長城，就是從這個時期開始，花費約一百年的歲月，投下巨額的費用和龐大的勞力興建而成。秦代的萬里長城因為是搗實泥土建造的，現在幾乎都已經風化。

不需要長城的喇嘛教

西元十六世紀後半，掌握蒙古高原霸權的瓦剌族俺答汗被明朝封為「順義王」，並允許他在國境從事定期的交易和每年朝貢，長城一帶大致恢復了和平。此外，俺答汗也皈依達賴喇嘛三世（在蒙古語裡「達賴」是大海、「喇嘛」是尊師的意思），努力引進西藏佛教。結果，只要中華帝國控制了西藏，即可以透過宗教控制蒙古人，原用來防禦瓦剌入侵的長城也因此變成大而無用之物。

●來自北方的壓力和萬里長城

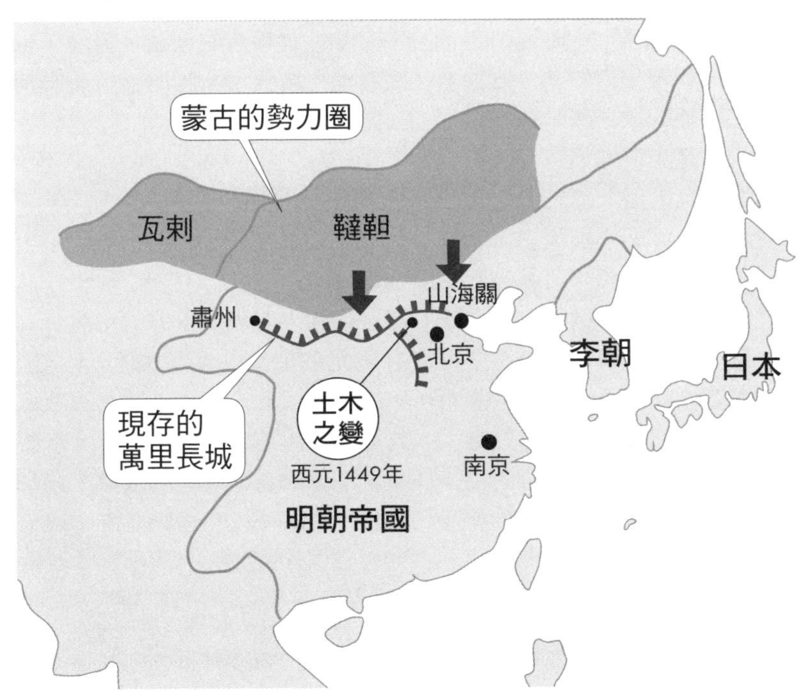

庶民的成長、陽明學和實用科學

在明朝，出現了重視實踐的陽明學、描述現實社會的小說、實用的百科全書。

有骨氣的學者王陽明

在明代，獨創的儒家學說——陽明學，廣泛滲透到了民間社會。王陽明從曾經是儒家學說主流的朱子學出發，但之後有感於它的不足，而開創著重實踐的陽明學。

由於他孜孜不倦、熱中於事物的性格，在年輕時期就曾用心於俠義之道、馬上射箭、文學、道教、佛教等。重視生活的他，厭惡觀念性、形式性的朱子學，強調做學問的目的不是累積知識，而是要磨練「良知（萬人所共通的心之本質）的實現」，亦即「良識」，要知行合一才行。他所謂「與其為數頃無源之塘水，不若為數尺有源之井水，生意不窮（寬廣而沒有源頭的水池，不若小而源源不絕的井水更為有用）」的想法，用在思考現代教育上，也是很值得參考的主張。他雖然是一名文官，但也具有軍事才能，曾立下很多戰功。西元一五二七年，他抱病鎮壓廣州的叛亂，最後病死在回朝的路上。

出生在福建商人家庭的李贄（李卓吾）學習陽明學，以「童心（真心、毫無虛偽的純真）」為自己的依歸，強調實現自我價值的必要性。他指責固守因襲、古典的教條主義，主張應該要根據內在的「良知」從事新的創造。但是，也因為他不為舊習所拘的言行而被捕入獄，最後自殺。

現實的人間百態

在明代，伴隨經濟成長和百姓的崛起，出現不拘於表面、倫理，描繪人間現實百態的小說。其中，開創歷史小說先驅的《三國演義》；以北宋梁山泊的農民叛亂為題材、描寫官逼民反的《水滸傳》；以唐玄奘取經的故事，添加想像人物孫悟空，描述其一行人克服萬難到達西天開悟的《西遊

歷史筆記　《金瓶梅》的書名，是取自和西門慶有曖昧關係的潘金蓮、李瓶兒、龐春梅這三個女人的名字。

記》；以明代當時社會現狀為題材的《金瓶梅》這四部長篇小說，被稱為四大奇書而聞名。

特別要一提的是，在西元十六世紀末，由無名作家所寫的《金瓶梅》。這本小說以《水滸傳》為底，以要角之一的武松之兄武大的妻子潘金蓮和藥商西門慶的姦情為主軸，詳細描繪與官僚、地主勾結的商人生活，和西門慶穢亂的情事。故事最後，西門慶因為飲用過多壯陽藥而突然暴斃，一家也隨之四分五裂。偷情、官商勾結、壯陽藥物等，可以說是一部時空即使直接置換成今日也不會顯得過時的小說。

實用科學和百科全書

工商業發達的明代，儒家學說知識分子所未曾關心過的實用技術也受到了重視。例如：集草藥之大成的百科全書（李時珍的《本草綱目》）、匯集所有生產技術的百科全書（宋應星的《天工開物》）、農學百科全書（徐光啟的《農政全書》）等。

●明代的文化

編撰事業	**永樂帝下令編撰** 「四書大全」……集朱子學說大成 「五經大全」……科舉考試的教科書 「性理大全」 「永樂大典」……中國最大的文獻集
儒學	王陽明……批判朱子學。重視實踐。「知行合一」 李贄……陽明學左派。批判官僚，提倡男女平等。
實用科學	《本草綱目》（李時珍）……集藥物分類大成 《天工開物》（宋應星）……圖解產業科學 《農政全書》（徐光啟）……綜合農業學 《崇禎曆書》（徐光啟等）……西洋曆法學
文學	**四大奇書** 《西遊記》（吳承恩） 《水滸傳》（羅貫中） 《金瓶梅》（不明） 《三國演義》（羅貫中）

公元16世紀～17世紀前半　明朝的衰亡

從內部逐漸瓦解的中華帝國

在「北虜南倭」下，無能皇帝們的浪費和政治的腐敗，使明朝走向滅亡的道路。

動搖帝國的放蕩皇帝們

在第十一代正德皇帝（公元一五〇五年～一五二一年）和第十二代嘉靖皇帝（公元一五二一年～一五六六年）統治的六十一年間，政治更加腐敗，明朝一口氣步入內部衰敗的道路。在這個時期，北方有蒙古高原的俺答汗勢力，不斷入侵明朝；而南方則有僱用日本人為保鑣的明朝商人武裝走私和沿海地區的混亂日漸擴大，但明朝政府卻完全沒有確切的對策因應（「北虜南倭」）。

正德皇帝沉迷於喇嘛教（西藏佛教）的信仰，熱中房中之術，耽於女色，將政治完全委託給劉瑾等八名宦官。劉瑾操縱祕密警察，公然要求賄賂，敗壞官界。地方長官不支付銀元二萬兩，就無法謁見皇帝；中央官僚前往地方時，回京之際都會被要求高額的賄賂。之後劉瑾因謀反之嫌被處刑，當時所沒收的龐大財產，全都是不法的財富。

接下來的嘉靖皇帝，沉迷於道教，深信符咒可以驅除妖邪，封道士高官。自從他在睡覺時差點兒被宮女勒死之後，就害怕住在宮中而改居離宮，不斷祈求長壽。因此政治嚴重混亂，任由二十年都擔任宰相一職的嚴崇一派，結黨賄賂，擾亂政治。

到了公元十六世紀中葉，雖然國家歲入有二百多萬兩，但歲出卻約有歲入的二倍之多，所以國家財政赤字不斷累積。但是皇帝還是不斷興建豪華的道教寺廟，每年浪費二百至三百萬兩。

因為名相而脫離危機

萬曆皇帝（公元一五七二年～一六二〇年）在十歲即位成為明朝第十四代皇帝，以明朝具代表性的宰相張居正為宰相，他整頓綱紀、縮小過於龐大的行政系統、節省不

萬曆帝為了皇太子的冊封等，花費了銀元九百三十四萬兩、官服費用二百七十多萬兩、購買珠寶費用二千四百萬兩。當時的土地稅收一年才四百萬兩。

必要的開支等，進行大膽的改革。（譯註：明太祖朱元璋時已無宰相的職位。張居正在萬曆皇帝登基後成為首輔大臣，實權相當於宰相。）

與游牧民族之間的關係，一方面修復要塞，堅固防衛；一方面與蒙古人進行國境貿易，安定彼此的關係。還有，他徹底實施檢地，找出逃漏稅的土地課稅，使課稅的對象增加了三成。還實施簡化稅收，改用銀元納稅的「一條鞭法」，讓稅的徵收變簡便。

明朝因為萬曆皇帝而滅亡

但是，張居正死（公元一五八二年）後，萬曆皇帝突然變了一個人，重用宦官從事毫無軌道的政治，毀滅了明朝。例如：他花費相當於兩年稅收的巨額經費，興建自己豪華墳墓的地下宮殿（定陵）。還有他藉口說為了解決白銀不足的問題，要開發銀礦山，而派遣宦官到全國各地，然後以徵收礦稅的名目，從百姓身上搜括龐大的貴重金屬、財物，以支撐皇帝自己奢華的生活。再者，為了對抗豐臣秀吉的朝鮮出兵，萬曆皇帝投入了一年以上的稅收出兵，並對人民課以重稅。

●明朝走向滅亡的過程

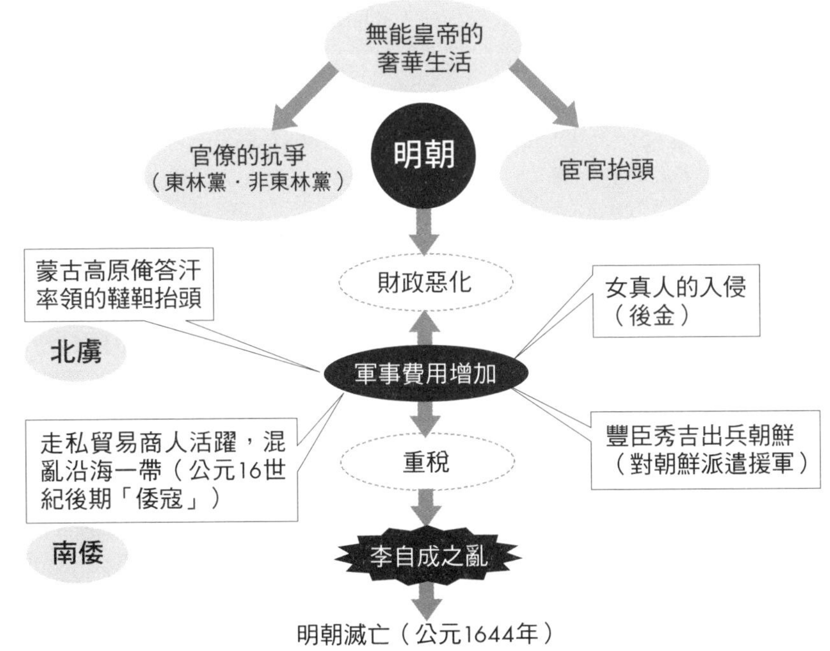

公元14世紀後半～15世紀　勘合貿易體制的成立

為什麼禁止民間的海上貿易？

明朝限制僅可從事勘合貿易的做法，使戎克船的貿易圈急速萎縮，第二次大航海時代也隨之結束。

東海、黃海貿易的衰退

元朝衰退後，江南穀物等諸物資的北運急劇減少，隨著這個海域運輸量的減少，經營運輸的沿海居民生活一舉惡化。

公元一三五九年，因為鹽走私商人張士誠在浙江建國，控制運往大都的稻米，所以該年只有十一萬石的米被送往北方，三年後則完全終止。做為歐亞貿易中心的大都急速衰退，這個海域的運輸系統瓦解，仰賴運輸的漢人、對馬和五島等地的日本人、朝鮮半島沿海高麗人等海上居民頓時失去了生活的依靠。因此，在公元一三七〇年代，「倭寇」進入了猖獗的高峰。

被犧牲的海洋世界

然而，趕出蒙古勢力，希望建設傳統農業帝國、將中華世界從歐亞世界切離的明朝，無法對陷入大混亂的海域世界置之不理。

在明代初期，為什麼要禁止一切的民間商人進行海上貿易（海禁政策），讓傳統的朝貢貿易復活，其理由到底是朱元璋為了壓制死對頭張士誠餘黨，防止他藉由貿易擴大勢力，還是為了壓制「倭寇」的活動，詳細情形不明。

明朝最初雖然限定以首都南京附近的黃渡鎮一港為貿易港，但因為害怕混亂波及首都，所以分別設立了寧波（日本、朝鮮）、福州（琉球）、廣州（南海諸國）三港，並且規定可以入港的國家。因為朝貢貿易是極為政治性的，中國方面的財政負擔相當龐大，所以各國的朝貢次數、規模等都受到了限制。

後來明朝以給泰國（暹羅）王勘合符為首，開始發給各國貿易時的對號牌勘合符，僅承認持有勘合符的使節團為正式的使節。勘合符在每次皇帝換人時就會給一百枚，

歷史筆記　在中文裡，「寇」是意指「侵略」的普通名詞，「倭寇」是「倭人侵略」的意思。

進行貿易時必須與禮部保存的另一半核對正確與否。

明代進行勘合貿易的國家高達五十多國，但經常派遣使節的國家卻極為有限。總之，因為這樣的政治性選擇，使戎克船貿易圈急速萎縮，「歐亞第二次大航海時代」於是終了，這是世界史上的一件大事。

賜給義滿的巨大金印

洪武帝以控制九州的懷良親王為日本國王，要求他鎮壓「倭寇」，但他卻敗給了北朝（譯註：是指日本的南北朝時代的北朝），無力鎮壓「倭寇」。公元一四〇三年，明朝冊封足利義滿為日本國王，賜給他金印和一百枚勘合符，允許他朝貢貿易。室町幕府則成功地將公元十四世紀鎌倉幕府衰弱後在東亞沿海地方猖獗的走私貿易重新收歸於幕府的統治之下。日明貿易成為幕府、寺廟神社的重要收入來源。

●勘合貿易的制度

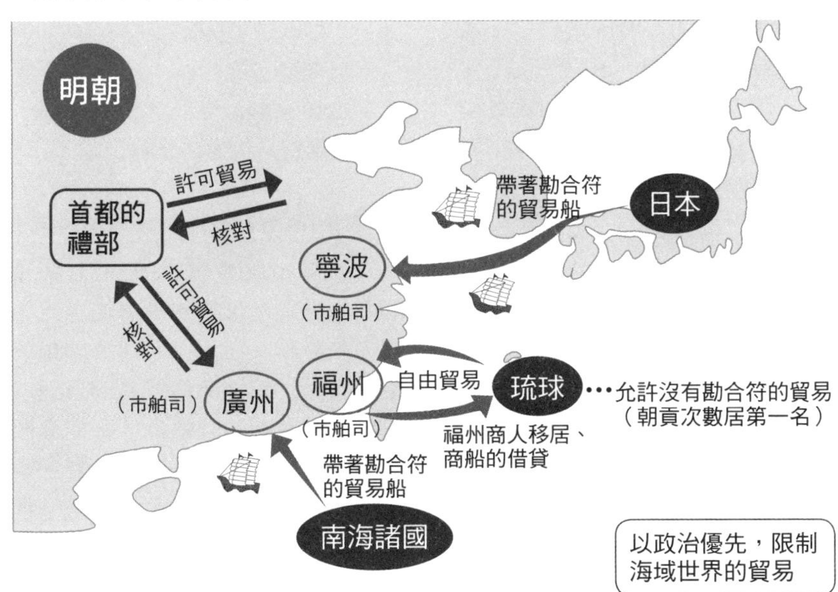

公元15世紀～16世紀前半　東亞的貿易

利用琉球的明朝貿易政策

占地理條件優勢的琉球王國，受到明朝的優渥待遇，成為與東南亞諸國的貿易中心。

琉球的大貿易時代

公元十四世紀初，沖繩本島上有北山王國、中山王國、南山王國這三股勢力相爭，但到了公元一四二九年，中山王國成功統一了沖繩，建立琉球王國。當時鄭和艦隊南海遠征被中斷、南海物產輸入陷入停滯的明朝，希望透過給予琉球王國特別貿易地位，來解決上述問題。總之就是讓擁有航海和外交技術的大量福建人遷居那霸，下賜大型船，視琉球為「守禮之國」，特別允許免勘合符的貿易。然後由受到地理條件眷顧的琉球王國負責東南亞貿易，將南洋的物產運入明朝。

琉球派遣貿易船前往暹羅、麻六甲、北大年、爪哇等地，成為與東南亞諸國的主要貿易國。而琉球也因為獲得豐富的中國物產，所以與日本、朝鮮的貿易也急速成長。

從公元一四五八年所鑄造的「萬國津梁鐘」銘文開頭部分所雕刻的琉球繁榮故事「琉球國是南海勝地，集三韓（朝鮮）之秀，以大明（中國）為輔車，以日域（日本）為脣齒。是兩者之間湧出的蓬萊島。以舟楫（船）為萬國梁津（橋樑）。異產至寶，充滿十方剎」，可以窺知其盛況。

但是，從公元一五二〇年開始，由於中國沿海商人走私興盛，所以琉球貿易也隨之急劇衰退。

國際化的東亞海域

不得不將重點放在北方防衛的明朝，逐漸疏於對沿海地區走私貿易的取締。浙江、福建、廣東的走私商人，使沿海的貿易網急速成長，寧波附近的雙嶼港、福建廈門灣內的月港等，成為走私貿易的中心，連接東南亞、日本、朝鮮等地區。

於是，在公元一五一〇年代已

傳說雙嶼港的走私貿易商人頭目王直的船，在公元一五四三年來到種子島，船上的兩名葡萄牙人將火繩槍傳入了日本。

經征服麻六甲、要求朝貢卻遭到明朝拒絕的葡萄牙商人，以及因為公元一五二三年的寧波事件（細川氏和大內氏所派遣的勘合貿易船發生武力抗爭的事件）、一時被禁止與明朝貿易的日本人，也都開始出入雙嶼港，這是公元一五四〇年代的事。還有，葡萄牙人航行來到種子島，並且帶來鐵砲，也是顯示東亞海域國際化的一個事件。

變富裕的日本

公元一五二六年，博多的豪商神谷壽禎開發了石見銀山。公元一五三三年他從朝鮮聘請宗丹、桂壽，引進朝鮮吹灰法的精鍊法，讓白銀的生產量暴增。總產量已達美洲大陸的三十％、成為世界主要銀產國的日本，從明朝購入生絲、從朝鮮購入木棉等，繁榮了東亞的經濟。

●琉球王國的貿易路線

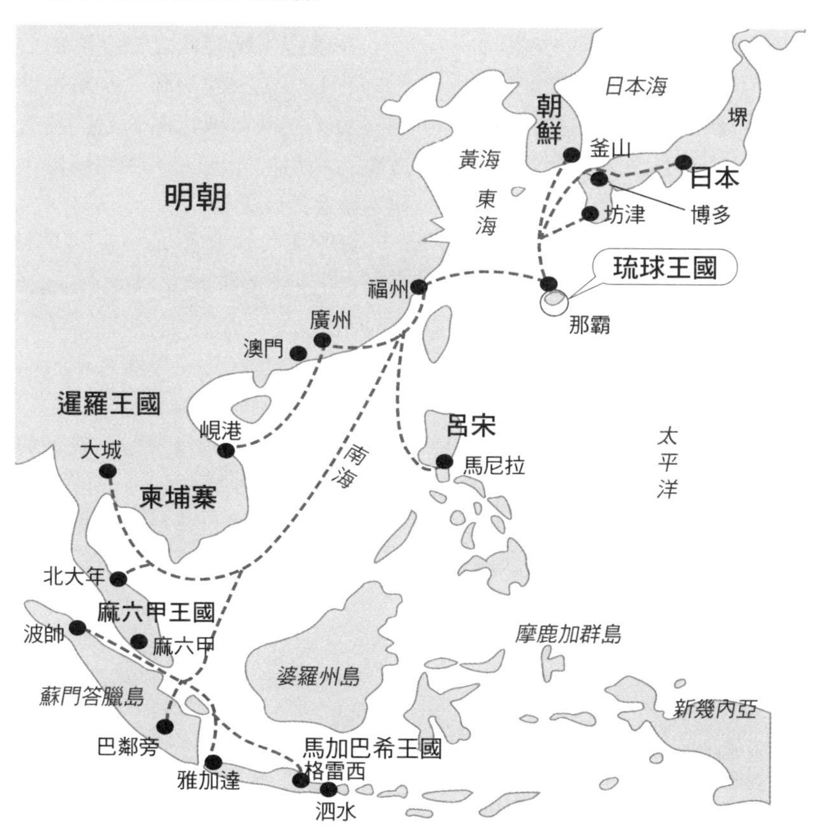

公元16世紀 東亞海上貿易的國際化

世界的白銀大量流入明朝

公元十六世紀中葉震撼整個明朝的「後期倭寇」，有八成以上是明朝人。

最大走私貿易港的毀壞

走私貿易公然化之後，明朝在顏面上無法再坐視不管。西元一五四八年明朝軍隊摧毀了走私貿易據點——浙江的雙嶼港。因此，走私商人團的頭目王直，便將根據地遷到了日本五島、平戶，所以公元一五五〇年，第一艘葡萄牙船來到平戶並非偶然。王直等被趕出中國沿海地區的走私商人，其主力產品是生絲等中國的物產。他們僱用日本人為傭兵，從事武裝貿易，不斷嘗試在浙江建立貿易據點。當時，因為惡政和重稅，生活困苦的民眾很多，所以他們也加入了武裝貿易集團。從公元一五五二年到一五六三年，以浙江沿海為中心不斷出現的「倭寇」，史稱「後期倭寇」，其中有八成是明朝人。

王直雖然以貿易自由化為條件，在公元一五五七年投降明朝，但明朝並沒有遵守約定，兩年後將他處決。公元一五六七年，明朝以福建月港為貿易港，允許日本以外的船隻入港，「倭寇」也就此畫上句點。

漁翁得利的葡萄牙

在倭寇不斷騷擾北方海域的公元一五五三年，葡萄牙人收買當地的官員，在南方廣州灣的澳門建立據點，利用中國商人活動的停滯，迅速擴大對日貿易。

在日本，自從公元一五四九年耶穌會的沙勿略（譯註：為西班牙傳教士，一五〇六～一五五二）來訪以來，便由耶穌會進行葡萄牙商人和日本商人的貿易仲介，公元一五七〇年，長崎變成耶穌會領地，成為葡萄牙船的主要停靠港口。有關中國生絲和日本白銀的貿易，於是掌握在葡萄牙人的手中。

根據路易士．弗洛伊斯（譯註：葡萄牙的耶穌會傳教士）的記載，帶領沙勿略前往日本的彌次郎，後來成為「倭寇」的一員，死在中國沿海地區。

西班牙的大帆船貿易

還有，公元一五六九年，派遣自殖民地墨西哥的西班牙艦隊占領了菲律賓的馬尼拉，然後在公元一五七〇年代開始橫跨墨西哥和馬尼拉的西班牙大帆船貿易，來自新大陸的白銀於是被大量輸入東亞。這個時期，剛好也是世界最大的祕魯波托西銀山的白銀產量急速增加的時期。福建月港的商人們，遠赴馬尼拉，輸入生絲、絹織物、陶瓷器等，然後再將大量的白銀運入中國。

就這樣，澳門、馬尼拉、月港、長崎，成為東亞的貿易據點港。

世界白銀的終點站

在公元十六世紀末，來自新大陸的白銀經由馬尼拉輸入中國，每年約二十五噸到五十噸，而年產一百五十噸以上的日本白銀，大部分也以支付生絲、絹織物等費用的方式流入中國。

在元代，雖然白銀大量流往西亞，但到了明代後期，則變成大量的白銀流入中國。於是銀元支出所購買的蠶絲、絹織物、棉織物等產業急速發達，促進了貨幣經濟。

●世界白銀的終點站

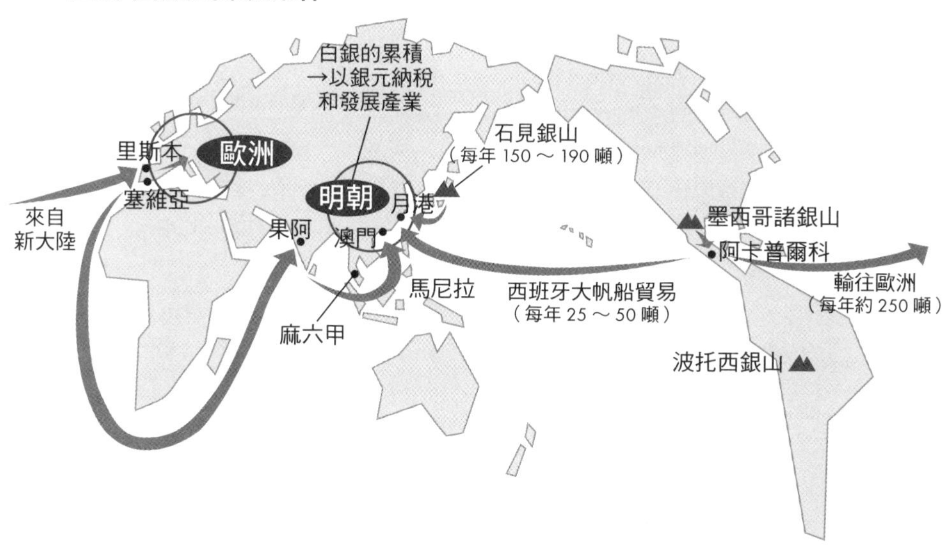

公元16世紀末～17世紀初　日本出兵朝鮮

企圖稱霸亞洲海域的豐臣秀吉

想要征服朝鮮半島的日本豐臣秀吉水軍，敗給了李舜臣的龜甲船大砲。

豐臣秀吉的野心

稱霸亞洲最大白銀產國金滿國（譯註：金滿國是外國對日本的稱呼，象徵日本的財富）日本的豐臣秀吉，公元一五八八年沒收了耶穌會占領的長崎為幕府直轄的領地，發出海盜禁止令，禁止海盜行為，並且認可長崎、堺、京都等地的商人渡海到外國，命令各地大名（諸侯）保護外國船隻。另一方面，豐臣秀吉送信給果阿的葡萄牙總督、馬尼拉的西班牙總督、大琉球（琉球）、小琉球（台灣）等，要求他們向日本入貢；同時命令對馬的宗氏要求朝鮮臣服於日本，並且引導豐臣秀吉的軍隊出兵明朝。秀吉企圖以寧波為首都，統治整個東亞海域。

文祿之役和慶長之役

公元一五九二年，豐臣秀吉派遣軍隊攻打朝鮮（文祿之役）。擁有鐵砲的日本軍打敗李朝的軍隊，占領漢城，迫使朝鮮國王和宮廷成員往北方逃亡。宗主國明朝因李朝的請求而派兵救援，計畫在平壤打敗日軍，收復漢城，但卻在之前的碧蹄館吃下敗仗，使戰局陷入膠著。此時，李朝的水軍司令官李舜臣，在船的上方舖上龜甲狀的厚板，架上像刺蝟一樣尖銳的鐵，做成預防敵兵入侵的船艦「龜甲船」和獨特的火砲戰，擊破日本水軍。後來，日本軍因為糧食補給困難，所以便和明軍談和。

從明朝所下的聖旨知道自己的談和條件不被接受的秀吉，公元一五九七年又再度出兵朝鮮（慶長之役）。這次的遠征，日本的軍令鬆弛，朝鮮的民眾則以游擊戰應對。翌年，秀吉死後，朝鮮出兵立刻畫上了休止符。秀吉稱霸亞洲經濟的夢想變成了泡影，豐臣氏也因此滅亡。

知道西班牙利用傳教士做為稱霸世界之先頭部隊的豐臣秀吉，公元一五九七年，在長崎刑處了二十六名教徒（二十六名聖人的殉教事件）。

而參加遠征的日本西國大名（諸侯）返回自己的領地之前，競相捕抓朝鮮的陶工，打算在領地內設窯。像有田燒、荻燒、薩摩燒等，就是從這群被強行帶走陶工開始的。

日本與李氏朝鮮的關係修復

之後，必須與李朝貿易的對馬宗氏，辛苦地進行偽造日本和李朝之間的國書等事，努力想修復兩國之間的關係。後來在公元一六〇七年，兩國恢復國交，確認「事大交鄰（李朝與明朝維持冊封和朝貢的關係，同時在不與此相牴觸的情形下，與江戶幕府維持對等的關係）」的原則，約定當彼此有皇帝或將軍世代更替時，要相互派遣使節，不過李朝卻因為防衛上的問題，拒絕日本所派遣的使節。當日本有新將軍上任時，李朝所派遣的使節，史稱朝鮮通信使，在江戶時代共派遣了十一次，每次都受到官民的盛大歡迎。

●希望統治東亞海域的豐臣秀吉

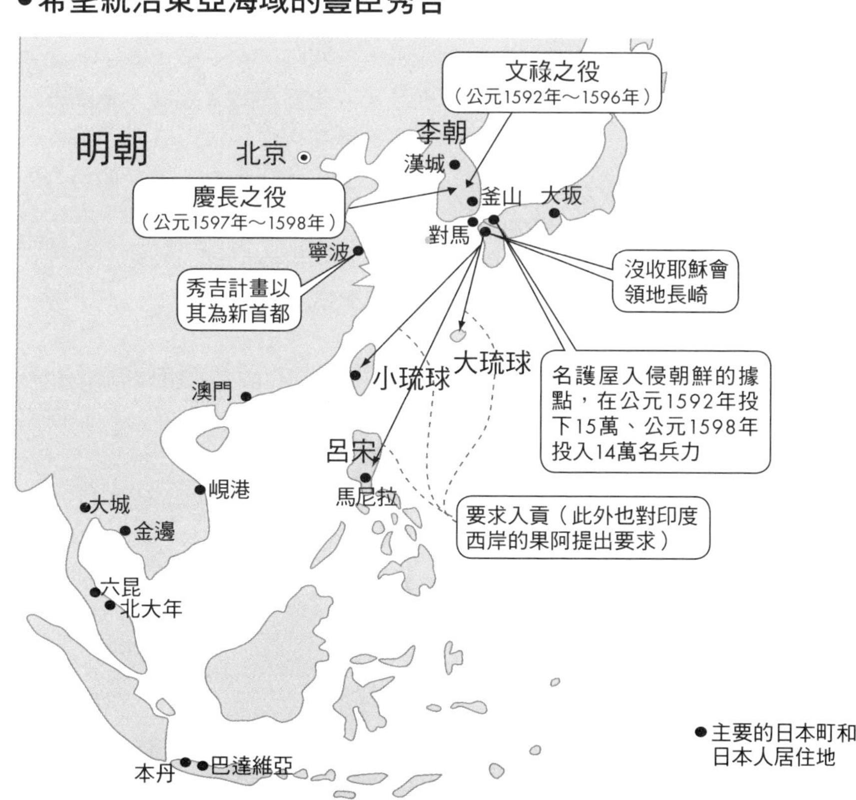

公元17世紀前半　荷蘭的入侵和「鎖國」

荷蘭入侵東亞和日本的鎖國

江戶幕府因為恐懼基督教徒的增加和西國大名愈形富裕，所以採取禁教和限制貿易的鎖國體制。

朱印船貿易擴大的日本城鎮

日本在當時是白銀產量占世界三分之一的富裕國家，希望與生絲等物產豐富的明朝進行貿易。但是，明朝因為「倭寇」的關係，禁止日本船隻進入，所以進入公元十七世紀之後，日本船便遠赴中國船隻經常往來貿易的東南亞各地，希望獲得中國出產的物品。德川家康對外出貿易的船隻發行朱印狀，將他們納入管理之下。朱印船主要的航行目的地是越南的會安、暹羅的大城、菲律賓的馬尼拉等地，並在當地形成了日本人暫居的日本町。

讓荷蘭浮上檯面的台灣海峽

公元一六〇〇年，荷蘭船友愛號漂流到了日本，這成了西元一六〇二年，荷蘭東印度公司進入日本的契機。公元一六〇九年，荷蘭在平戶設立了商館。以印尼巴達維亞（譯註：今天的雅加達）為據點的荷蘭，在台灣海峽尋求東亞的重要海域。因為這樣可以壓抑澳門和長崎、馬尼拉和月港的貿易。

最初，荷蘭雖然占領了台灣海峽上的澎湖群島，但被認為此地是固有領土的明朝軍隊所驅逐，而將根據地遷到了台灣南部，公元一六二四年，在安平修築了熱蘭遮城。荷蘭與福建武裝商人集團鄭芝龍的集團合作，橫行於東亞海域，壓制了葡萄牙人。因為荷蘭勢力的介入，進入公元一六三〇年代之後，往來於馬尼拉和長崎的葡萄牙貿易於是逐漸衰退。

江戶幕府的貿易限制和鎖國

公元一六〇四年，江戶幕府組織糸割符仲間（譯註：此處是指由人稱「糸割符仲間」的商人們統一收購葡萄牙商船所運入的生絲，然後賣給日本國內商人的制度），統一收購葡萄牙

公元一六〇九年，布魯瓦（譯註：Dendrick Drouwer為平戶荷蘭商館館長）等所率領的兩艘荷蘭商船，首次抵達平戶，獲得家康的許可，開設商館。

商船所運來的生絲，並認可荷蘭於一六〇九年、以及英國於一六一三年在平戶開設商館。之後江戶幕府認為基督教徒的增加與西國大名因貿易而變得富裕一事對其構成威脅，於是下令禁教並限制貿易。公元一六一六年，江戶幕府限制歐洲船隻僅可以停靠平戶、長崎，公元一六三五年也限制明朝船隻僅能停靠在長崎。

公元一六二四年禁止西班牙船來航，公元一六三九年禁止葡萄牙船來航，公元一六四一年將荷蘭商館遷到了長崎出島。公元一六三五年禁止日本人渡海出國、也禁止海外日本人回國。對於船舶，江戶幕府在公元一六〇九年沒收五百石以上的船隻，公元一六三五年禁止建造五百石以上的船隻。公元一六三九年，完成全面「鎖國」的體制。結果，對外貿易完全交付給長崎、薩摩、對馬、前松等藩國。

●荷蘭的東亞戰略

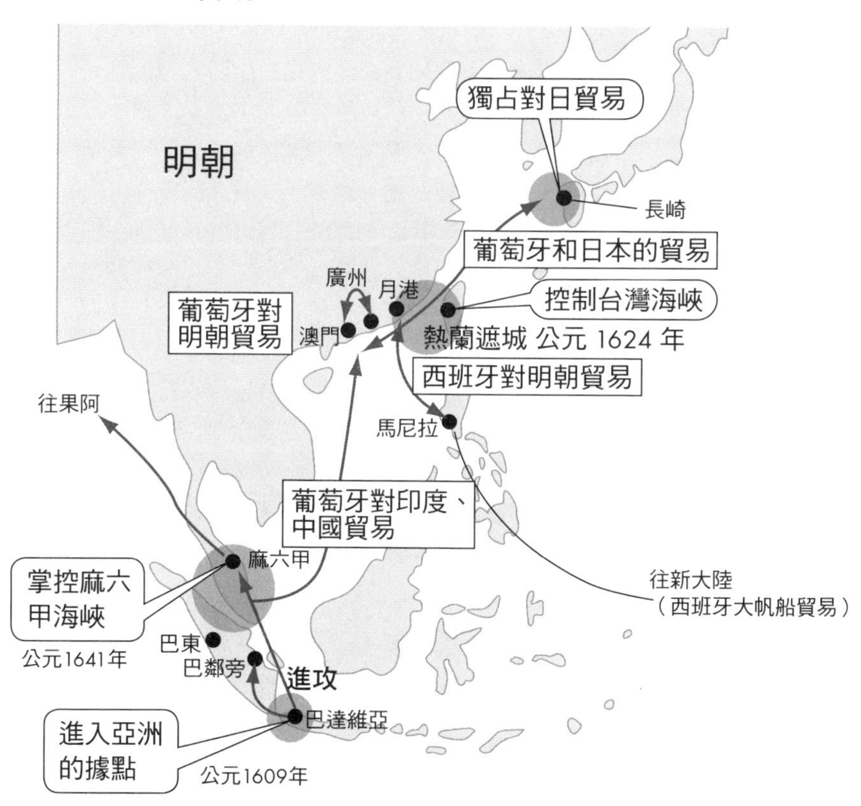

專欄

從新大陸傳來的番薯使人口激增

原產自墨西哥高原、旋花科作物的番薯，為主要農作物中在相同單位面積時，可提供最高卡路里的農作物。以每十公畝的農地可以供養的人口來看，小麥是一．四五人、米是三．〇二人，而番薯則是五．三九人。公元一九七八年的世界番薯總產量中，中國就占了七十八．七%。

番薯和白銀，從東亞海域最早的國際貿易港馬尼拉一起被帶到了中國。墨西哥的印地安人稱為「Camote」的番薯，透過西班牙大帆船貿易遠渡呂宋島，成為貧窮人民的食物。

公元十六世紀中葉，將番薯運到福建的是福州商人陳振龍。據說是他發現番薯為優秀的食物，所以將它帶回中國。之後，公元一五九四年，當福建地區發生大飢荒時，陳振龍的兒子將番薯當做救飢荒的農作物，獻給福建巡撫，拯救了很多人的生命。番薯因此被稱為「金薯」，盛行於福建農民間。

明朝末年著名的農學家徐光啟，在公元一六〇八年農作物歉收之際，聽到番薯的傳說，便努力普及種植。在他的代表作《農政全書》裡，也記載了番薯的栽培方法，並指出福建、廣東地方大規模栽培的番薯，曾拯救很多饑民的生命。後來發現在貧瘠的土地也可以栽種，使得清乾隆年間（公元一七三六年～一七九五年）蕃薯的種植也普及到了沿海地區、黃河流域一帶。漢朝以降，中國的人口一直停滯在六千萬人，但到了清朝，則一舉激增到四億人，這可以說是番薯的巨大功勞。

第7章

清朝帝國和歐洲入侵

史上最大的中華帝國因鴉片而衰亡

⊙因為歐洲勢力入侵而被迫改革的東亞世界

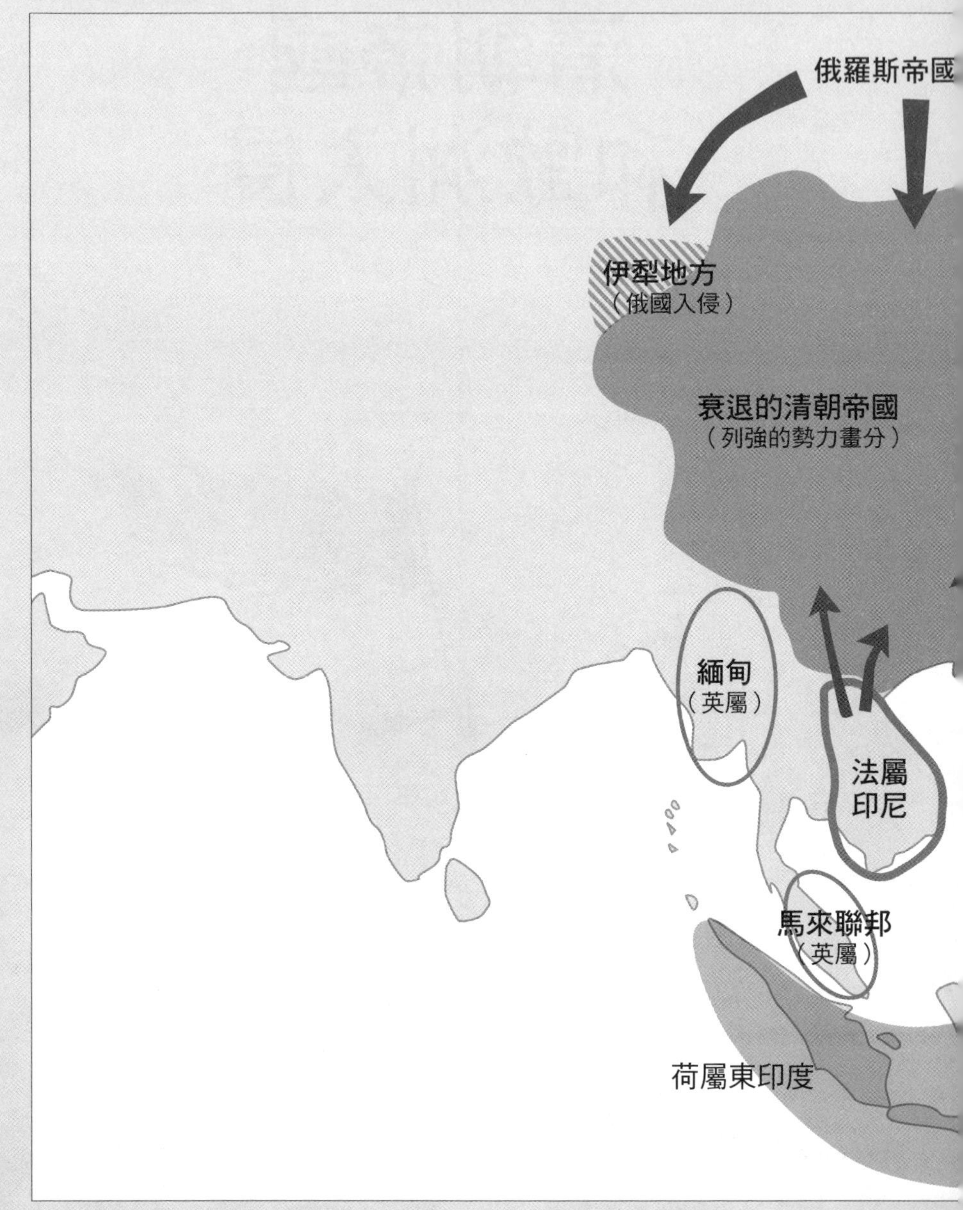

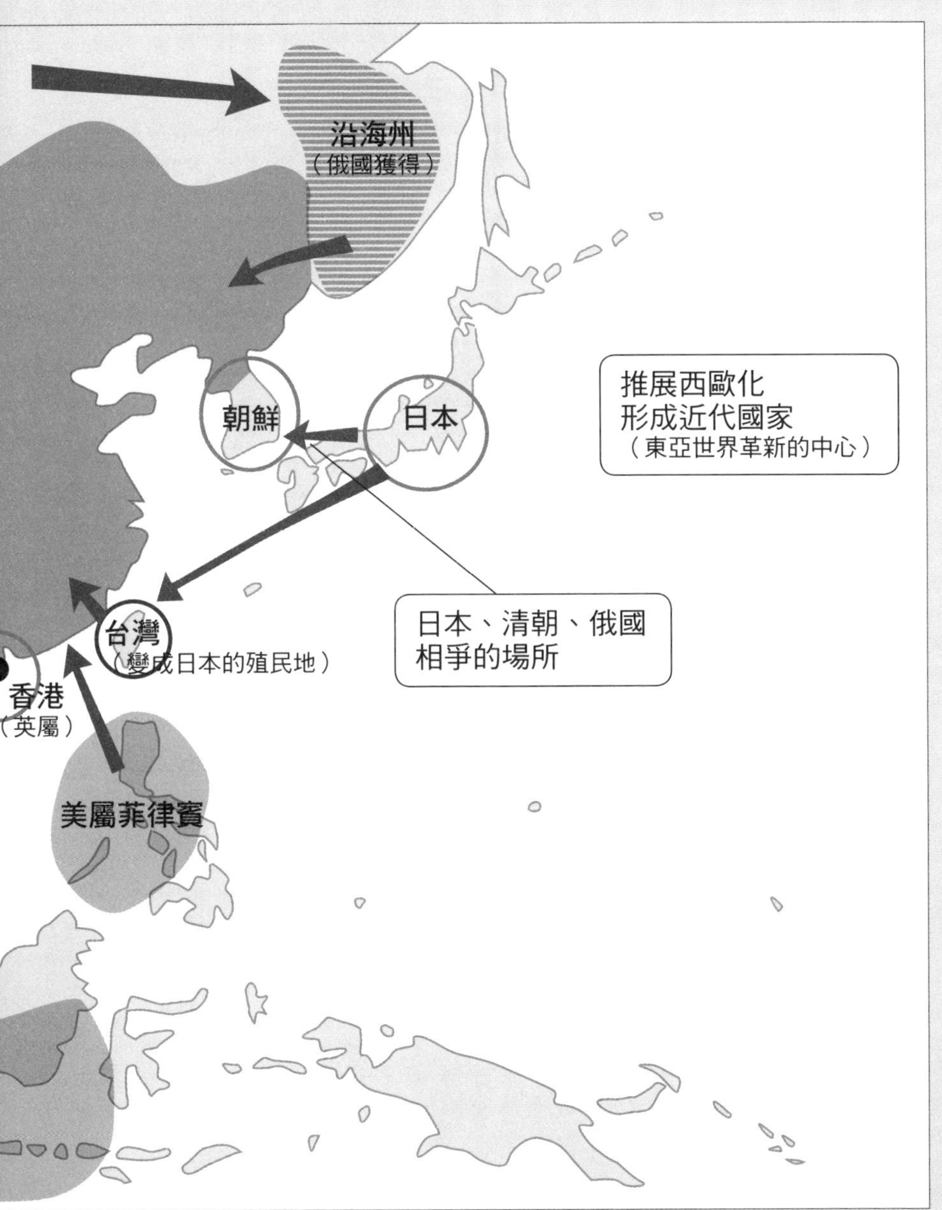
沿海州
（俄國獲得）
推展西歐化
形成近代國家
（東亞世界革新的中心）
朝鮮
日本
台灣
（變成日本的殖民地）
日本、清朝、俄國
相爭的場所
香港
（英屬）
美屬菲律賓

【最大的中華帝國清朝】

女真人（公元一六三六年國號清）趁明朝滅亡之際，占領北京，打敗抵抗的漢人統一天下。清朝帝國一方面強制漢人要依照女真的風俗剃髮留辮，另一方面則採取以科舉考試錄用人才等懷柔的統治策略。

康熙、雍正、乾隆三代（公元一六六一年～一七九五年），約一百三十年間是清朝的全盛時期。清朝統治的領域擴大到台灣、蒙古高原、青海、西藏、尼泊爾、東土耳其斯坦（新疆），成為史上最大的中華帝國，但公元十九世紀之後，卻逐漸步向衰亡。

【兩個鴉片戰爭】

工業革命之後，英國從清朝採購大量的紅茶，並走私鴉片輸入中國以支付該費用。當鴉片蔓延，銀元大量流出時，清朝下令嚴禁鴉片，但英國卻發動鴉片戰爭，逼迫清朝簽訂不平等條約（南京條約），使中華世界捲入了世界資本主義之中。

公元一八五一年，把基督教的神視為天帝、要求社會平等的太平天國起兵作亂。太平天國以南京為首都，與清朝對峙。趁此機會，英、法

公元1644年	公元1683年	公元1758年	公元1840年	公元1851年
明朝滅亡 ◆李自成之亂、清朝開始統治中國	康熙皇帝併吞台灣 ◆在平定三藩之亂（公元1681年）後完成統一	乾隆皇帝併吞準噶爾部 ◆將天山南路、北路納入自己的統治之下	鴉片戰爭（～公元1842年）	太平天國之亂（～公元1864年）

兩國在一八五六年發動亞羅戰爭（第二次鴉片戰爭，亦即第一次英法聯軍），擴大權力，戰後中華世界被納入民主國家的秩序。

【導入西歐制度】

西歐諸列強以強大的軍事力量，為入侵中華世界發生激烈競爭，而清朝也被迫對此做出因應。清朝，從公元一八六〇年代開始，在「中體西用」的口號下，引進了西歐技術（洋務運動），但中華帝國的組織架構仍維持不變。而明治維新以後的日本，則是打著「文明開化」的口號，引進整個西歐文明，努力建立「民主國家」。因為領土問題，日本不得不意識到俄國存在，同時也為確保自身的安全而將勢力伸入朝鮮半島。

【中日甲午戰爭和中華世界的瓦解】

日本和清朝之間，因為清朝派兵支援朝鮮甲午農民戰爭（東學黨之亂）的紛爭，引發中日甲午戰爭。這場戰爭日本獲得勝利，中華秩序於是從中華世界內部開始逐漸瓦解。之後，歐美各國正式入侵中國。

公元1856年	公元1860年左右	公元1868年	公元1876年	公元1894年
亞羅戰爭（第二次鴉片戰爭）（～公元1860年）	清朝開始洋務運動	明治維新 ◆日本引進西歐的制度	日韓締結修好條約（江華條約）	中日甲午戰爭（～公元1895年） ◆中華秩序從內部開始瓦解

公元17世紀中葉 明朝的滅亡

因為女真人和農民叛亂而滅亡的明朝

女真人努爾哈赤的出現，使明朝勢力大幅衰退，後因李自成之亂而滅亡。

因葡萄牙大砲而殞命的努爾哈赤

東北地方（滿州）雖然一直是女真人的居住地，但他們先是臣服於蒙古帝國，之後又臣服於明朝。公元十六世紀末，女真人出現了英雄努爾哈赤，他花了約三十年的時間統一滿州，在公元一六一六年建立後金國，脫離明朝獨立。他整建以狩獵、戰爭時的團體行動單位為基礎的八旗制，強化女真人的力量。

在豐臣秀吉出兵朝鮮結束後不久的公元一五九八年，明朝獲得朝鮮軍隊的支援，再度發動二十萬大軍攻打努爾哈赤，但卻在公元一六一九年的薩爾滸之戰吃了個大敗仗。

努爾哈赤侵入遼河流域，在公元一六二六年攻擊寧遠城，但因為不敵明軍從澳門運來的十一門紅夷砲，三天就失去約二萬大軍而被擊退。據說努爾哈赤在這次的戰役裡，身負重傷而死亡。

繼承努爾哈赤的皇太極改國號大清，公元一六三七年征服李氏朝鮮之後，與蒙古結盟，入侵明朝北方地區。明朝為了對抗，沿著萬里長城設下重兵。公元一六四三年，皇太極去世，六歲的第九個兒子福臨繼位，由叔父多爾袞攝政。

上吊自殺的皇帝和明朝的滅亡

因為重稅和沉重軍費負擔，生活困苦的農民們在公元一六二八年於陝西發動叛亂，叛亂迅速擴大到華北一帶。在叛亂集團中嶄露頭角的驛卒（驛站的官員）李自成，領數十萬大軍，在公元一六四三年占領西安，自稱皇帝，國號大順。

當他知道明朝的主力軍都被派駐到萬里長城東邊的山海關時，在公元一六四四年，李自成率領五十萬大軍攻陷北京。當時，崇禎皇帝親手殺死公主之後，帶著一名宦

據說在自殺的崇禎皇帝的白色衣領上，寫有遺言說：「朕死後沒有面目去見祖先，所以自行摘下皇冠，披髮覆臉。」

官，在紫禁城城北的景山上上吊自殺。明朝二百七十七年的歷史也就此畫上了句點。

李自成的四十日天下

明朝駐守在山海關的將軍吳三桂，接到李自成已經攻陷北京的消息，為了平定叛亂而向大清求助，大清因而輕易突破山海關進入中國內部。據說吳三桂之所以會與大清合作，主要是因為聽到深愛的美女陳圓圓被李自成軍隊的將軍奪走的關係。

自稱大順皇帝的李自成，在根基尚未穩固之前就遭到攻擊，僅四十天便被逐出北京。翌年，就結束三十九年的生涯。

在軍事上居於優勢地位的大清，重新整編已經瓦解的明朝，一方面吸收失業的官僚，一方面開始以軍事行動統一全國，將政情不穩定的雲南、福建、廣東分配給吳三桂等明朝有功的武將，企圖重建秩序。

●努爾哈赤和清朝的興起

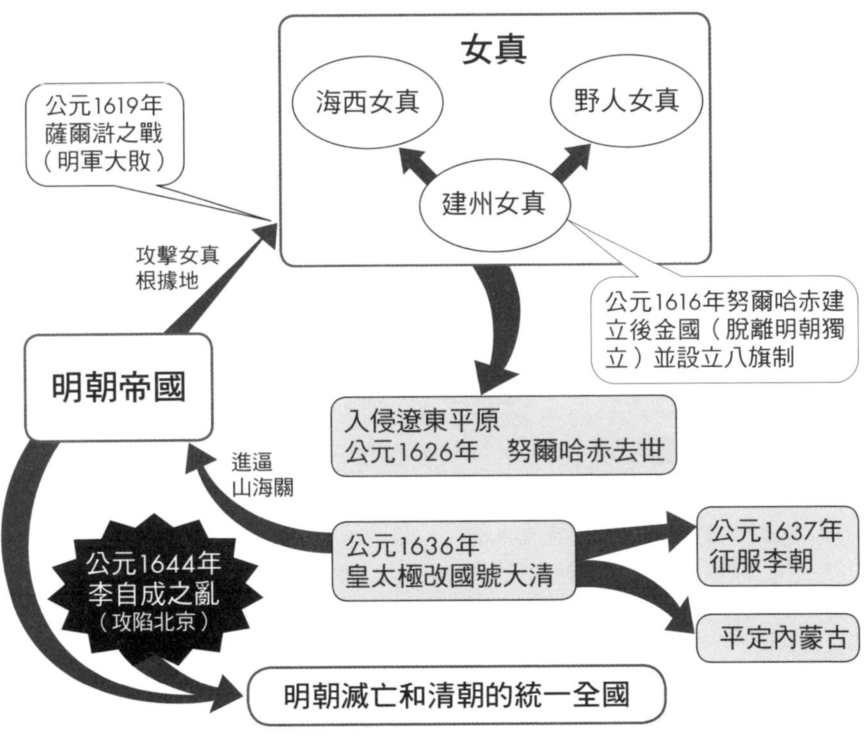

公元17世紀中葉　清朝統治體制的確立

遭強制剃髮留辮的漢人們

清朝的統治制度基本上是因襲明朝，但也有強迫漢人遵循女真人風俗的一面。

巧妙掌握人心的多爾袞

驅逐李自成、進入北京城的多爾袞，下令為明朝最後的皇帝服喪三日，並著手編撰《明史》，強調自己是明朝的後繼者。

他強制漢人遵從女真人的風俗剃髮留辮，讓人民知道中國已經變成女真社會，同時直接沿用明朝的官僚制度，在中央部會則任命相同人數的漢人和女真人擔任同一官職。

多爾袞在入城後的七年裡，巧妙建立了約一百萬女真人統治二億漢人的制度，年僅三十四歲就去世。

明朝遺臣雖然建立南明政權，希望復興明朝，但都被一一打倒，公元一六六二年，最後的南明政權也被消滅。

武裝的大貿易商人團

抵抗清朝統治中國直到最後的是，以廈門為根據地的大貿易商鄭芝龍。他繼承走私貿易商王直的勢力，以日本到東南亞之間的廣大海域為自己的商業圈。

明朝滅亡後，明朝皇族唐王接受鄭芝龍的庇護，由鄭芝龍保護他與清朝對抗。鄭芝龍在平戶和日本女子田川氏所生的小孩即是鄭成功。之後鄭成功因為功績彪炳，被唐王賜予明朝皇族姓氏「朱」，而被人稱為「國姓爺（姓國姓的人）」。他是近松門左衛門（譯註：公元一六五三年～一七二四年，江戶中期的淨琉璃、歌舞伎作者）的《國姓爺合戰》裡主角和藤內的原型。公元一六四六年，唐王被清朝逮捕，鄭芝龍投降，之後被殺。

鄭成功之後逃到海上，繼續抵抗。公元一六六一年，他攻陷台灣南部荷蘭東印度公司的熱蘭遮城，以此為新的根據地，稱霸東亞海域。雖然鄭成功在隔年去世，但台灣的鄭氏政權卻延續到了公元一六八三年，當時有很多福建人遷居台灣。

歷史筆記　清朝初期，統轄一省到三省的總督全都是女真人，而各省的長官巡撫，則是女真人、漢人各半。

不諳海洋的清朝，無法直接進攻台灣，於是從公元一六六一年強制居住在沿海地區的人民遷徙到中國內陸，企圖孤立鄭氏政權。而台灣則在鄭氏政權滅亡後，第一次被納入清朝帝國的版圖。

帶頭平定三藩之亂

公元一六七三年，擁有清朝財政收入約二分之一經濟力量的吳三桂等三藩，為反抗清朝的壓抑政策而起兵叛亂（三藩之亂）。叛亂軍的勢力強大，持續抗戰了八年之久，更曾一時占領清朝南半部江山。當時，年僅二十歲的康熙皇帝，帶頭勇敢戰鬥，終於在公元一六八一年平定三藩之亂，確立了清朝的統治秩序。

●清朝的統治制度

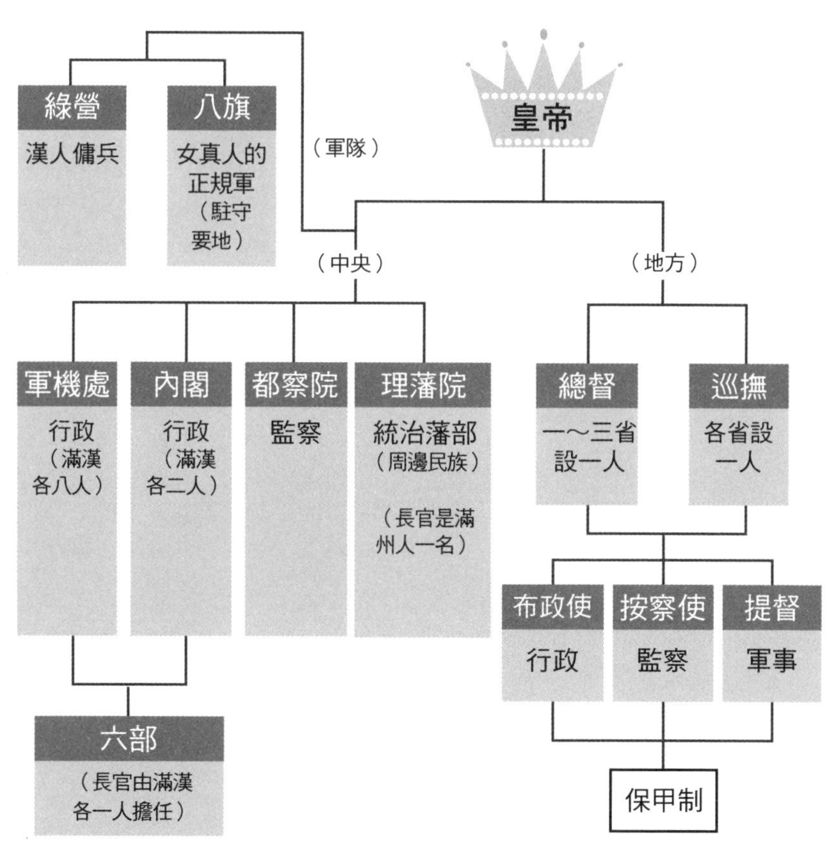

公元1661年～1795年　康熙、雍正、乾隆時代

國庫充實和充滿自信的治世

康熙皇帝和雍正皇帝透過穩固踏實的統治，建立了充實的財政，但到了乾隆皇帝時代則轉為積極政策。

建立繁榮基礎的康熙皇帝

清朝第四代皇帝康熙帝，在公元一六六一年，年僅八歲即位，十五歲開始親政，一共做了六十一年的皇帝。在位期間，他一方面平定漢人將軍的叛亂（三藩之亂），征服台灣、外蒙古、青海、西藏，擴張領土的同時，另一方面以明朝一年的宮廷支出為國家每年的歲出，希望建立儉樸的政府。因此在慶祝皇帝即位五十週年時，康熙皇帝採取以該年丁數（二千四百六十萬人）為人頭稅固定額度、之後增加的人口將完全不課稅的政策，由此可知其財政之充實。

康熙皇帝有三十五個兒子、二十個女兒，最初雖然立兩歲的二子為皇太子，但後來因為重臣們為下一任皇帝發生政爭和發現皇太子的不良行為而作罷，之後直到他去世前的十年裡都沒有再立皇太子。

因為繼承者一直沒有決定，所以康熙皇帝在臨終前，在隨侍一旁的侍臣手掌上用筆寫了個「四」字，指定由第四個兒子繼承皇位。但外面卻流傳著，實際上康熙皇帝寫的是「十四」，這個謠言使下一任的雍正帝被批評說是以謀略奪取皇位的皇帝。因此，雍正帝制定了將所立的皇太子名字放入錦盒中，在皇帝死後才將錦盒打開的皇位繼承法。結果，不僅使得原來圍繞皇位繼承問題的暗鬥消失，也避免了因權力關係而有愚蠢皇帝即位的情形。

優秀的繼承者雍正皇帝

四十四歲即位，統治有十三年的雍正皇帝，是能力高超的實務家，從早到晚都忙於朝政，後來因工作過度而亡。他要地方官員提出詳細報告地方實際情形的祕密資料，親自以朱筆批閱後再送回；為了讓政策適當化與整肅綱紀，還設

愛好中國文化的康熙皇帝，花了十年的歲月，收集整理三千四百五十八種的書籍，編撰了有七萬九千二百二十四卷的《四庫全書》。

置擁有軍事上最高權限的皇帝諮詢機關軍機處等，努力強化皇帝的權限。

國家富強有如泡影般消失

二十五歲即位、在位六十年的乾隆皇帝，坐擁前兩代所累積的資產。他在公元一七五九年征服東土耳其斯坦，命名為「新疆（新的領土）」，使中華帝國的領土達到空前的規模。現在的中國則是直接繼承了清朝當時的領域。乾隆皇帝以蒙古、青海、西藏、新疆為藩部，有別於總部、東北部，以所謂理藩院的行政機關來進行統治。

乾隆皇帝晚年將政治委託給女真人軍機大臣和珅，結果賄賂政治橫行，國家的財富被官僚所吸收。乾隆皇帝死後，和珅被彈劾，自殺身亡，但其被沒收的財產卻龐大得驚人。此外，地方官員的腐敗也很嚴重，每年的治水工程費有一大半都進了官員的口袋。其中，更有自己破壞堤防騙取經費的官員。

●清朝帝國的版圖

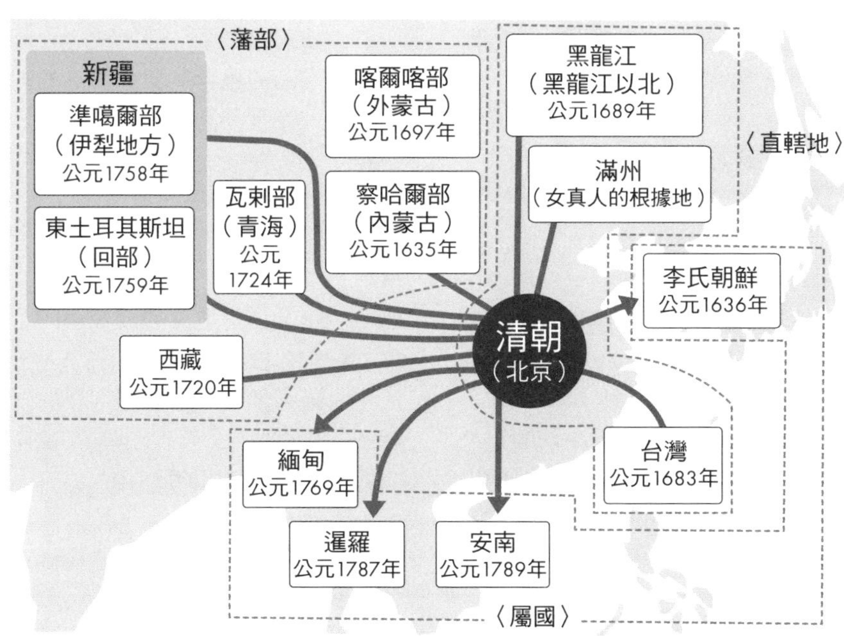

在東亞世界擴展勢力的清朝

清朝將朝鮮、越南納入自己的勢力範圍，而日本則在鎖國下，建立自給自足的體制。

臣服於清朝的李朝

因為豐臣秀吉軍隊和明朝軍隊的衝突，田土銳減二成的李朝，後來又苦於後金國的入侵，於是在公元一六三七年向清朝投降。李朝臣服於清朝，雙方進入朝貢的關係。之後因為社會狀況持續安定，社會復興，以棉布為通貨的商品經濟隨之發達。此外，也產生了反對官學朱子學、批判體制的實用科學。

越南的語源

黎朝（公元一四二八年成立）統治下的越南，公元一五五七年，北部發生鄭氏政權獨立、中部發生阮氏政權獨立，而南部也持續被開發。到了公元一七七三年，南部發生阮氏三兄弟的叛亂（西山黨之亂），混亂擴大，結果中部順化的阮福映透過法國傳教士百多祿的居中牽線，取得法國政府義勇軍和武器的支援，統一越南。阮福映國號「越南（現在Vietnam的語源）」，自稱越南國王，臣服於清朝。

模仿清朝的制度，進行中央集權的越南王阮福映，在國內自稱皇帝，並且將柬埔寨越南化，將領土擴大到寮國。

日本和勤勉革命

「鎖國」之後，日本成了自外於清朝帝國的世界。日本群島的對外貿易，完全委託給清朝的商人、朝鮮商人、荷蘭船隻等，而內部的貿易則由日本人負責。

德川家康設置金座（於山口、京都）、銀座（於伏見、駿府、京都、江戶），鑄造流通於全國的金幣、銀幣（之後統一在江戶鑄造），並在全國各地的錢座鑄造大量的銅錢。結果，到了公元十七世紀，國產的貨幣已經流通到全國各地。

公元十七世紀後半，連接江戶和大阪的南海路（菱垣迴船、樽迴

居世界陸地百分之七的中華人民共和國領土，直接繼承了最大的中華帝國清朝帝國的領土。

船）、東迴海運、西迴海運完成，建立了環繞日本群島交通網。到了公元十八世紀，先是白銀、然後是銅嚴重不足，於是將原本倚賴清朝輸入的物產，轉為由日本國內自行生產，並開發新的輸往清朝的輸出品。前者使得棉花、生絲、藍草、紅花、菸草、楮樹、砂糖等在日本普遍地被種植；後者則是開發了蝦夷地區的昆布、經過包裝的海產的輸出。

想要將過去一直仰賴東亞貿易圈提供的物產，在土地有限的日本群島內自給自足，必須要密集有效地利用土地，所以西元十八世紀勞力密集的「勤勉革命」，使土地的生產力有飛躍性的成長。

●中國統治領域的擴大

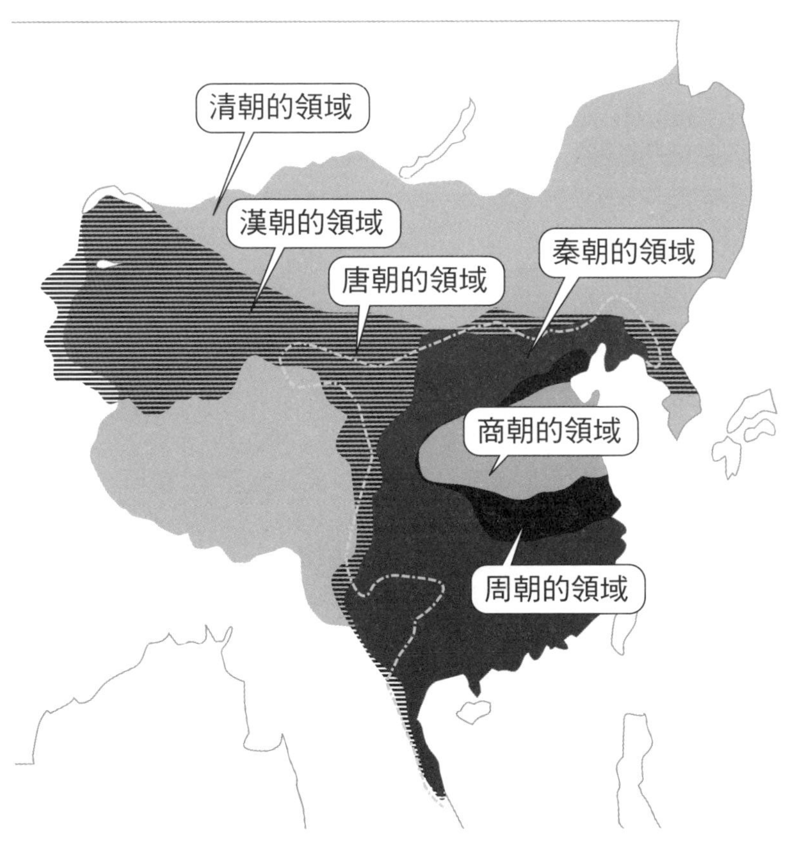

公元16世紀後半～18世紀　與歐洲文明的關係

傳教士帶來的世界地圖

清朝信仰天主教的信徒大量增加，法國傳教士更製作了全國實際測量地圖。

天主教信徒的增加

自從公元一五八三年，最早開始在中國傳教的耶穌會教士利瑪竇讓政府高官徐光啟等人改信天主教，他傳教成功之後，很多的傳教士也陸續來到中國，希望在中國傳教。直到公元一七五五年為止，活躍而留名的傳教士約有七十人。他們在十三省建立天主教會，信徒也從一六一〇年的二千五百人激增到一六五〇年的十五萬人。

耶穌會認同崇拜孔子和祖先，傳教時的服裝也改為中國風，但隨後來到中國傳教的教團，卻認為耶穌會的傳教方式違反了天主教的規定，而向羅馬教皇提出控訴。因此，教皇在一七〇五年認定耶穌會是異端。對此，康熙皇帝下令禁止耶穌會的傳教士進入國內，而雍正皇帝則在公元一七二三年全面禁止基督教的傳教。

中國最早的實際測量地圖

公元一六〇二年，利瑪竇在北京刊行由五大洲構成的世界地圖《坤輿萬國全圖》，介紹歐洲人的世界觀，影響了士大夫階層。到了公元一七〇八年，康熙皇帝下令製作全國的實際測量地圖。法國傳教士白晉、雷孝思等人花費了十年的歲月進行測量，在公元一七一九年刊行了《皇輿全覽圖》。因為與傳教士的相遇，中華世界對地理的認識開始產生不同的認知。

廣東和尼布楚

康熙皇帝將歐洲諸國的貿易港限定在廣東（廣州）一港。在廣東，由所謂「公行」的特許商人團體獨占商館食物的供應、交易，其他商人不能參與貿易。到了公元十八世紀後半，茶成了清朝主要的輸出品，在廣東入港的船隻也大部分變成茶主要輸入國的英國船。

當時大規模測量所製作的《皇輿全覽圖》因為被收藏在宮廷內，所以對中國人在地理上的認知並沒有帶來多大的改變。

順著毛皮貿易路線進入東亞的俄國來到阿穆爾河（中國稱黑龍江），在尼布楚（譯註：現今俄羅斯的涅爾琴斯克）和雅克薩（譯註：位在今俄羅斯西伯利亞涅爾琴斯克之東，俄人稱為「阿勒巴金」）興建城塞。因此清朝與俄國之間發生了武力衝突，之後兩國在公元一六八九年於尼布楚簽訂條約，決定兩國的邊界。結果不但尼布楚變成了俄國的領土，也認可俄國在邊界貿易。此條約在締結之際，通曉歐洲法律的耶穌會傳教士曾協助清朝的使節團。

衝擊歐洲社會的中國文明

清朝繁榮的景象，由耶穌會傳教士等帶著驚奇的態度傳往歐洲。啟蒙思想家伏爾泰高度評價儒家學說；而中國認為農業是所有產業基礎的想法，也影響了重農主義的魁奈（譯註：公元一六九四～一七七四年，法國經濟學家，百科全書派學者之一。提倡重農主義，主張自由放任的經濟活動。著有《經濟表》等書）。還有，對不分身分、家世的公正官員錄用制度——科舉制度也給予高度的評價，並帶給近代歐洲文官考試制度巨大的影響。此外，優良的陶瓷器也為歐洲許多貴族所喜愛，甚至在麥森（譯註：德國東南部的城市）等地還模仿中國燒製瓷器。

●和歐洲、蘇俄的貿易路線

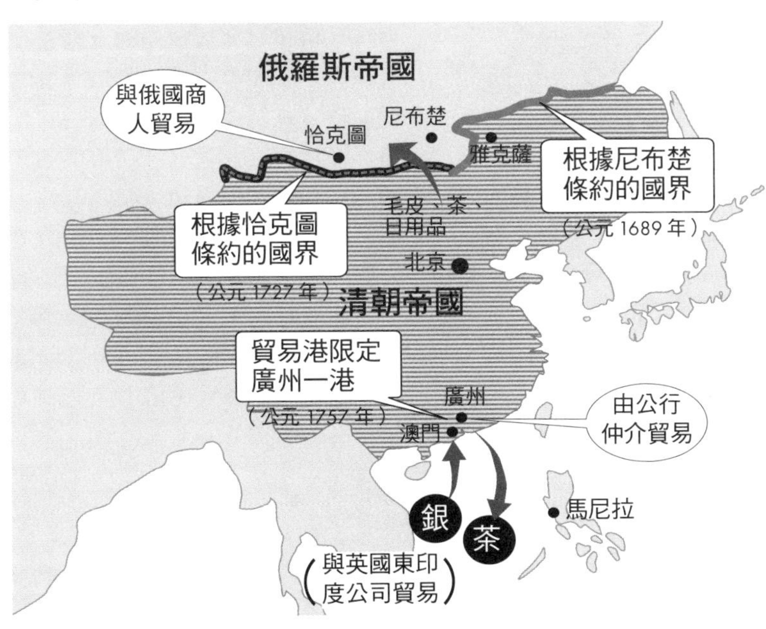

公元18世紀　人口爆炸和邊境開發

比世界早一步人口爆炸

人口的急速增加促使人們往邊境地區遷徙，而原產自美國的番薯則成為救荒的農作物。

直線上升的人口

公元二十世紀，是全球性人口爆炸的世紀。公元一八三〇年代只有十億的世界人口，在二十世紀末達到六十億，這使得二十一世紀將面臨人口爆炸的問題。在中國，從清朝後期的十八世紀到十九世紀，人口快速激增，以至於變成現今世界人口中，每五個人就有一個是中國人的現象。

從西漢到明朝的中國人口，平均大約有六千萬人。但到了公元一七五三年激增為一億人、公元一七六六年約二億人、西元一八一二年約三億七千萬人。僅半個世紀就增加了三・七倍。雖然這段時期是在統治領域大幅增加的清朝，但人口激增的地區卻集中在以往人口極為稀少的山林地區，由於他們搭建了簡單的家屋（叫做「棚」），所以被稱為「棚民」。

番薯和玉蜀黍

宋代以降，新的田地被開發，到了明代，就如俗諺「江浙熟天下足」一般，長江三角洲成為最大的穀倉。到了清朝，則更進一步開發長江中游地區，穀倉也就如俗諺「湖廣（湖南和湖北）熟天下足」一般，移到了湖南、湖北，穀物的生產也更為增加。以往的穀倉江南地區則盛行養蠶、種植棉花，大量生產絹織物、棉織物。

在公元十八世紀後半，由於和平時代持續，可以耕作的土地幾乎已經完全被開發，導致人口過剩的地區無法維持生活，於是過剩的人口逐漸遷往東北地方、四川東部、湖北西部、陝西南部、廣西等地，從事積極的開發。此時，明朝末年傳到中國，在貧瘠土地也能生長的美國原產番薯、玉蜀黍成為救荒作物，發揮了很大的功能。番薯橫越太平洋傳到菲律賓，再由中國商人

在清朝人口激增的公元十八世紀，歐洲第一大國法國的人口才不過二千三百萬人。

帶回福建。明末學者徐光啟的《農政全書》裡，對番薯有很高的評價，說：「這個作物如果推廣，天下將不再有飢饉的人」。現在，中國為番薯生產國第一名，這項農作物養活了激增的人口。

順帶一提，番薯從中國傳入琉球，變成琉球薯，傳入日本薩摩地區變成薩摩薯。

成長的都市

從明朝末年到清朝，以白銀為中心的貨幣經濟發達，絹織業的蘇州、湖州、杭州、南京，木棉工業的松江，陶瓷器的景德鎮，鹽業的揚州等大型都市相當繁榮。農村過剩的人口流入都市，促進了都市庶民文化的發展。此外，也出現了以農村紡織業為中心的村落，因為人口急遽增加而成長為經濟都市的情形。

●番薯的傳入年

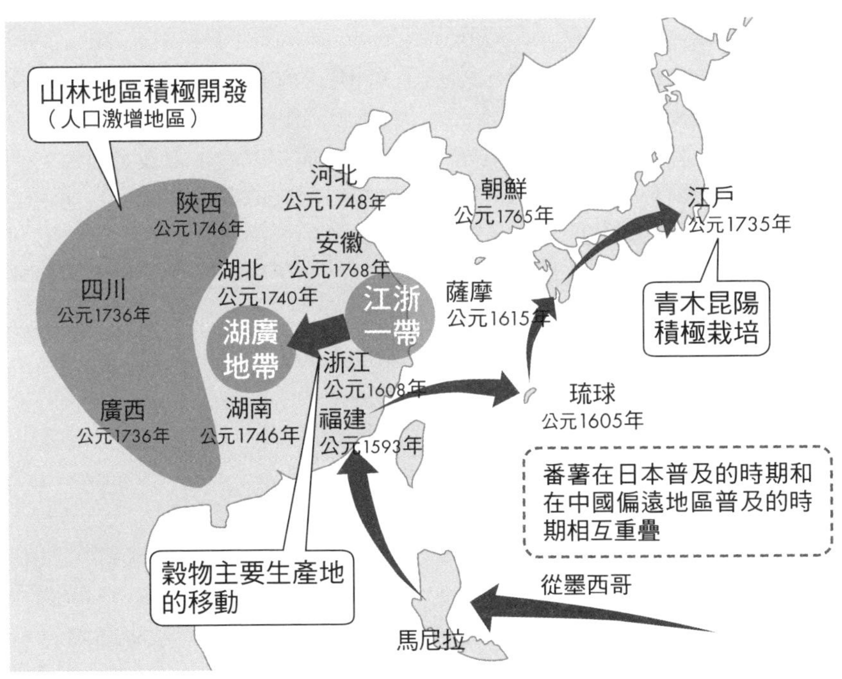

公元18世紀後半～19世紀　英國的三角貿易

從成熟走向衰退的清朝

因為白蓮教之亂而疲弊的清朝，不管在財政上或軍事上都陷入困境，這時英國的手伸了進來。

急速衰退的清朝帝國

最大的中華帝國清朝，也開始進入從極盛邁向衰退的時期。在乾隆皇帝死後翌年的公元一七九六年，橫跨湖北、四川、陝西、甘肅四省的地區發生了白蓮教之亂，歷經九年的時間仍無法鎮壓，最後花了帝國三年分歲出的巨額經費才終於平定，但國庫也因此見了底。

清朝約有九十萬的軍隊（八旗二十四萬人、綠營六十四萬人）在維持秩序，卻無法鎮壓叛亂，只好仰賴各地地主所組織的鄉土自衛隊、義勇軍。因為不管在財政上、或軍事上，清朝都已經被逼到了盡頭。

就在這個時期，經過工業革命，力量明顯成長的歐洲勢力，由英國帶頭進入了東亞世界。

想要紅茶的英國

到了公元十八世紀後半，廣東的貿易幾乎已經被英國東印度公司獨占。主要的商品是紅茶，英國一方是入超。當時的中國人喜歡飲用經過一星期發酵綠茶所製成的烏龍茶，而英國商人則便宜採購發酵過度的紅茶，推廣到歐洲。配合西印度群島所生產的廉價砂糖，紅茶於是流行起來。但是，廣東的貿易被所謂「公行」的特權仲介商人團所獨占，英國不得不支付大量的銀兩購買。

美國獨立戰爭之後，白銀的調度變得困難的英國東印度公司取得孟加拉地方的鴉片專賣權，企圖透過走私商人輸入清朝，以恢復貿易的平衡。亦即將本國產的棉布輸入印度，再從印度走私鴉片到中國，然後從中國購買紅茶運回本國的三角貿易。

侵蝕清朝的毒品鴉片

鴉片是Opium的音譯，是利用罌粟未成熟果實所分泌的乳汁製造而成的毒品，長時間吸食會

在公元一七三〇年代，英國東印度公司從清朝輸入的物產，有七十到八十%是茶。

中毒成為廢人。清朝注意到當做藥品輸入的鴉片的毒害，起先雖然下令禁止，但官吏卻接受賄賂而默認鴉片的走私，吸食鴉片的風氣，也從統治階層為中心迅速擴大。鴉片從公元一八〇〇年的二百九十二·四噸、到公元一八三〇年的一千二百八十噸、到公元一八三八年的二千五百六十噸，走私數量不斷增加。從公元一八二〇年到一八四〇年，流通的一億銀元當中，約有二十％因買入鴉片流到了海外。

當時的農民，由於必須將作物換成銀兩來支付稅金，銀價的高漲打擊了農民的生活，擴大了社會的不安。英國所輸入的龐大鴉片，使得中國官僚階級不斷腐敗，因為鴉片的流行致使白銀大量流出、銀價高漲、以及農民日益貧窮的一連串打擊，清朝也因此面臨了一舉瓦解的危機。

●從單方貿易到三角貿易

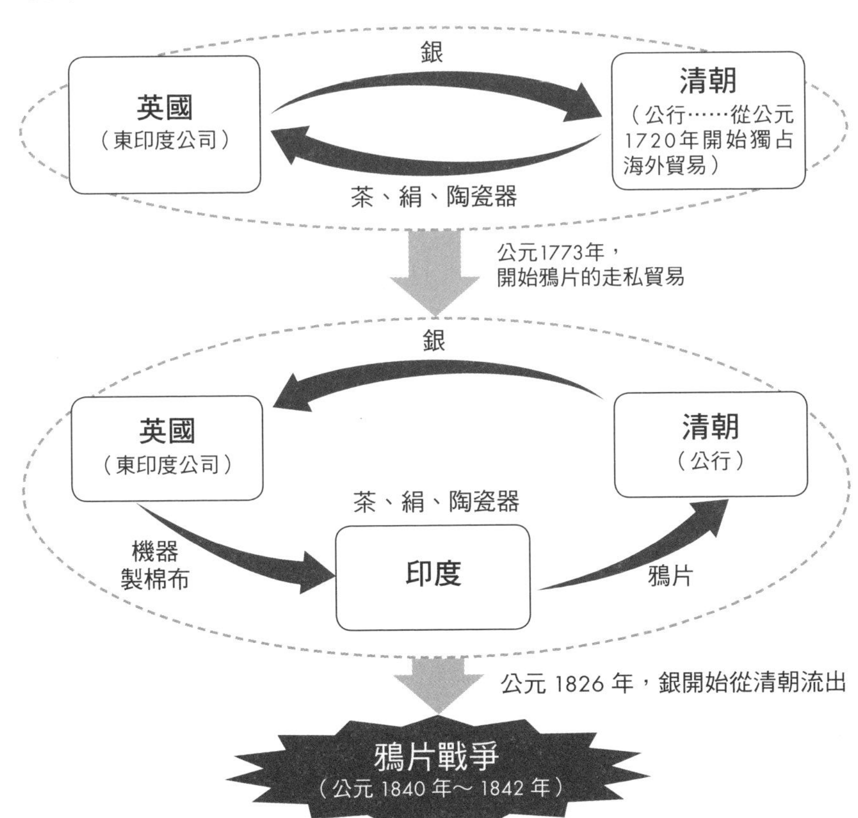

公元1840年～1842年　鴉片戰爭

要求支付鴉片帳款的黑船艦隊

因為鴉片走私問題而發生的鴉片戰爭（英國稱之為「不名譽的戰爭」），清朝全面敗北。

堅決拒絕鴉片

惱於鴉片問題的道光皇帝，提拔當時官僚界少數派主張嚴禁的林則徐為欽差大臣（特命全權大使），派遣他到廣東。林則徐有「林青天」之稱，是知名的清廉官員。

林則徐抵達廣東之後，命令軍隊包圍英國商館，以斷絕水和食物為手段，要求他們交出鴉片，並沒收停泊在港口外、當倉庫用的巨型船隻上所囤積的約一千二百八十餘噸的鴉片。林則徐採用在海灘上挖掘大池子，將鴉片連同生石灰倒入池中，引進海水引燃石灰的方法，燒毀數量龐大的鴉片。由於生石灰和水混合會產升高溫，所以利用其所產生的高溫來銷毀鴉片。

林則徐要求英國提出完全不再走私鴉片的誓約書，但英國的商務官卻抗議說這是侵害財產權，讓商人們撤出商船，並向本國求救。

所謂貿易自由的大義

英國政府想要利用這個紛爭，透過戰爭打下對中國貿易的基礎，於是想透過議會通過軍隊的派遣。但議會方面對這個不名譽的戰爭表示強烈反對，結果在下議院以二百七十一對二百六十二票，僅九票之差通過，決定派遣四十艘船艦、四千名陸軍（之後增加為一百艘、一萬五千人）。歐洲各國開始工業革命後，市場縮小的英國急著想擴大市場，為了獲得四億人口的巨大市場，此時已經沒時間再討論異議。

屈服於黑船艦隊的清朝帝國

公元一八四〇年英國軍隊出現在廣東外海，揭開鴉片戰爭的序幕。因為知道廣東的防禦堅固，英軍於是讓艦隊北上，壓迫首都北京的外港天津。不了解世界局勢的清朝朝廷，震懾於黑船艦隊的軍容，

保守黨的J．葛拉漢進行了長達三小時的反對演說，表示：「這樣不名譽的戰爭，即使贏了也不光榮」。

而將林則徐流放到新疆的伊犁，同時命令老奸巨猾的官員與英國進行交涉，解決問題。

但是，英國軍隊從英國增派一萬名兵力，一舉迫近南京。

害怕南京被攻陷的清朝，只好在公元一八四二年，於逼近南京的英國船艦康華利號上，簽訂南京條約，幾乎全面接受了英國片面的要求。

支付沒收鴉片的費用和所有的軍費

南京條約是使中華帝國顏面盡失的屈辱條約。這股來自海洋彼方的新興勢力，使中華帝國和東亞世界陷入了動盪。

這個條約使清朝割讓香港、開放上海等五個港口、廢止公行、支付沒收鴉片的賠償金六百萬美金、賠償英國的軍費支出。隔年又追加條約，免除茶一律徵收五％的關稅（喪失關稅自主權）、承認領事裁判權、最惠國待遇等。公元一八四四年，美國、法國也和清朝締結相同的條約，清朝於是被納入了自由貿易圈。

●鴉片戰爭的經過

公元 1826 年 白銀開始從清朝流出
公元 1834 年 廢止英國東印度公司獨占中國貿易
鴉片走私激增
林則徐受封為欽差大臣，被派遣到廣東 公元 1839 年 3 月
沒收、處理二萬箱的鴉片 公元 1839 年 6 月
英國商務監督官以財產受到侵害為由，向本國求援
英國艦隊抵達廣東（鴉片戰爭開始） 公元 1840 年 6 月
英國艦隊北上，占領舟山群島的定海
公元 1840 年 8 月 英國艦隊進逼天津
林則徐被罷職 公元 1840 年 9 月 英國艦隊一度南下
增派軍隊
公元 1841 年 8 月 英國艦隊從廣東再度北上
公元 1842 年 5 月 占領上海
公元 1842 年 8 月 締結南京條約

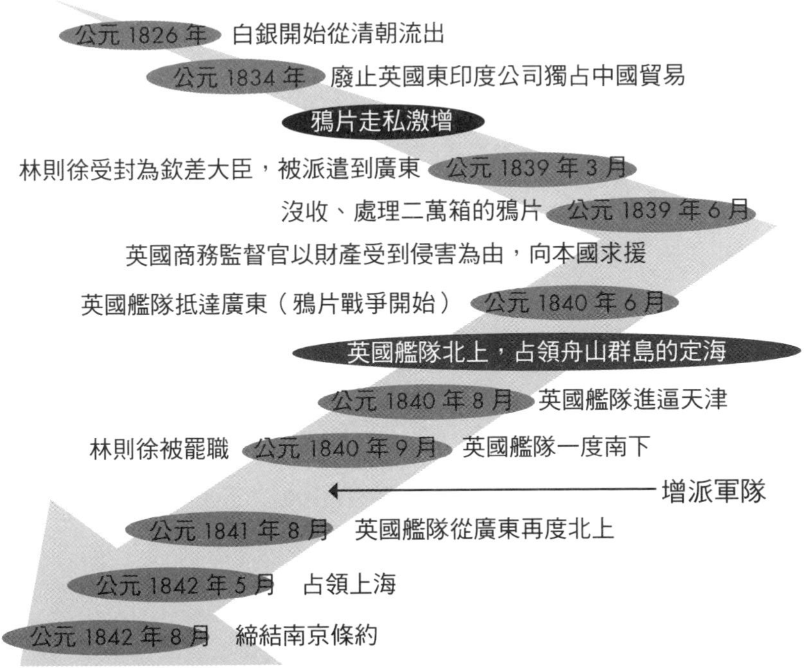

公元1851年～1864年　太平天國

提倡「滅清興漢」的洪秀全

太平天國之亂打擊已經因鴉片戰爭而疲弊的清朝，叛亂綿延十三年，更曾一時占領大半個清朝領土。

被分成兩半的清朝

鴉片戰爭之後，實質上獲得官方承認的鴉片輸入不斷增加，白銀的流出、銀價的上漲、農民的貧窮的問題惡化。而為了支付鴉片戰爭軍費、賠償金的增稅，也使得上述問題更加嚴重。此時，給予沒落清朝嚴重一擊的是，曾經一時占領清朝南部半邊江山的農民大叛亂——太平天國之亂。

自稱是基督的弟弟

公元一八一四年出生在廣東客家家庭（從北方遷徙而來）、排行老三的洪秀全，自幼就喜歡讀書，集一族的期待於一身，努力朝仕途邁進。但是，連續三次府試（每三年舉辦一次）落榜的洪秀全，因為太過灰心而得了熱病，就在這時他夢見自己來到了天國，見到老人（神、上帝）和哥哥耶穌基督，老人要他推翻清朝、鞭打孔子。

洪秀全在第二次參加考試時，曾在廣東取得新教徒的漢譯手冊《勸世良言》，這本書的內容出現在他的夢境裡。於是，在簽訂南京條約翌年的公元一八四三年，最後一次考試落榜的洪秀全，重新再次閱讀這本手冊，因而相信自己是身負上帝耶和華特別使命的人，是耶穌基督的弟弟，於是組織了基督教社團上帝會。

蓄髮、消滅清朝

公元一八五一年，洪秀全集結一萬到一萬五千名農民，在廣西省金田村打著「滅滿興漢（推翻滿州人的清朝，建立漢人的王朝）」的口號，起兵叛亂。以「聖庫」共同管理信徒所捐獻的財產，希望建立地上的天國，並以軍隊的方式組織農民。太平天國的軍隊進入長江中游，大量吸收貧窮的農民，勢力一舉成長超越了五十萬人。

協助英國傳教士莫里森翻譯聖經的漢人梁亞發所寫的手冊《勸世良言》，給了農民大叛亂的想法。

公元一八五三年，攻陷南京的太平天國，以此為首都，改稱天京。洪秀全為了實現財富平等、大家族的大同社會藍圖，公佈「天朝田畝」制度、制定接近太陽曆的「天曆」，提倡男女平等、禁止留辮等。

但是，洪秀全自己卻以兩江總都的豪華住宅為天王府，過著奢華的生活，讓很多美女在旁伺候。理想被遺忘，教義變成了空泛的原則。

漢人抬頭和西歐的軍事技術

已經衰弱的清朝正規軍（八旗）沒有能力鎮壓太平天國的軍隊，結果位在最前線、與太平天國直接對立的各地漢人所組織的義勇軍（鄉軍）成了戰鬥的主力。著名的有曾國藩的湘軍、李鴻章的淮軍，兩者之後成為近代軍閥的源流。

還有，擁有歐洲裝備、訓練的常勝軍（由歐美人指揮的中國義勇軍），其壓倒性優勢也引人注目。

公元一八六四年，湘軍攻陷天京，太平天國滅亡。而平定太平天國有功的漢人官員，也因此掌握了清朝的實權。

●太平天國的理想

口號 **滅滿興漢**
——推翻滿州人的清朝，建立漢人王朝

天朝田畝制度……以財富平均、大同社會為目標

- 農地公有……平均分配給16歲以上的男女
- 自給之外，多餘的穀物全部收歸國庫
- 婚喪喜慶的費用由公家負擔
- 鄉官制度……以25戶為單位，統一生產、信仰、軍事

撲滅邪教……排斥儒家學說

與列強對等外交和禁止鴉片貿易

廢止惡習……禁止纏足、辮髮、賭博、蓄妾、吸食鴉片

公元1856年～1860年　英法聯軍

被英國、法國、俄國蹂躪的清朝

清朝當時除了英法聯軍占領北京之外，還被迫割讓沿海州給俄國。

彼此競爭的英國和俄國

在克里米亞戰爭（公元一八五三年～一八五六年）敗給了英國的俄國，利用清朝衰弱，從北方開始侵略中國，積極軍事入侵黑龍江流域（阿穆爾河）。相對地，英國則是想從海上入侵，建立根基。

毫無理由的亞羅戰爭

鴉片戰爭之後，仍然無法進入大陸國家清朝市場的英國，一方面也為了對抗俄國，於是從太平天國之亂開始，更積極地入侵中國。

公元一八五六年，英國籍走私船亞羅號在廣州被逮捕之際，發生侮辱英國國旗的事件（亞羅號事件），在同年英國邀請有傳教士在廣西省被地方官兵所殺的法國，一起對清朝發動沒有道理的戰爭亞羅戰爭（公元一八五六年～一八六〇年）（譯註：亞羅戰爭包括第一、第二次英法聯軍，公元一八五六年這一次是第一次英法聯軍）。英法聯軍從廣州北上壓迫天津，於是，被逼得走投無路的清朝，在公元一八五八年與英、法締結了天津條約。

被英法聯軍占領的北京

總之，雖然締結了和約，但清朝內部卻針對是否與英法兩國建立平等外交關係而持續對立，最後由不承認兩國公使和皇帝之間持對等禮節的一方居上風。雖然已經承認失敗，不得不承認歐洲的外交方式，但中華意識卻阻礙了外交的進行。

公元一八五九年，英法兩國公使所搭乘的艦隊在天津遭到清朝攻擊，於是公元一八六〇年，二萬名的英法聯軍占領北京，迫使清朝屈服（譯註：即第二次英法聯軍）。當時，他們徹底掠奪了乾隆皇帝仿凡爾賽宮、投下巨資興建的圓明園，並且為了不留下證據而縱火燒毀。

首都被占領的清朝，公元

針對亞羅號事件的派兵，英國下議院議員雖然以二百六十三票對二十三票反對，但英國政府卻解散國會，重新選舉，將情勢逆轉通過表決出兵。

一八六〇年與英法締結北京條約，答應開放天津等十一個港口、允許苦力（勞工）出國、認可外國公使進駐北京、割讓香港對岸的九龍半島給英國。公元一八六一年，清朝設立相當於外交部的總理各國事務衙門，在制度上承認以歐洲國家為中心的民主國家秩序。中華帝國也從此被視為是「主權國家」之一。

從北方蠶食清朝的蘇俄帝國

當清朝苦於英法聯軍之際，欲利用黑龍江這條水路的俄國，卻企圖從西伯利亞一舉入侵中國東北方。公元一八五八年，俄國以武力威脅清朝駐守在黑龍江的地方官員，逼迫他簽訂割讓外興安嶺與黑龍江之間六十餘萬平方公里土地的瑷琿（在黑龍江中游）條約。公元一八六〇年，俄國公使更以居間協調英法兩國和清朝為由，要求清朝割讓烏蘇里江以東四十萬平方公里的土地。這是一個沿海的州，俄國不久在這個沿海州開設軍港海參威，宣示其「統治東方」的企圖。於是俄國變成了北方的新威脅。

●被納入民主國家秩序的清朝帝國

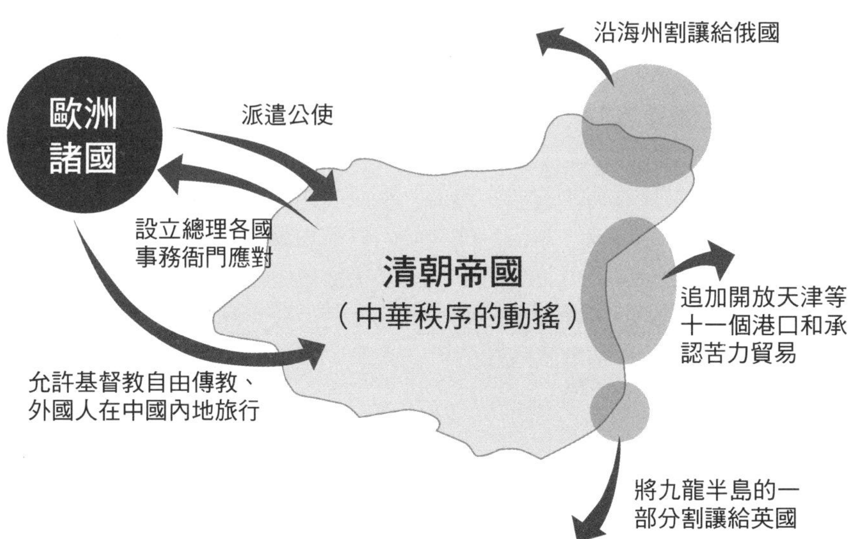

公元1860年～1894年 洋務運動

造就世界華人網的苦力貿易

取代奴隸的苦力散布在世界各地，最後形成擁有經濟力量的華人社會。

較為安定的三十年

公元一八六〇年之後的二、三十年間，是歐洲勢力進入東亞的小休止期。在這個時期，發生了俄國南下入侵鄂圖曼帝國，在巴爾幹半島上形成了對立局勢；德意志帝國成立，與英國之間因為入侵東方而產生新的對立；以及瓜分非洲等事件，使歐洲諸國的精力被分散了。

因苦力貿易而外流的中國勞工

公元十九世紀初禁止違反人道奴隸制度、奴隸貿易的英國，因為殖民地所經營的農場、礦山、鐵路建設所需要的廉價人力不足而苦惱，此時被注意到的是中國、印度低下階層的民眾。這種取代奴隸的廉價勞工，以微薄的代價、半帶欺騙的方式被輸出到外國的人力，英語叫做「Cooly」，中文音譯為「苦力」。

公元一八二〇年代，每年有六千到八千名的苦力被送到新加坡；公元一八四七年，祕魯有十二萬的苦力、古巴有十五萬的苦力。在美國，興建以太平洋岸為起點、橫貫美洲大陸鐵路的勞工，有八成也是中國的勞工。公元一八六〇年的北京條約，使以往非法的勞力輸出（苦力貿易）合法化。在公元二十世紀初，南非的金礦也有七萬多名的中國勞工在那裡工作。

以這種方式流出海外的中國人，戰勝嚴苛的環境、在世界各地扎根，尤其在東南亞形成了擁有巨大經濟力量的華人社會。但諷刺的是，這般以人群網絡所結合之巨大社會的形成，卻完全由英國人一手主導。

往後退的近代化

平定太平天國之後，清朝積極引進歐洲的軍事技術、軍隊編制等，

數量高達二千三百萬人的華僑、華人，有八十％集中在東南亞。

企圖重建帝國統治體制。由曾國藩、李鴻章等漢人官僚主導的引進西歐文明運動，史稱「洋務運動」。自從公元一八六二年，曾國藩在安慶設立軍械所、李鴻章在上海成立上海砲局以來，各地都設置了官營軍需工廠，並陸續開發礦山、修築鐵道、設置紡織工廠等。深感海軍軍力不足的李鴻章，還成立中國最早的近代海軍（北洋海軍），整建旅順、威海衛兩處軍港。

但是，就如所謂「中體西用（以中國的學問修身養心，以西歐的學問應對世事）」這句話，因為是保留傳統儒家官僚統治、王朝體制（中體），引進西歐技術（西用），所以在政治、社會等的改革並沒有進展，而形成僅止於表面上的改革。而且因為洋務官員將軍隊、工廠私有化，所以也產生出新的弊病。

而引進西歐技術，企圖恢復傳統中華秩序的嘗試，結果卻是浪費時間，徒勞無功。

●洋務運動主要的活動

公元1861年	成立總理各國事務衙門	六〇年代的軍事技術
公元1862年	在北京成立同文館（外語學校）	
公元1865年	李鴻章在上海成立江南機器製造局（兵工廠）	
公元1866年	左宗棠在福建福州成立福州船政局（製造軍艦）	
公元1870年	在上海和香港之間架設電線	七〇年代運輸、通訊、礦山
公元1872年	派遣三十名留學生前往美國	
	李鴻章在上海成立輪船招商局（中國最早的汽船公司）	
公元1882年	李鴻章成立上海機器織布局（紡織工廠）	八〇年代擴及一般的產業
公元1886年	張之洞成立廣州繅絲局	
公元1888年	組織北洋艦隊	
	舖設唐山—天津之間的鐵路	

公元1868年　明治維新

日本的開國和經濟危機

日本之所以與歐美各國締結不平等條約，完全來自於英法聯軍所造成的中華世界危機。

動搖的中華秩序和日本開國

從工業革命所產生的資本主義經濟制度，在提倡自由貿易的英國帶頭下，逐步吞噬了世界各地。東亞世界也在鴉片戰爭之後，急速被納入世界資本主義之下。

從公元十七世紀中葉以後，一直處於鎖國的日本，到了西元十九世紀中葉，也面臨不得不開國的抉擇。當公元一八五三年，美國人佩里率領四艘黑船來到浦賀，施壓強迫幕府開港時，日本國內輿論分為尊王攘夷和佐幕開國兩派，結果幕府翌年與美國簽訂和平條約，結束長達二百一十五年的鎖國而開國。

公元一八五八年，在美國來到下田赴任的駐日總領事哈里斯多達十數次的強力交涉下，幕府只好和美國簽訂內容為單方最惠國待遇、領事裁判權（治外法權）、無自主權關稅制度（之後輸出品一率課徵五％、輸入品一率課徵二十％）等的美日修好通商條約。其背景正是因亞羅戰爭（英法聯軍）而產生的中華秩序危機。

經濟危機和明治維新

隨著開國，日本貿易逐漸活絡。例如：公元一八六七年的貿易額，就已經達清朝的二成。當時日本的輸入品有棉織物、砂糖，尤其是廉價棉織品的輸入，嚴重打擊了日本的棉花農家、棉工業。

相反地，主要輸出品生絲、茶，卻迅速缺貨，價格上漲近十倍。還有在日本，金對銀的兌換比是三比一，但國際的兌換比卻是十五比一，所以如果帶著日本的金子出國，就可以交換五倍的白銀。結果造成很多的白銀流入日本，而大量的金子流出國外。束手無策的幕府雖然改鑄金幣，但卻引起通貨膨脹，從公元一八五七年到一八六七年，米價就高漲了九倍。

歷史筆記　日本，在東亞世界帶頭導入民主國家制度。

幕府無法解決眼前嚴重的事態，只好屈服於態度從尊王攘夷轉為討伐幕府的薩摩、長州藩勢力下，在公元一八六七年十二月進行大政奉還（譯註：是指將政權歸還給天皇。慶應三年〔公元一八六七年〕十月十四日，江戶幕府第十五代將軍德川慶喜表示願將政權歸還給朝廷。自鎌倉幕府以來，持續約七百年的武家政治也因此結束），成就了公元一八六八年的明治維新。

之後，在版籍奉還、廢藩置縣的政策下，設置了三府七十二縣，建立了以天皇為頂點的集權體制。

不確定的國境畫定

對近代國家（主權國家）而言，畫定領土是不可或缺的，但日本的南北國界卻不明確。北方與俄國的國界不確定，公元一八五五年，根據日俄友好條約，決定以擇捉島和得撫島之間做為兩國在千島群島的國界，而樺太則為兩國雜居地區。公元一八七五年，日本政府為了改善如此不穩定的情形，再與俄國締結樺太千島交換條約，終於畫定日本與俄國之間的國界。

此外，在南方，附屬於薩摩藩的琉球因為同時也對清朝朝貢，而有歸屬的問題，所以日本政府在公元一八七九年廢除琉球的藩王，設置沖繩縣，明示其為日本的領土。就這樣日本逐漸具備了近代國家的雛型。

●日本明治維新的主要動向

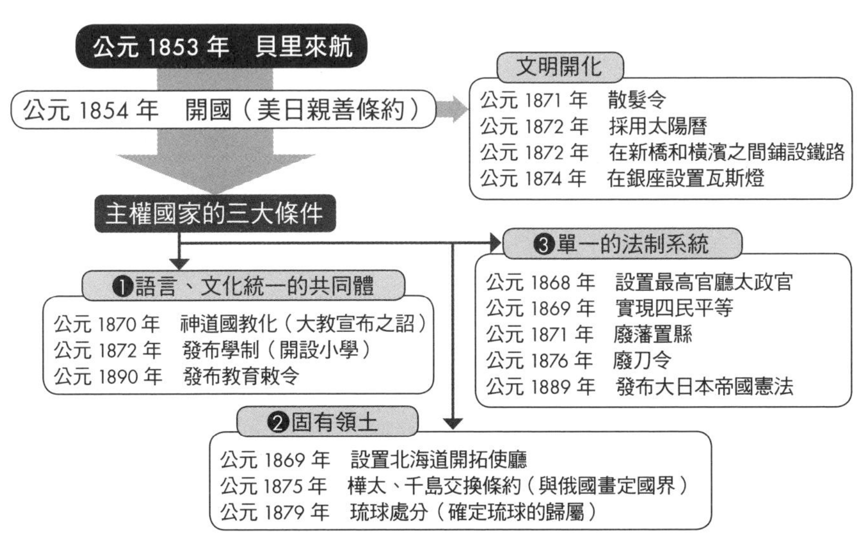

公元1884年～1885年　中法戰爭

脫離東亞世界的越南

因為法國入侵越南所引起的中法戰爭，使清朝放棄了對越南的宗主權。

歐洲勢力侵蝕中華世界

俄國在中亞伸展勢力。公元一八七一年新疆（東土耳其斯坦）回紇族（維吾爾族）的阿古柏·伯克叛亂，俄國便以維持國境秩序為由，占領伊犁地方。

在清朝不斷交涉下，清朝和俄國在公元一八八一年締結伊犁條約，由清朝支付五百萬兩的軍費、割讓七十萬平方公里的土地，請俄國撤兵，確保了新疆這塊領土。

英國在公元一八八六年，併吞附屬於清朝的緬甸，進入雲南、西藏。

法國在公元一八六〇年代，開始以武力入侵越南，公元一八六三年占領柬埔寨、公元一八六七年占領越南南部，到了西元一八七〇年代，也開始入侵越南北部。

太平天國殘黨活躍

對法國軍隊入侵深感棘手的越南阮朝，向游走在清朝與越南邊境山區的武裝勢力黑旗軍求援。由劉永福所率領的這支一千多人的軍隊，是活躍在廣西一帶的太平天國餘黨。戰鬥意志旺盛的黑旗軍，屢屢擊破法國軍隊。情報傳來，劉永福一躍而成清朝的英雄，宗主國清朝應該與法國作戰的輿論甚囂塵上。公元一八八三年，法國在越南東京地方增派陸、海軍，將整個越南變成自己的殖民地（順化條約）。

中法戰爭和放棄越南

法國要求清朝放棄對越南的宗主權、停止支援黑旗軍，但清朝拒絕了它的請求。法國軍隊於是攻打福建的港口福州，消滅福建海軍，占領台灣的基隆。清朝對法國宣戰，公元一八八三年底，中法戰爭爆發。到了公元一八八四年，清軍轉居上風，但擔心戰爭拖長而使

公元一八八六年，英國將緬甸合併入英屬印度的結果，斷絕了清朝和緬甸之間的朝貢關係。

國內情勢惡化、以及與日本的朝鮮半島之爭的李鴻章，卻迴避徹底作戰，在公元一八八五年與法國簽訂天津條約，放棄對越南的宗主權。

就這樣越南脫離了中華世界，以法屬印度支那的身分，被納入法國的統治之下。

●中法戰爭的法國進攻路線

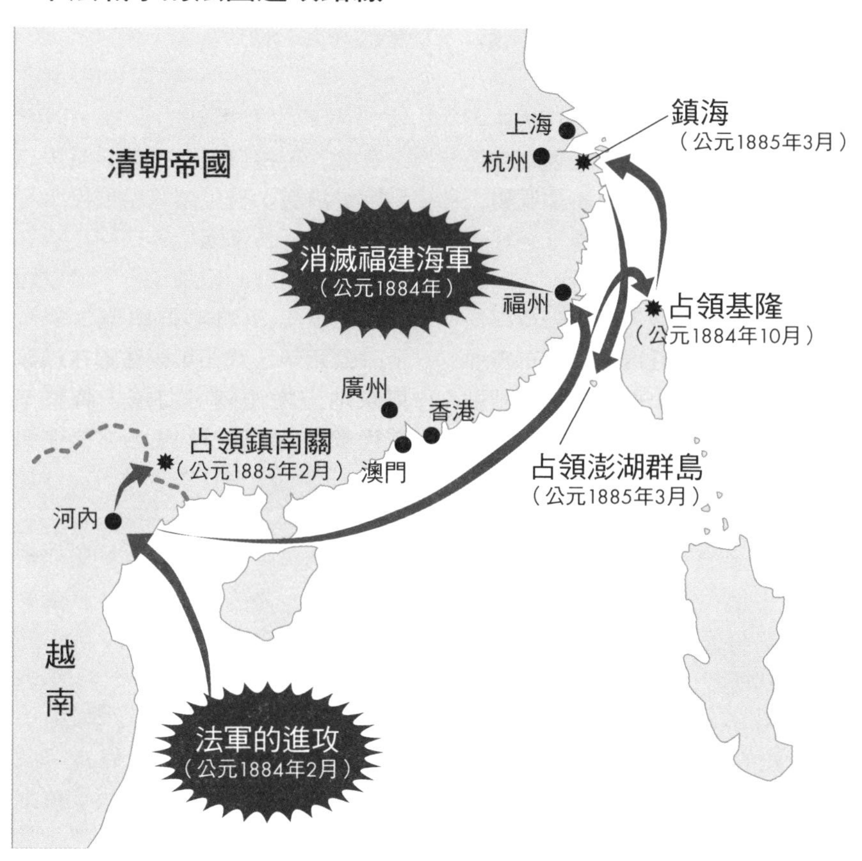

公元19世紀後半　朝鮮的開國和動盪

日本和清朝在朝鮮的對立

李氏朝鮮的獨立黨、事大黨之爭，使日本和清朝在朝鮮半島上的對立更形嚴重。

日本維持獨立的關鍵在於朝鮮半島

日本明治維新政府，以歐洲民主國家為範本，建立集權官僚體制、整備法律體系、重新編制對人民的統治、畫定領土、建立近代化軍隊等。

深具危機意識，害怕一有差池就會失去獨立的日本政府，一方面加強國內的體制，一方面也強烈關心自己與周遭國家之間的關係。而對日本而言，維持獨立的關鍵就在朝鮮半島。

朝鮮半島不只是長年來傳遞大陸諸文化、文明到日本群島的窗口，朝鮮諸王朝一直以來都認為自己被夷狄所包圍，因此努力於防禦而非侵略，而這也是日本得以展開獨立歷史的一大要因。江藤新平（譯註：公元一八三四年～一八七四年，幕末、明治初期的政治家）曾論述：「如果朝鮮被俄國統治，那覆巢之下將無完卵」。

因此，害怕俄國從中國東北地方南下朝鮮半島的日本，西元一八七五年擅自派遣軍艦「雲揚」到朝鮮沿海，稱說要補給飲用水，當軍艦接近首都漢城入口的江華島時，遭到朝鮮的砲擊。日本便以此為理由，以軍事壓迫朝鮮，公元一八七六年，就如美國強迫自己簽訂條約一般，日本強迫朝鮮簽訂不平等條約，要朝鮮承認日本人在朝鮮的居留地使用日本貨幣、免關稅輸出入貨物等，並要求開放釜山等二港。還有，日本要求李朝脫離清朝的冊封，條約裡記載說：「朝鮮國是自主的國家」。

搖擺於傳統和近代化的李朝

日本藉輸出英國製綿布至朝鮮、採購朝鮮米等，積極與朝鮮進行經濟活動，而清朝也企圖維持其對朝鮮的影響力。因此，贊成與清

歷史筆記　公元一八八五年，中日兩國簽訂同時從朝鮮撤軍、以及再出兵之際要事先告知對方的天津條約。

朝維持舊有關係的事大黨，與主張仰賴日本建立獨立國家的獨立黨之間的權力鬥爭，使日本與清朝針對朝鮮問題的對立增強。

公元一八八四年，因為中法戰爭，清朝不得不將勢力撤出朝鮮。而模仿明治維新，想推動朝鮮國內改革的激進改革派（獨立黨）金玉均，在日本答應支援的密約下發動政變（甲申政變），但後來因為清朝介入而失敗，日本統治階層於是了解，如果不與清朝一戰，是無法擁有對朝鮮的主導權。

兩個近代艦隊

清朝為建立近代艦隊投下巨資，在公元一八八八年，以自德國購買的兩艘世界級最大軍艦為中心，建立總計五十艘共約五萬噸船艦所構成的近代艦隊。但清朝為了祝賀在宮廷中擁有實力的慈禧太后六十歲大壽，從公元一八八四年開始的十年間，提撥一半的海軍軍費興建了頤和園。在這段期間裡，日本海軍則努力購買、建造軍艦，建立總計五十五艘，約六萬噸的艦隊，超過清朝的艦隊。尤其是一百五十五門的高射砲，其發射速度約清朝的五倍。

●日本和歐美列強、清朝、李朝的關係

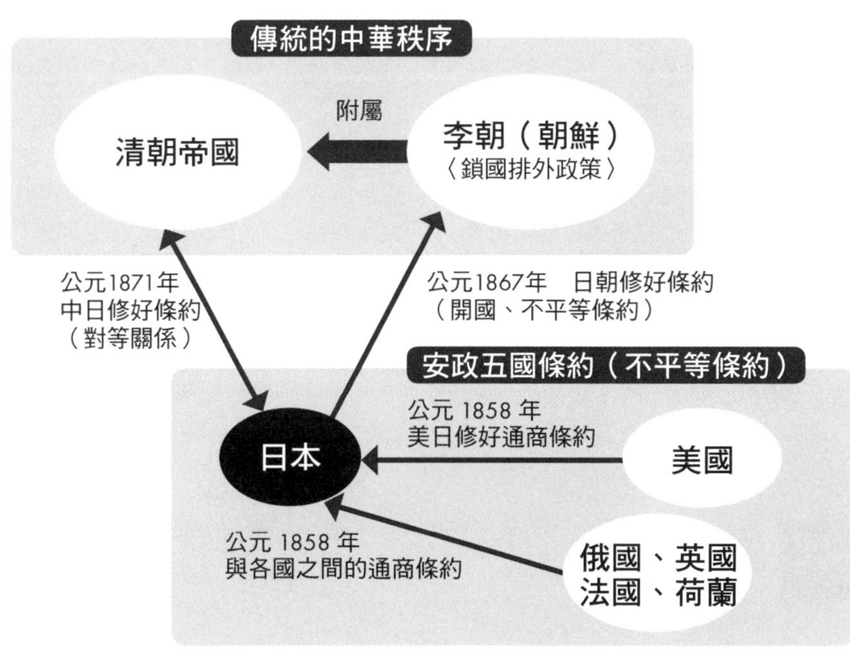

公元1894年～1895年　中日甲午戰爭

瓦解中華世界的日本

中日甲午戰爭的結果，清朝失去了屬國朝鮮，還被迫割讓遼東半島、台灣等地。

朝鮮農民叛亂引發中日戰爭

公元一八九四年，朝鮮南部全羅道發生抗議腐敗官員的農民叛亂（甲午農民戰爭、也稱東學黨之亂），李朝要求清朝出兵援救。見到清朝應允出兵的日本，也立刻派出更多的軍隊。結果，李朝與叛亂方締結合約，日本提案與清朝共同改革李朝內政，但遭到拒絕，日本於是出兵突擊清朝，引發中日甲午戰爭。

睡獅悲慘的失敗

因為日本判斷不得不開戰，以海、陸軍奇襲清軍，引發了中日甲午戰爭。在陸上的平壤之戰，日本軍大破清軍，於公元一八九五年之前，占領了遼東半島上的旅順、大連，與山東半島上的軍港威海衛（北洋艦隊的基地）。在海上，長達五小時的黃海之戰，日本的高速艦擊毀北洋艦隊已經老朽的巨型軍艦，清軍的北洋艦隊喪失了五艘軍艦。期間還發生北洋艦隊旗艦定遠號的主砲，在開砲的瞬間，艦橋崩落，提督丁汝昌受傷，無法再指揮戰鬥的事件。最後固守在威海衛的北洋艦隊受到來自海、陸的攻擊而全部被消滅。

在這樣的狀況下，當日軍顯示出要入侵天津、北京的意圖時，清朝再也無法忍受於是答應議和。

使東亞劇變的馬關條約

公元一八九五年，中日兩國簽訂了馬關條約。其主要的內容是：承認朝鮮獨立、割讓遼東半島、台灣、澎湖群島給日本、支付相當於清朝國庫二．五年分收入的二億兩賠償金給日本、開放重慶等五個港口、承認日本在開港港口的工廠設置權等。

這個條約結果不但使清朝喪失最後的屬國朝鮮，還放棄了台灣、遼

歷史筆記　馬關（下關）條約的第一條，規定朝鮮「是完美無缺的獨立自主國」，確實脫離了中華帝國的秩序。

東半島等固有領土。以清朝帝國為中心的中華秩序，被早一步引進歐洲制度的日本從東亞世界內部破壞。

建立近代化根基的日本

在被清朝拋棄的台灣，過去活躍於越南的黑旗軍將領劉永福宣示脫離清朝獨立，但因為敵不過日本的占領軍，於是台灣成了日本的殖民地。

遼東半島因為連接東北地方、朝鮮半島、中國本土的戰略要地，所以俄國找來德國、法國進行所謂的三國干涉，最後由清朝花費三千萬兩向日本買回。日本則利用從清朝獲得的龐大賠償金，確立了金本位制，建設官營八幡製鐵所等，穩固了工業化的根基。

● 中日甲午戰爭的日軍進攻

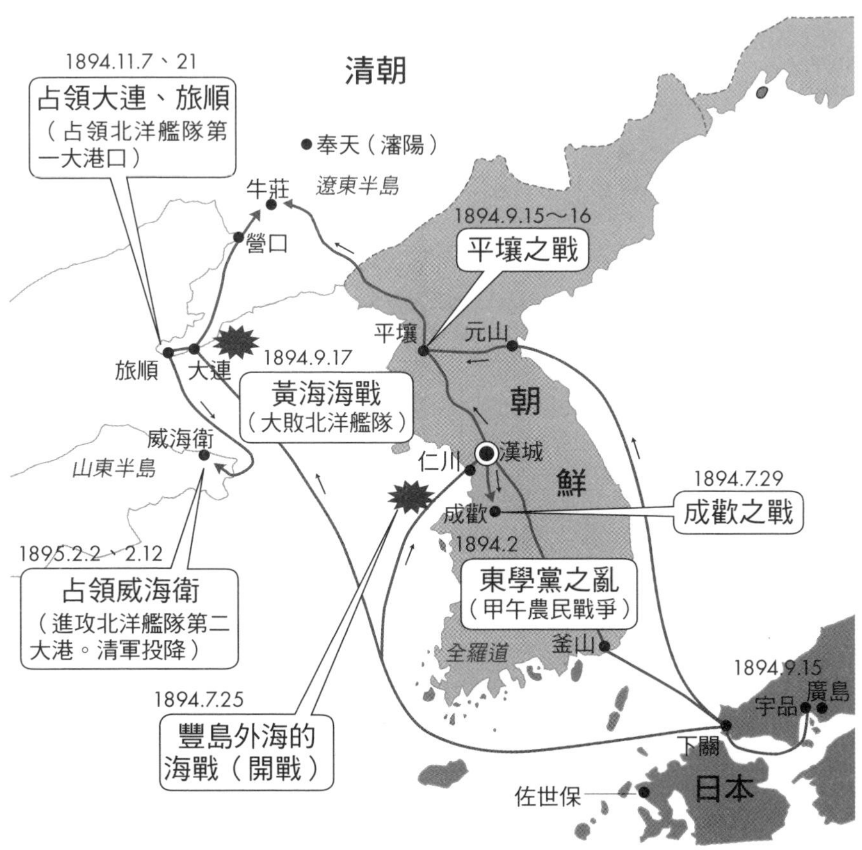

專欄

鴉片戰爭背後的紅茶問題

紅茶是公元十八世紀到十九世紀的歐洲代表性的嗜好品。當時，世界唯一的茶葉輸出國是中國。在中國，一般民眾喜歡飲用將茶葉發酵一定期間，然後在中途停止發酵的烏龍茶。紅茶因為是完全發酵的茶葉，所以在中國被歸為低級的茶。

公元一七六〇年代以後，英國發生工業革命，於是勞工所喝的廉價飲料紅茶需求量急速增加。為財政困難所苦的英國政府注意到紅茶需求量的增加，於是課以二〇〇%的重稅。

美國獨立戰爭爆發後，財政更形惡化的英國購買紅茶所需的銀元不足，於是不得不思考新的方法。到了公元一七八四年，穀物價格急速上漲，大眾飲料的淡啤酒價格隨之上漲，於是英國政府不得不廢除茶稅，讓紅茶成為一般的大眾飲料。但是，公元一七八一年到一七九〇年，英國的輸出總額才僅有茶輸入額的六分之一。因此，為了獲得白銀，英國東印度公司在孟加拉地方栽培罌粟，製造鴉片，公元一七八一年以後，開始對清朝走私鴉片。

自由主義的風潮盛行，在東印度公司獨占清朝貿易被撤除的公元一八三〇年代，很多的英國商人為了賺取暴利而從事鴉片貿易，於是造成大量的銀元從清朝流出。結果造成了中國白銀價格急速上漲、賣出穀物換取銀兩納稅的農民生活急速惡化。公元一八三〇年代中葉，日常吸食鴉片的人數超過二百萬人，演變成清朝政府無法再坐視不管的大問題。

這就是引發鴉片戰爭的背景。

第8章

民族主義的興起

從帝國的衰亡到民族主義的高漲

⊙東亞世界民族主義高漲

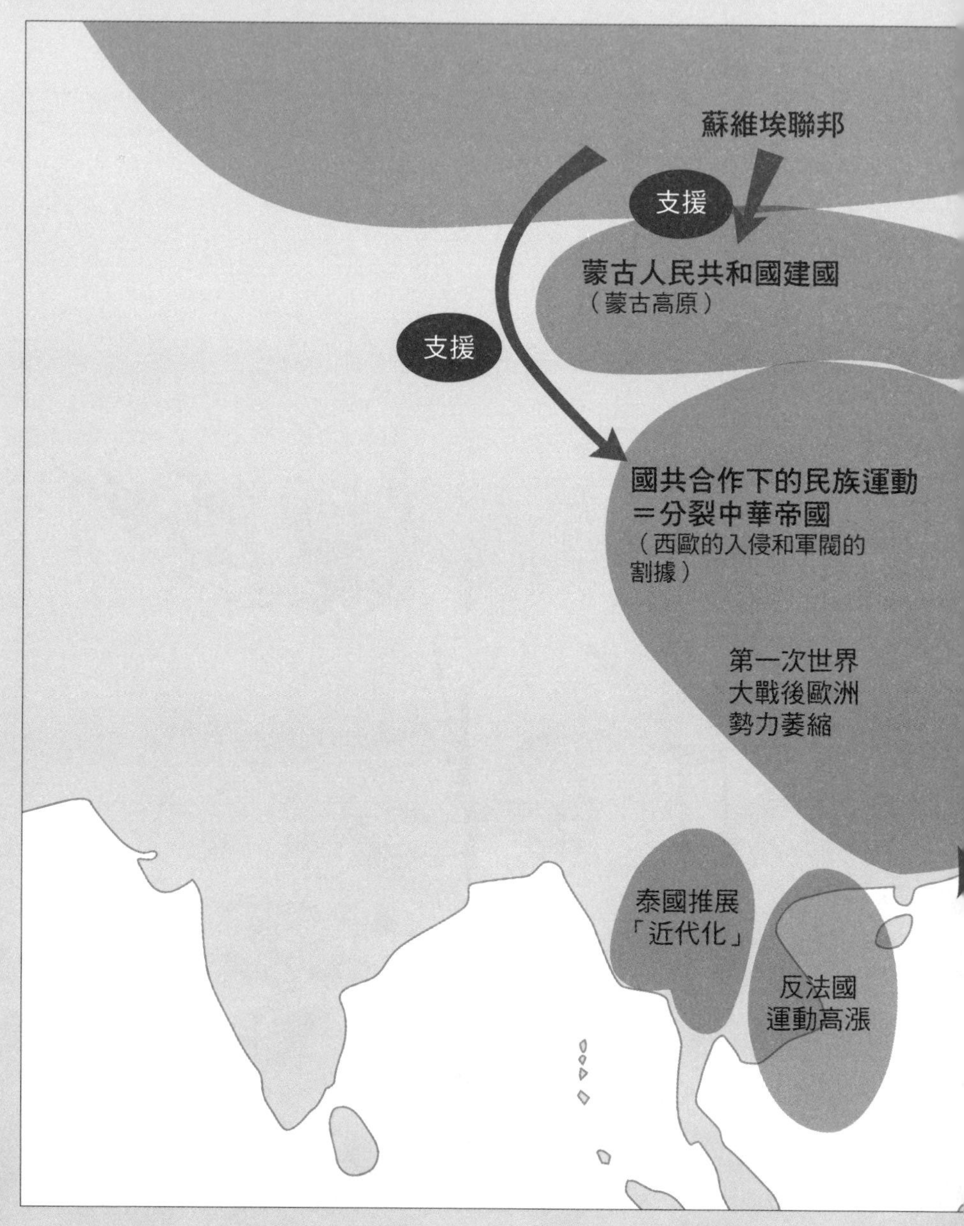

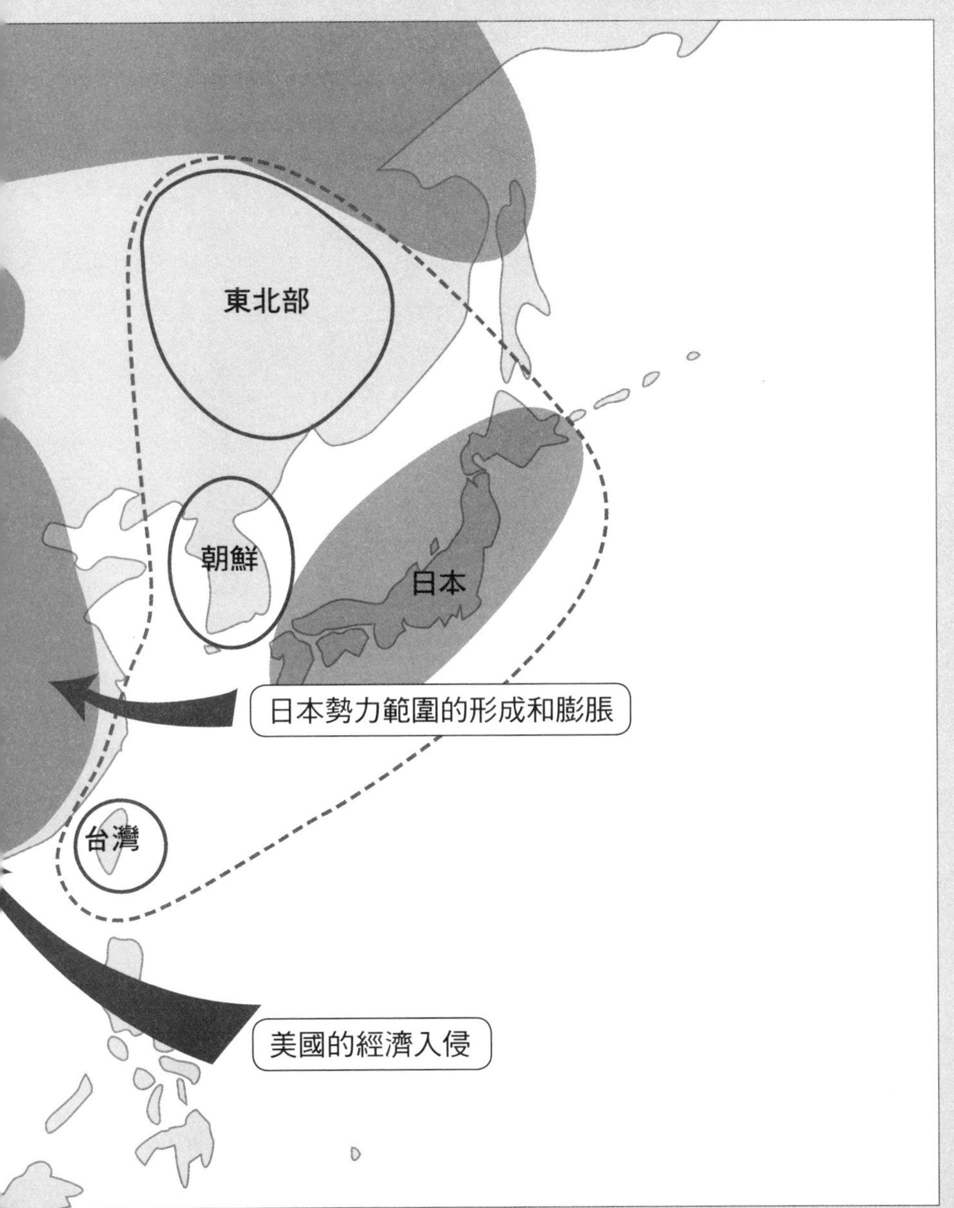
東北部
朝鮮
日本
台灣
日本勢力範圍的形成和膨脹
美國的經濟入侵

【苦於列強入侵的清朝】

中日甲午戰爭後，列強更加快瓜分中國的速度，但這也使漢人的民族意識高漲。不過，康有為等人模仿日本，導入憲政體制，希望改革官制、兵制、學制的戊戌變法，卻因為遭到慈禧太后等頑固派的反對而失敗。

公元一九〇〇年，當源自山東一帶的義和團排外運動擴大到北京時，清朝政府視他們為義民，於是更加強了排外運動。結果，使得英、美、法、俄、日、德、澳、義八國，以公使在官街遭到攻擊為由，發動軍隊攻打清朝，迫使清朝投降談和、接受支付龐大賠償金和允許外國軍隊駐留的條件。而俄國則趁此事件率軍南下東北地方，使其與日本在朝鮮半島上的對立更為激烈。

【情勢緊張的黃海和日俄戰爭】

俄國的南下使日、俄對立更加激烈，公元一九〇四年，在清朝領土內爆發了日俄戰爭。但適值俄國國內發生革命運動，所以日本雖然戰得辛苦，仍獲得了最後勝利。戰勝的日本，將朝鮮半島納入自己的勢力範圍，並獲得東北地方南部的鐵路鋪設權。日本的勝利，振奮了中國人，也強化了中國的民族運動。

公元1898年	公元1900年	公元1904年	公元1911年	公元1915年
戊戌變法失敗	義和團事件（北清事變、～公元1901年）	日俄戰爭（～公元1905年）	辛亥革命 ◆中華民國成立 公元1912年	陳獨秀發行《青年雜誌》 日本提出「二十一個條件」

【從辛亥革命到軍閥混戰】

公元一九一一年，當清朝發出「鐵路國有化命令」時，引起廣大的反對運動，革命派軍隊在武昌發起暴動。有十五個省趁此機會宣布獨立，公元一九一二年，以孫文為臨時大總統的中華民國臨時政府成立。同年，北洋軍閥袁世凱，以自己擔任總統一職為條件，使清朝帝國瓦解。之後，袁世凱雖然強化了獨裁政權，但在他於公元一九一六年去世之後，卻形成了軍閥混戰的局面。

【民族主義和革命】

第一次世界大戰後，以國民革命為形式的民族主義高漲。歷經五四運動、國民黨和共產黨的建黨、國共合作、北伐，公元一九二八年，國民黨統一中國。但在這個過程裡，受到打壓的共產黨，則企圖從農村建立革命政權。

此時，因世界經濟恐慌而面臨國民經濟瓦解的日本，發動了滿州事變。而在中國的共產黨開始「長征」，途中對日本的侵略高呼「一致抗日」，並且獲得民眾的支持，中國也再度朝向民族團結。

公元1916年
（～公元1928年）
軍閥政權割據

公元1919年
三一運動（朝鮮）
五四運動（中國）

公元1928年
完成北伐（公元1926年～）
◆國民黨打倒各軍閥
完成統一

公元1931年
滿州事變（～公元1932年）
◆柳條湖事件開啟爭端

公元1934年
（～公元1936年）
紅軍的長征（大西遷）

公元1895年～1899年　列強入侵中國

遭四分五裂的清朝

看到清朝衰弱的模樣，歐美列強積極奪取租借地、畫定勢力範圍，急速地瓜分中國。

巨額賠款招來危機

中日甲午戰爭的巨額賠款，讓清朝財政陷入了危機。不得已只好從公元一八九五年開始，以三年的關稅、鹽稅、國內流通稅做擔保，向俄國─法國銀行借貸一億兩、英國─德意志銀行借貸二億七百萬兩的銀子。還有，根據最惠國待遇，日本在馬關條約上所獲得的港口工廠設置權，其他列強同樣也適用，於是歐美企業在中國的投資有了飛躍性的成長。到了二十世紀初，投資額已經高達中日甲午戰爭當時的三十倍。

被啃食殆盡的帝國

中日甲午戰爭暴露出清朝的衰弱後，歐美諸列強紛紛積極取得租借地、畫定勢力範圍、取得鐵路鋪設權和礦山開發權等，加速瓜分中國。諸列強不只將中國當做商品市場，也將中國視為「投資市場」；不僅借款給清朝，法國、俄國、美國等國，更在中國開設銀行。

公元一八九六年，俄國在黑龍江省、吉林省取得了東清鐵路的鋪設權。因為俄、德、法三國干涉，使日本歸還遼東半島的代價，讓俄國取得了旅順、大連的租借權、東清鐵路到大連支線的鋪設權和管理權，將東北地方納入了自己的勢力範圍。

德國因為德國傳教士被殺害的事件，在公元一八九八年租借了山東半島的膠州灣、取得了兩條鐵路的鋪設權、鐵路沿線礦山的開採權，將山東畫入自己的勢力範圍。

英國雖然已經將長江流域納入自己的勢力範圍，但還是租借威海衛、九龍半島，以對抗俄國和法國的勢力，確保自己的勢力範圍。

法國則租借廣州灣，取得越南到雲南昆明的鐵路鋪設權，更要求清朝不可以將雲南、廣東、廣西割

馬關條約第七條，允許日本在開放的港口設置工廠，這讓列強的投資有了法律上的保障。

讓給其他國家，將這三省納入自己的勢力範圍。

而日本除了取得台灣之外，也將福建納入自己的勢力範圍。

晚一步的美國

公元一八九八年美國和西班牙爆發美西戰爭，歷經四個月爭戰最後獲得勝利的美國，在取得菲律賓後，終於來到了清朝，比其他國家晚了一步。因此，國務卿海約翰在公元一八九九年表示，願意承認列強的勢力範圍、已經取得的特權，但要求根據門戶開放、機會均等、中國領土完整三原則，要求諸列強也要將勢力範圍、租借地開放給美國。當英國表示願意接受時，其他列強也隨之跟進，於是各國停止瓜分中國，積極致力於經濟競爭。（譯註：即中國門戶開放政策）

而經濟侵略的動脈是鐵路。到公元一八九八年底，歐洲各國所獲得的鐵路鋪設權，已經有一萬三千多公里。

●中日甲午戰爭後遭列強瓜分的中國

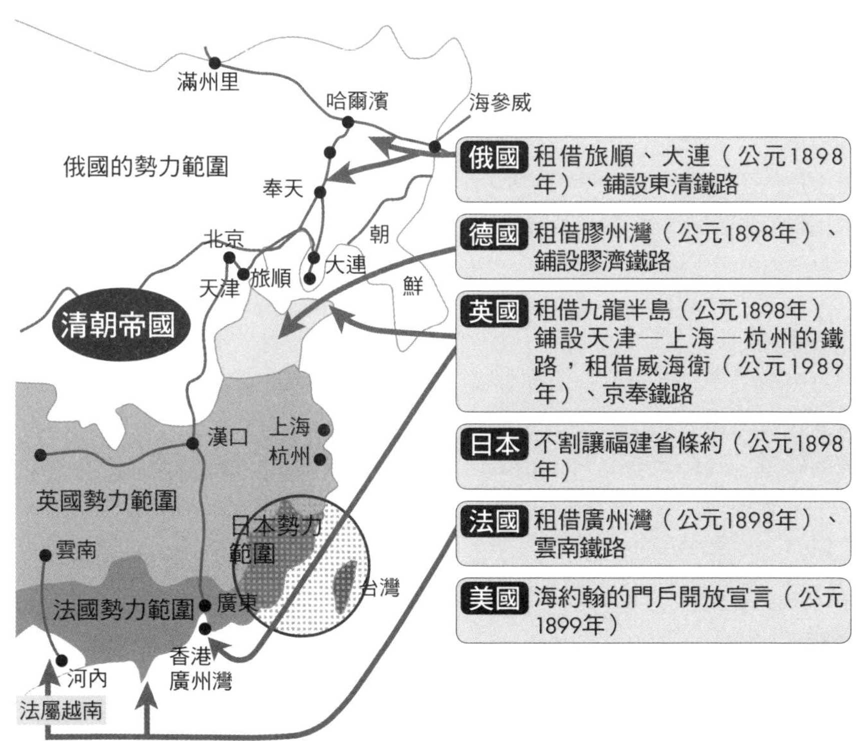

公元1898年 戊戌變法

摧毀改革氣勢的慈禧太后

垂簾聽政的慈禧太后，幽禁進行政治改革的光緒皇帝，刑處改革派。

需要像日本一樣的政治改革

中日甲午戰爭失敗而導致中華秩序瓦解這件事，帶給年輕官僚極大的打擊。當馬關條約簽訂的消息傳到北京時，主張模仿日本明治維新，圖謀富國強兵的康有為，呼籲當時一千二百位參加科舉考試的考生們拒絕承認該條約，並提出要求政治改革的請願書（公車上書），要求維護中華帝國的顏面。

成為體制面政治改革運動領導者的康有為，著有《孔子改制考》一書，強調孔子是根據古代聖人學說而實現政治改革的改革者，以此做為自己革新政治之正統性的根據。

百日維新

公元一八九八年，年輕的光緒皇帝接受康有為挽救中華帝國危機的建言，在同年的六月一日提出「明定國是詔」，開始政治改革（變法）。光緒皇帝拔擢康有為、梁啟超、譚嗣同等人，從事科舉的改革、建立近代學校、建立新式陸軍、振興工商業和農業，但因為官僚階級的抵抗，而無法呈現效果。

害怕改革會損及自己既得利益的頑固守舊派，以慈禧太后為中心，企圖反撲。慈禧太后任命自己的心腹部下榮祿為軍機大臣，加強鎮壓的準備。對此深感危機的譚嗣同，便請求被視為是改革派的新建陸軍（中日甲午戰爭後模仿德國所編制建立的陸軍）領導者袁世凱出兵。

但是，袁世凱卻將這個情報洩漏給榮祿。九月二十一日，慈禧太后幽禁光緒皇帝，刑處六名變法的指導者（戊戌政變），僅百餘日的改革自此失敗（百日維新），康有為和梁啟超亡命日本。

使危機增加的慈禧太后

出身自滿洲人地方官吏之女的慈禧太后，進入咸豐皇帝後宮後，

歷史筆記

康有為在《日本明治變政考》裡論述：日本強大的理由，是因為引進了歐洲文明，如果學習日本，十年就可以讓中國強大。

因為生下男孩而被封為貴妃。當年僅五歲的兒子登基成為皇帝時，二十六歲的她被尊稱為「太后（通稱慈禧太后、西太后）」，與咸豐皇帝的皇后（通稱東太后）一起負責朝政（垂簾聽政）。「同治」這個年號，就是兩位女性共治的意思。之後，西太后架空東太后，穩固獨裁體制。公元一八七五年，沒有子嗣的同治皇帝突然病死後，她便收自己妹妹四歲的兒子為咸豐皇帝的兒子（光緒皇帝），自己以乾娘的身分繼續執掌朝政。

慈禧太后很有人事的才能，她運用權謀技術巧妙地平衡頑固派和洋務派雙方，以獨裁者的身分，掌權長達四十七年。

●慈禧太后和清朝帝國衰退的時代

年代	年份	慈禧太后
1840 年	1835	滿族人。姓葉赫那拉
1850 年	1852（17 歲）	進入咸豐皇帝的後宮
	1856（21 歲）	產下男孩（之後的同治皇帝）
1860 年	1861（26 歲）	咸豐皇帝去世。同治皇帝六歲即位。與咸豐皇帝的弟弟奕訢共謀，和東太后一起執掌政務（垂簾聽政）
1870 年	1873（38 歲）	同治皇帝開始親政
	1874（39 歲）	同治皇帝去世。妹妹的兒子光緒皇帝四歲即位。再度垂簾聽政
1880 年	1881（46 歲）	東太后去世（傳說被毒殺）
	1884（49 歲）	奕訢下台。掌握政治上的獨裁權
1890 年	1889（54 歲）	光緒皇帝開始親政。雖然隱居頤和園，但仍舊掌握實權
1900 年	1898（63 歲）	率領頑固派、守舊派發動政變。鎮壓變法派，幽禁光緒皇帝
	1908（73 歲）	宣統皇帝（溥儀）即位後去世

主要事件	
1840→1842	鴉片戰爭
1851→1864	太平天國之亂
1856	亞羅戰爭（英法聯軍）
1860→	洋務運動
1894→1895	中日甲午戰爭
1898	戊戌變法
1900→1901	義和團事件

公元1900年～1901年　義和團事件

引發列強侵略的青年正義感

因為高舉「扶清滅洋」口號的義和團包圍公使館街，北京被八國聯軍所占領。

用氣功抵擋子彈

公元一八九七年以降，在德國人積極入侵的山東地方，民眾反抗英國教會強迫信教的抗爭運動日益增多，而反抗運動的中心是名叫義和拳的結社。他們相信只要以拳術和氣功（體育的一種）鍛鍊身體，就可以練就一身刀槍不入的好功夫。

不斷與為了保護教會的德國軍隊發生小衝突的義和團活動，到了公元一八九九年，擴大變成了高舉「扶清滅洋」口號的排外運動，當時擔任山東巡撫的袁世凱於是出兵鎮壓他們。

我才是超人

到了公元一九〇〇年，義和團一邊沿路破壞鐵路、電線等，一邊北上占領天津、北京。在成員大部分是十幾歲年輕人的義和團裡，大家都相信自己有《三國演義》、《西遊記》等書中人物的神明、超人附身。高喊「改造社會」的他們，北上占領了北京。六月德國公使在街上被殺害，義和團包圍公使館街。對此，德國、英國、俄國、法國、美國、日本、奧匈帝國、義大利八國派出共約五萬名的聯合軍隊，並想讓光緒皇帝復辟，這使得慈禧太后大為震怒，因而對八國聯軍宣戰。

被掠奪的北京和日俄對立

利用近代武器占領北京的聯軍，進入紫禁城進行大規模掠奪，很多文物就這樣被帶到了外國。聯軍約有三分之二是日本軍，他們與害怕俄國勢力入侵的英國、美國結盟。另一方面，俄國則以鎮壓義和團為藉口，派遣十多萬軍隊南下中國，占領哈爾濱、吉林、奉天（現在的瀋陽）等重要地點，將大部分的東北地方納入自己的勢力範圍。英國為了阻擋俄國南下，在西元

北京議和書（辛丑條約）的賠償金，相當於當時清朝國家三年的歲收，清朝向外國借貸了巨額的金錢來賠償。

一九〇二年與日本結成英日同盟，打算利用日本的力量。

外國軍隊駐守首都

公元一九〇一年，列強與清朝簽訂北京議和書（辛丑條約）。結果清朝必須支付四億五千萬兩的賠償金、將關稅與鹽稅等開放給外國人管理，並且，也允許列強軍隊屯駐在天津、北京和山海關。

清朝的腐敗自此曝了光，已不可能再維持現狀。

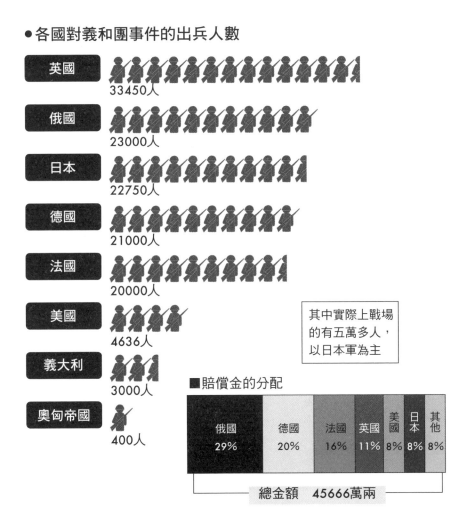

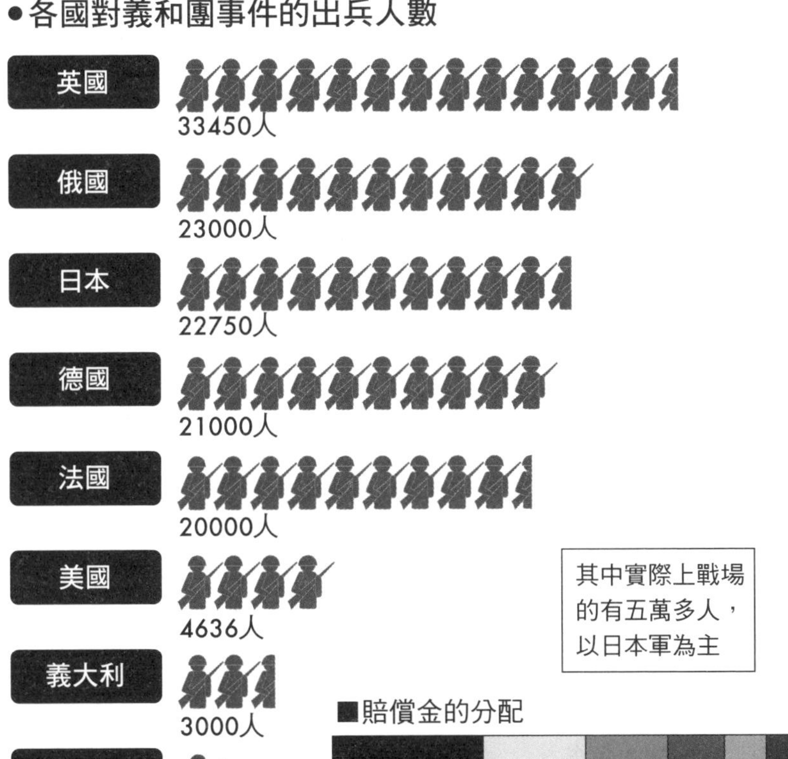

公元1901年～1908年　清朝的新政

遠渡重洋的日本教師和中國留學生

在體制大幅動搖的清朝，喊出了「教育救國」，使得前往日本的留學生、以及來自日本的「受僱外國人」增加。

被分裂的中國

歐美資本的急速流入，讓中國的經濟產生了巨大變化。列強在中國的投資，從中日甲午戰爭前的兩、三億美金，激增到公元一九一四年的二十二億六千萬美金，有十六個都市設置了租界、八十二個都市、港口開放給了列強。為了支付義和團事件的巨額賠償金，清朝將鹽稅、關稅等的徵收權讓給了列強，喪失了經濟上的自主性，清朝變成了幫襯列強經濟侵略的「洋人朝廷」。

體制已經撐不下去了

親眼看到日本和西歐列強軍事優勢的慈禧太后，在義和團事件最嚴重的公元一九〇一年一月，為了「擷取外國長處，謀求富強」，命令政府高官提出意見，開始實施新政，轉向一度被壓制的「變法」。

十一月李鴻章去世，由袁世凱接手進行行政改革。公元一九〇二年，慈禧太后從西安回到北京，當時她搭乘了京漢鐵路（譯註：當初慈禧太后反對變法維新，默許義和團殺害洋人、破壞鐵路、電線等行為，但在八國聯軍之後，因內外壓力，她改傾向變法的一方，由她搭乘京漢鐵路的舉動，可以窺知一二）。公元一九〇二年以降，為了重振動搖不已的清朝，政府建設了三十六個師團的新軍、新設商部（商工業省）、獎勵實業、設置學部（教育部）、改革教育，公布學制與設立學校、派遣大量的留學生到日本、廢止科舉考試等。

渡海而來的日本教師們

在清朝，教育救國的聲浪高漲，希望模仿日本的近代教育制度，建立新式的學校。結果，到了公元一九〇八年，新設了約四萬八千所的學校、約有一百三十萬名的學生和六萬三千五百名的教師。

公元一八九六年，被派遣到日本的十三名留學生，因為無法適應日本生活，很快地又回到了中國。但留學日本的風潮卻與日俄戰爭同時到來。

急速地創設學校，使教師人數嚴重不足，於是有很多日本人以僱傭外國人的身分受僱於清朝，負責培養教師。

為了學習被翻譯成接近中文之日文的西歐思想、學制等，到日本的留學生也激增了。公元一九〇一年僅有二百八十人的留日學生，到公元一九〇五年增加為約八千人，再到公元一九〇六年則大幅增加到將近一萬八千人。

企圖建立主權國家

公元一九〇六年，清朝答應模仿日俄戰爭勝利的日本，實施憲政。這一年，慈禧太后讓年僅兩歲的溥儀登基，由光緒皇帝的弟弟醇親王載灃擔任攝政王。到了公元一九〇八年，宣布模仿日本明治憲法的憲法大綱，並在各省設置諮議局（地方議會），希望以日本為藍本，建立主權國家，但在這一年底，光緒皇帝突然去世，隔天慈禧太后也跟著去世了。

●到日本的中國留學生激增

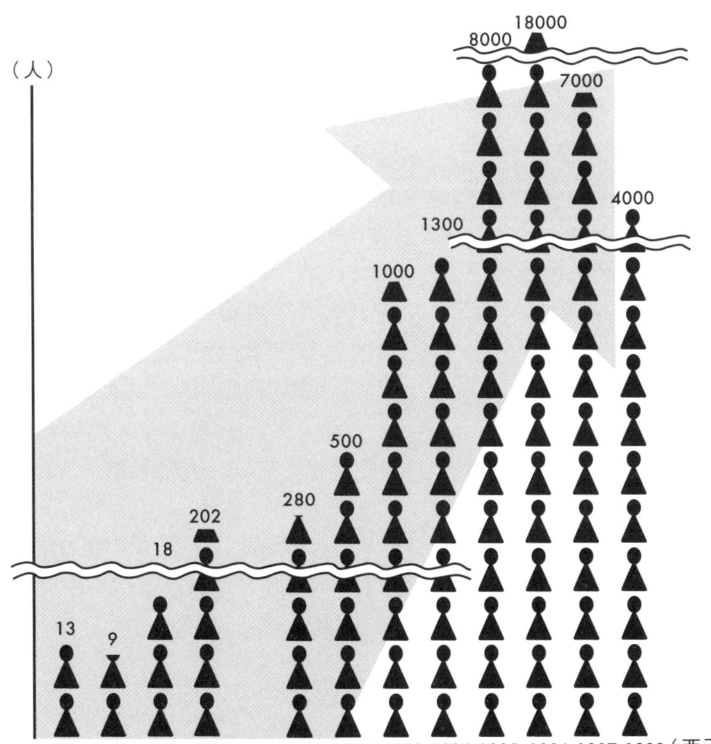

公元1904年～1905年　日俄戰爭

黃海和朝鮮半島的緊張升高

日本害怕逐步穩固勢力的俄國壯大，於是偷襲旅順港，引發日俄戰爭。

情勢緊張的黃海和朝鮮半島

利用義和團事件，俄國實質上占領了東北地方。公元一八九八年，在俄國租借旅順、大連，英國租借了威海衛之下，使得黃海海域、朝鮮半島的緊張關係更形增強。由於俄國在西伯利亞興建鐵路、完成東清鐵路、在旅順設置總督府等，逐漸穩固自己的勢力，使對此深感威脅的日本在公元一九〇二年，與想要保護自己勢力範圍的英國締結英日同盟。另一方面，在朝鮮，李朝的閔妃則企圖獲得俄國的支持，脫離日本獨立，但日本公使卻在公元一八九五年暗殺閔妃（閔妃暗殺事件），保住日本在李朝的勢力。

花費龐大軍費的日俄戰爭

在緊張關係日益增強中，日本認為一旦俄國完成了西伯利亞鐵路，就不可能戰勝俄國，只能坐視俄國南下，於是在公元一九〇四年二月，日本為了確保軍備補給線，出兵突襲攻擊旅順港，引發日俄戰爭。

開戰後的公元一九〇四年四月，英國與法國締結英法協商，日本事先說服與俄國締結法俄同盟的法國不要加入戰爭。因為根據英日同盟，當日本與超過一個以上的國家作戰時，英國一定要協助日本，但如果英國與法國、俄國同時爭戰的話，急速抬頭的德國就會因此漁翁得利。

這場戰爭後來變成浪費龐大兵力和彈藥的總力戰，讓經濟基礎脆弱的日俄兩國苦於軍費的籌措。日本十七億的軍費中，有十三億仰賴國債，其中有七億從倫敦、紐約舉債，百般艱辛地維持這場戰事。

另一方面，在俄國，由於糧食嚴重不足，公元一九〇五年一月，首都聖彼德堡（譯註：後改稱列寧格勒，現在又改回聖彼德堡）發生「流血星期

在樸資茅斯條約裡，俄國並不承認自己是戰敗國，所以不願意支付賠償金。

日事件」（是軍隊向前往冬宮請願的十四萬名勞工開砲，死傷二千人以上的事件），隨即擴大變成全國性規模的示威、農民運動。

公元一九〇五年一月，旅順港的俄國軍隊投降，三月時奉天海戰，日本軍隊獲得勝利，戰局轉為對俄國不利，同年五月在對馬海峽的日本海海戰，俄國遠從波羅的海繞過非洲南端、橫越印度洋而來的波羅的海艦隊被日軍殲滅後，俄國開始傾向締結和平條約。

俄國戰敗

於是，希望藉由調停日俄兩國，使東北地方勢力均衡，為自己國家謀利的美國總統羅斯福，居間協調兩國於英國樸資茅斯召開談和會議，一九〇五年九月，已經疲於戰爭的日俄兩國簽訂了樸資茅斯條約。日本成功取得了在韓國（李朝在公元一八九七年將國號為大韓帝國）的優先權、遼東半島南部的租借權、北緯五十度以南的樺太（庫頁島）南部、東滿州鐵路南滿州支線的長春—旅順間的鐵路相關權益等，但並沒有獲得賠償金。日本之後在公元一九〇六年，成立了半官半民營的國策會社（公司）南滿鐵道株式會社（滿鐵）。

●日俄戰爭後的俄國、日本勢力範圍

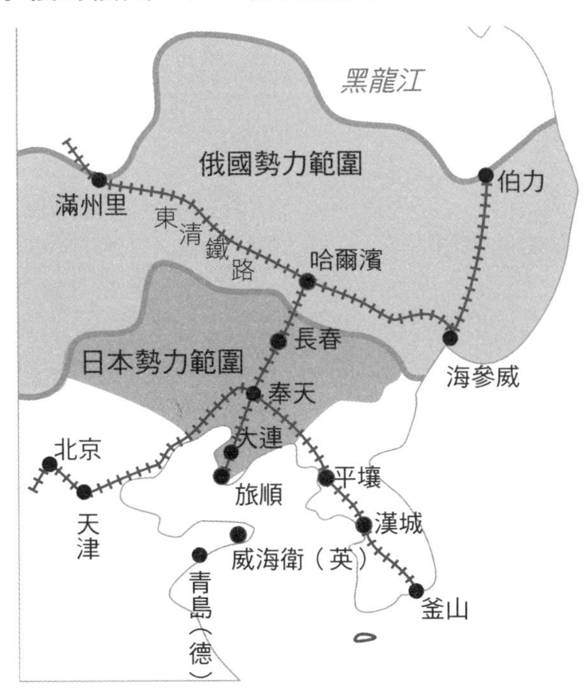

公元1910年 日韓合併

喪失獨立的朝鮮

日俄戰爭勝利的日本，將韓國納為保護國，開始長達三十五年的朝鮮半島統治。

朝鮮附屬於日本

當公元一九〇四年二月日俄戰爭爆發時，日本為了確保朝鮮半島這個軍備補給站，便占領漢城，要韓國簽訂日韓議定書。議定書的內容為日本為了「保障朝鮮的獨立和領土的完整」，可以無限制接收韓國的土地以做為軍事用地等，取得了日本軍隊在韓國國內自由行動的權利。

八月，從日本派來的日本顧問（或是日本人推薦的外國人）與韓國締結全盤掌握外交、財政、軍事、警察權的第一次日韓協約，加強對朝鮮的控制。

朝鮮成為日本的保護國

因公元一九〇五年所簽訂的樸資茅斯條約，日本取得俄國承認韓國是日本保護國，同時也取得英國、美國的同意，在西元一九〇五年十一月，派遣以伊藤博文為代表的使節團，與韓國簽訂第二次日韓協約，然後在漢城設置統監府，將韓國的外交權納入統治之下。韓國從此變成了日本的保護國。

公元一九〇七年六月，日本與俄國簽訂日俄協約，其中的祕密條約約定，彼此尊重日本在朝鮮、俄國在外蒙古的特殊關係、利益。同年七月，締結第三次日韓協約，韓國的行政權移交給了日本。

在大韓帝國，反對日本將韓國變成殖民地的民眾，雖然發起愛國啟蒙運動和義兵運動反抗，但都逐一被消滅。

伊藤博文被暗殺和日韓合併

公元一九〇九年十月二十六日上午十點，在哈爾濱車站前，安重根射殺了要與俄國財政部長見面而造訪此地的韓國統監伊藤博文。安重根是虔誠的天主教徒，他投下私人財產興辦學校，實施民族教

公元一九〇七年六月，韓國皇帝雖然企圖在海牙所召開的第二次萬國和平會議上提出恢復獨立的訴求，但卻被拒絕出席會議。

育，之後也參加了義兵運動。他雖然主張自己是大韓帝國的義兵參謀中將，應該以「萬國公法」來加以審判，但仍被認為是殺人犯而被判處死刑，翌年三月在旅順監獄被處死，時年三十一歲。後世對他的評價不一，尤其是在日本和韓國有極大的落差。

到了公元一九一〇年，日韓兩國之間締結了有關日韓合併的條約，韓國正式被日本併吞。自此，日本展開對朝鮮長達三十五年的統治。

●朝鮮變成日本的殖民地

公元1895年 ▶ **公元1894年～1895年中日甲午戰爭**

公元1895年　清朝放棄對李氏朝鮮的宗主權

公元1897年　李朝改稱大韓帝國

公元1900年 ▶

公元1904年～1905年日俄戰爭

公元1904年　第一次日韓協約（日本人顧問掌握財政、軍事、警察等實權）

公元1905年 ▶ 公元1905年　樸資茅斯條約（承認日本對大韓帝國的指揮權）

第二次日韓協約（外交權移交日本人）

公元1906年　設置統監府

公元1907年　海牙密使事件（大韓帝國向萬國和平會議提出訴求）

第三次日韓協約（行政權移交日本人）

此時大韓帝國反日義兵運動擴大

公元1909年　安重根暗殺伊藤博文

公元1910年 ▶ 公元1910年　日本併吞朝鮮（朝鮮成為殖民地）

設置朝鮮總督府

公元1911年　辛亥革命

清朝邁向中華民國

人稱革命之父的孫文，提倡「三民主義」，希望推翻滿清，建立共和體制的國家。

革新中華帝國

在東亞局勢因日俄戰爭而緊張時，公元一九〇五年，有個革命團體在日本首都東京的赤板成立，那就是孫文所率領的興中會等三大團體大團結的中國同盟會。

被選為總理的孫文，提倡民族獨立、民權伸張、民生安定的「三民主義」，目標是推翻滿清，建立共和體制的國家。孫文所揭示的戰略是，按照軍法、約法、憲法的順序完成國民革命。同盟會的總部設在東京，並在中國內外設了九個分會，西元一九〇五年底的入會人數僅有四百五十多人。他們雖然仰賴華僑的捐款來調度資金，不斷地起義革命，但每次都以失敗收場，而起義行動的地點也逐漸往南移（譯註：公元一九〇七年，孫文在越南河內成立革命機關，計畫從這裡策畫起義。但因清朝對法國施壓，因此孫文轉往新加坡，行動地點逐漸往南移）。

相對於革命派的行動，梁啟超等立憲派，則對清朝引進立憲體制表示歡迎，成立各種的政治團體，進入諮議局（地方議會），要求清朝政府立即開設國會、早日公布憲法、導入責任內閣等。

陸續獨立的省

公元一九一一年，苦於財政困難的清朝為改革財政引進外資（借款），並計畫將鐵路國有化以當做借款擔保。但反對清朝政府這個舉動的反對運動四處蔓延，在四川掌握四川省諮議局的立憲派強烈反對，引發了暴動。

在這樣的狀況下，同年的十月十日，長江中游的軍事據點武昌，「新軍」士兵（創設於清末的西式軍隊，有三分之一是革命派）叛變，成功建立了革命政權（中華民國湖北軍政府）（武昌起義），之後在兩個月間，占全國八成的十四

歷史筆記　孫文提倡漢、滿、蒙、回、藏「五族共和」，希望建立「民國（國民國家）」。

個省紛紛獨立，清朝帝國面臨瓦解的危機。因為這一年的干支剛好是辛亥，所以又叫「辛亥革命」。

革命對東亞的影響

在蒙古和西藏，統治階級也蠢蠢欲動，企圖脫離清朝獨立。公元一九一一年底，蒙古的庫倫活佛哲布尊丹巴建立大蒙古國、公元一九一二年，達賴喇嘛也宣布西藏獨立，但都因為無法獲得在當地擁有勢力的俄國和英國的支持而失敗。

至於成為法國殖民地的越南，日俄戰爭後組織東遊運動（為求脫離法國統治，而到日本留學的運動）的潘佩珠（原名潘文珊），則在公元一九一二年於廣州成立反法祕密組織越南光復會。

●革命之父孫文的步伐

公元1866年	出生在廣東省香山縣的中產農民家庭
公元1879年	13歲　遠渡夏威夷（進入夏威夷大學，三年後回國）
公元1883年	17歲　進入香港皇后學院。受洗成為基督徒
公元1892年	26歲　在澳門開業行醫。加入興中會
公元1895年	29歲　在廣州起義失敗（經香港、日本逃到夏威夷）
公元1896年	30歲　前往美國，向華僑訴求推翻滿清。之後前往英國，曾遭清朝公使館拘禁，但不久被釋放，在歐洲停留了兩年。
公元1900年	34歲　惠州起義失敗（逃到日本橫濱）
公元1903年	37歲　為了對華僑宣傳革命，前往越南、夏威夷、美國、歐洲
公元1905年	39歲　在日本發表「三民主義」。成立中國同盟會
公元1911年	45歲　辛亥革命。孫文從美國經由歐洲回中國
公元1912年	46歲　就任中華民國臨時政府臨時大總統之後，將總統的位置讓給了袁世凱
公元1914年	48歲　在東京成立中華革命黨。與宋慶齡結婚
公元1919年	53歲　中華革命黨改稱國民黨
公元1921年	55歲　在廣州成立國民黨政府
公元1924年	58歲　改組國民黨（揭示連蘇容共、扶助工農）
公元1925年	59歲　留下「革命尚未成功」的遺言，因癌症病逝

公元1912年 清朝的滅亡

革命尚未完成

雖然孫文成立中華民國，清朝滅亡，但實際上卻是軍閥割據各地，中國陷入分裂狀態。

亞洲最早的共和國

公元一九一二年一月，宣布獨立的十七省代表聚集在南京，以十六票選出武昌革命當時人在美國、後來繞道歐洲急忙趕回國的孫文為臨時大總統，建立了中華民國，也是亞洲第一個共和國。到了三月，頒布主權在民、保障思想、信仰、結社、言論自由、三權分立、責任內閣制的臨時憲法（臨時約法）。

袁世凱的野心

清朝雖然派北洋軍閥（從新軍衍生出來的中國最大政治、軍事勢力）的領導者袁世凱與革命政府進行交涉，但袁世凱卻以由自己擔任臨時大總統為交換條件，贊成清朝皇帝退位。西元一九一二年二月，以居住在紫禁城和每年支給四百萬元為條件，年僅六歲的末代皇帝宣統皇帝（溥儀）退位，清朝滅亡。

革命派認為只要自己在議會占多數，建立責任內閣，就可以架空臨時大總統袁世凱。因此改組中國同盟會為議會政黨「國民黨」，並在選舉上獲得壓倒性勝利，成為議會的多數派。

但極有可能成為下一任總理的國民黨黨魁宋教仁，卻在西元一九一三年被袁世凱所僱的刺客暗殺。袁世凱獲得列強二千五百萬英鎊的借款，擴充軍隊南下，展現壓迫革命軍的氣勢。公元一九一三年反袁世凱的七省起兵（二次革命），但僅兩個月革命軍就被鎮壓了。

進入新的混亂時代

之後，公元一九一三年成為中華民國第一任大總統的袁世凱，公元一九一四年解散國會後，雖然企圖在第一次世界大戰中的公元一九一五年登基當皇帝，但因為遭受內外的強烈反對而失敗，袁世凱

歷史筆記 袁世凱廢止臨時約法，制定中華民國約法（新憲法），強化大總統的獨裁權。

也在翌年病死。

袁世凱死後，雖然大總統一職都由軍閥首領擔任，但卻沒有出現傑出的領導者，於是進入了受到列強援助的軍閥割據各地、相互爭鬥的時代。

中華民國因此成為空殼，中國實質上陷入了分裂，失意的孫文留下「革命尚未成功」的遺言，於公元一九二五年病逝於北京。

●如幻影般消逝的亞洲第一個共和國

公元1894年	在夏威夷組織興中會
公元1905年	孫文在東京成立中國同盟會。廢除科舉
公元1908年	清朝政府發布憲法大綱 公布國會開設日期（約定公元1916年開設國會）
公元1911年	幹線鐵路國有令 四川暴動（對鐵路國有令，四川保路同志會發動暴動） 武昌起義（爆發辛亥革命）
公元1912年	成立中華民國南京臨時政府（亞洲最早的共和國政府） 孫文就任臨時大總統 宣統皇帝宣布退位，清朝滅亡 袁世凱就任北京政府的臨時大總統
公元1913年	發生反袁運動的二次革命（失敗） 袁世凱就任大總統（～公元1916年）
公元1914年	袁世凱解散國會、公布新約法（新憲法） 孫文在東京成立中華革命黨（祕密結社）
公元1915年	日本提出二十一條要求 袁世凱提出帝政宣言。發生反對帝政的第三次革命
公元1916年	袁世凱取消帝政宣言，去世
公元1918年	軍閥割據（～公元1928年）

公元1914年～1918年　第一次世界大戰

利用大戰擴展勢力的日本

第一次世界大戰時，日本看到歐洲列強在中國的勢力萎縮，便趁機確立自己的經濟霸權。

中立？或是成為戰場？

公元一九一四年，第一次世界大戰爆發，到處存在著歐洲諸國租界、勢力範圍、諸權益的中國，在八月六日宣布中立，主張不承認自己國內的戰爭行為。

對此，日本卻認為歐洲勢力的衰退，是自己趁機在中國本土擴張勢力的絕佳機會而企圖利用戰爭。於是當受到同盟關係的英國請求協助時，日本在八月二十三日向德國宣戰，十一月占領了德國的租界地、青島以及山東鐵路全線。

日本入侵中國

經過第一次世界大戰的長期激戰，歐洲諸國失去餘力，不得不放棄在中國國內的勢力範圍和權益。於是想趁此機會企圖穩固自己既得權益的日本，公元一九一五年便向大總統袁世凱提出二十一條要求。其內容是：繼承德國在山東的權益；延長旅順、大連、南滿鐵路的租界期等。此外，第五條的希望條款，還附加了聘請日本的政治、財政、軍事顧問，在必要地區設置中日共同警察等。對此，美國要求不要實施第五條的希望條款。當日本所要求的內容在中國國內被公開時，中國人認為這是日本企圖將中國變成「第二個朝鮮」的行為，而發動強烈的反對運動。

軍閥割據和軍隊的增強

公元一九一六年，袁世凱突然死亡，北洋軍閥四分五裂，因為沒有出現特別突出的領導者，所以各地軍閥的相爭日益嚴重。在各地割據的軍閥軍隊總數，已經從公元一九一四年的四十六萬人激增到公元一九一九年的一百三十八萬人。

日本還借給安徽派軍閥巨頭段祺瑞巨額貸款，企圖透過他建立統治全中國的體制，但最後並沒有成功。

日本的二十一條要求，除了第五條的希望條款外，並未受到列強的強烈反對。因此日本刪除第五條，並且發出最後通牒要求袁世凱承認。

美日的經濟入侵和資本的成長

因為歐洲長期戰爭而獲得巨大利益的日本和美國的資本家對中國的投資激增，從第一次世界大戰前的一九一三年到戰後的一九一九年之間，日本的投資額約增加了二．五倍、美國約增加了二倍。美日兩國為了自己在中國的經濟霸權而相爭，進而導致之後的太平洋戰爭。

因為戰爭，從歐洲的輸入額銳減，所以使中國的紡織、火柴等輕工業獲得成長，美日兩國對中國的投資約大戰時的二倍左右。

●美日對中國的輸出因為第一次世界大戰而激增

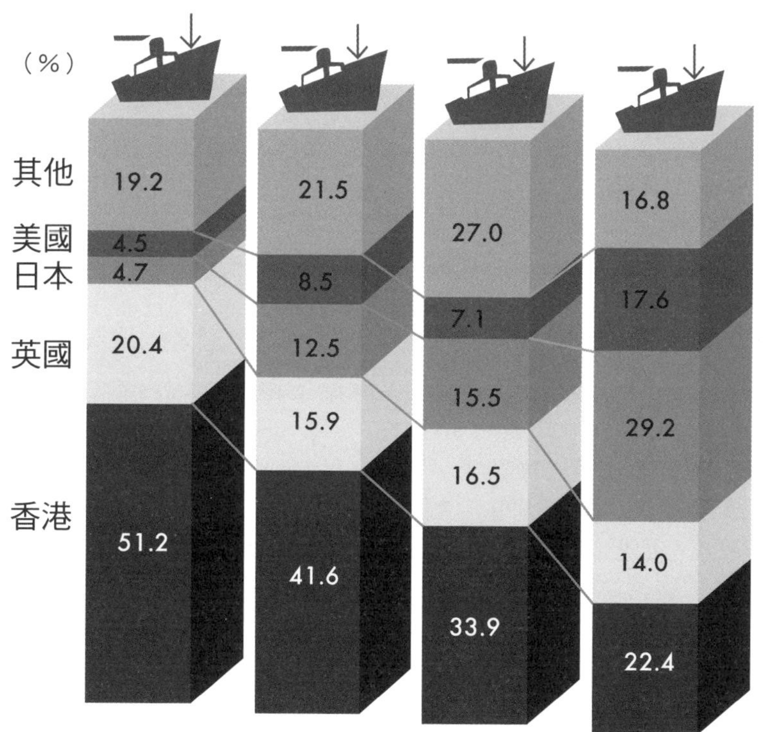

嚴中平編《中國近代統計資料選輯》

公元1921年～1922年　華盛頓會議

利用縮減軍備加強實力的美國

美國成為世界第一強的海軍國家，而在大戰中建立的第一個社會主義國家蘇聯也帶給中國巨大的影響。

美國的影響力增強和華盛頓會議

大戰後，美國與歐洲諸國都想驅逐趁第一次世界大戰諸國勢力瓦解時、在中國擴張勢力的日本。而公元一九二一年十一月到翌年二月召開、有美國、英國、日本、法國等諸國參加的華盛頓會議就扮演了這個角色。十二月，美國、英國、日本、法國締結四國條約，約定尊重彼此在太平洋海域上的領土和權益、縮減軍備。因為這個條約，英日同盟被廢除，日本失去外交上的支柱。

公元一九二二年，締結華盛頓海軍軍縮條約，決定各國主力艦的保有率是：英國、美國五；日本三；法國、義大利一・六七的比例，美國就此坐上世界第一大海軍國家的地位。同年，締結有關中國的九國條約，確認：1.確保中國的主權和尊重中國的獨立、2.領土的完整、3.各國在中國的機會均等、4.門戶開放。但是，條約中卻沒有碰觸到日本在中國的「滿蒙特殊權益」等某些列強的既得權益。

開會的同時，還在英、美兩國的見證下，中日兩國進行協商，日本將德國在山東的舊有權益歸還給中國，撤回二十一條要求的希望條款。

於是被稱為華盛頓體制的東亞、太平洋地區的列強協議體制就此形成。

蘇維埃聯邦成立的衝擊

第一次世界大戰中的公元一九一七年，俄國經過二次革命（三月革命、十一月革命），建立了社會主義政權。雖然歐美各國、日本都曾經以武力進行干涉，企圖鎮壓革命勢力，但反抗的蘇聯外務人民委員代理加拉罕，宣示無條件歸還俄羅斯帝國時代從中國所獲得的所有權利，廢除一切的祕密條

歷史筆記　北京政府雖然派遣七人代表團出席華盛頓會議，但九國條約並沒有接受他們的主張，僅調整了列強的利害。

約，該宣言在公元一九二〇年被公開後，為列強壓力所苦的中國人民，於是對蘇聯懷抱著親近感。

公元一九一九年成立的第三國際（世界共產黨）在公元一九二〇年的第二次大會上，決定了民族運動是世界運動一環的戰略。在第三國際的協助下，公元一九二一年中國共產黨成立，中國社會主義運動於是誕生。

●大戰後對東亞影響力變強的美國、蘇聯

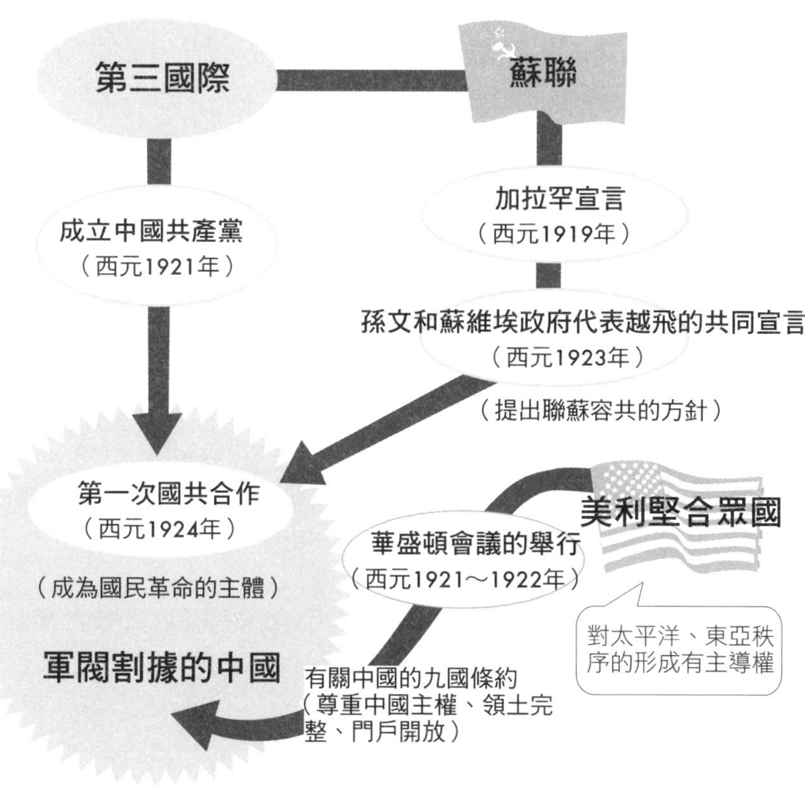

公元1924年 第一次國共合作

世界的變動和燃起的民族運動

孫文為了國民的統一和國家的獨立，答應國民黨和共產黨合作共同奮鬥。

文學革命和民族意識的覺醒

第一次世界大戰中，對日本的「二十一條要求」等事件深懷危機意識的陳獨秀創辦了《青年雜誌》（翌年改稱《新青年》），提倡民主和科學，積極介紹歐美新思想、批判舊道德。陳獨秀說：「何謂自覺？就是提振自己的智能，排除不共戴天仇敵的陳腐老朽事物」。這份雜誌將新的思想滲入青年階層，衍生出批判儒家學說、提倡改以口語文取代難解文言文的白話文（口語）運動等文學革命。

三一運動和五四運動

公元一九一九年，第一次世界大戰的和談會議在巴黎舉行。美國總統威爾遜提出「十四條」戰後處理原則，其中包括了「民族自決」。

受到鼓舞的朝鮮，公元一九一九年三月一日出現高呼「獨立萬歲」的三十萬人大遊行，展開脫離日本殖民統治的獨立運動（三一運動），但卻遭受到殖民政府的強烈鎮壓。

在中國也看到不滿巴黎和會的學生走出來。因為出席和會的中國代表，雖然以戰勝國的身分要求廢除「二十一條要求」，但卻在由大國主導的會議上遭到了拒絕。對此，公元一九一九年五月四日，約有三千名的北京大學學生走上街頭抗議，抗議活動立刻擴大到全國各地，變成反軍閥政府的群眾運動（五四運動）。因此，中國政府不得不拒絕簽署凡爾賽合約。

攜手合作的國民黨和共產黨

在抗議運動高漲中，孫文將公元一九一四年成立的祕密結社（中華革命黨），於公元一九一九年改組成中國國民黨。而陳獨秀等人則在第三國際（世界共產黨）的指導

歷史筆記

留學日本的李大釗在《新青年》雜誌上介紹俄國革命和馬克思主義，說這是「人民的勝利」。

下，公元一九二一年，於上海成立中國共產黨，黨員數僅五十七人。

公元一九二三年，響應蘇聯無條件廢除不平等條約等外交政策的孫文，打出「聯俄容共，扶助工農」的路線，公元一九二四年允許共產黨員以個人的身分加入國民黨，建立新的民族運動支柱。孫文在「合作宣言」裡陳述，中國的當務之急是國民的統一和國家的獨立，為了實現這個課題，蘇聯的同情和援助是不可或缺的。

●新文化運動和文學革命

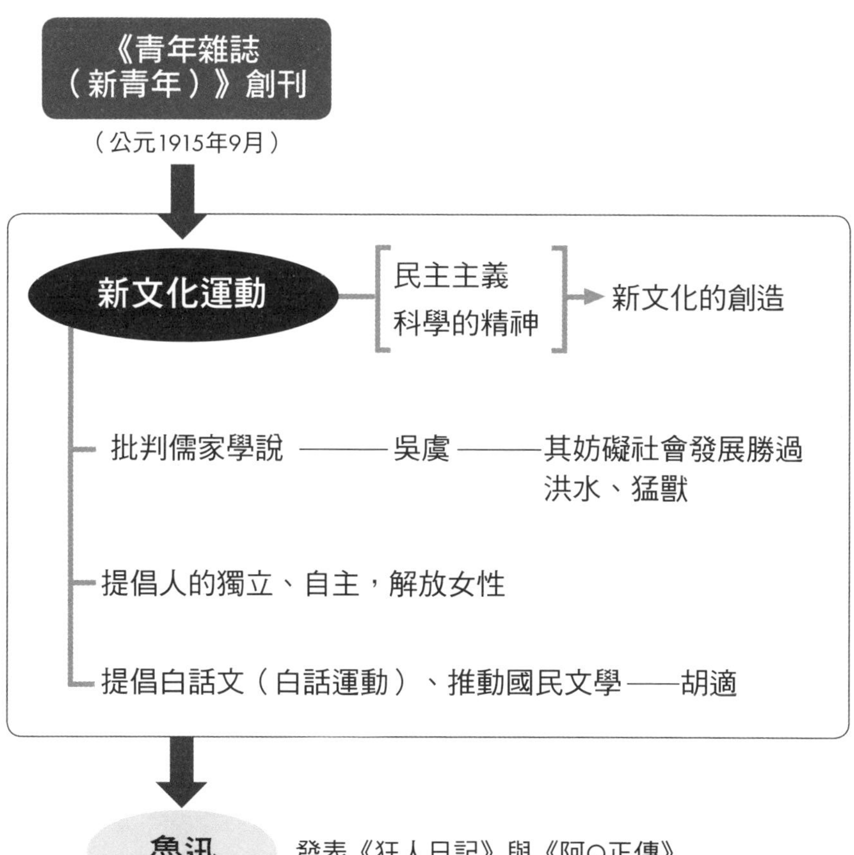

公元1919年～1928年 國民革命

反帝國主義的中華民族主義

取得地方軍閥協助的國民黨和有蘇聯做後盾的共產黨，共同進行了反帝國主義。

國民革命和民族主義

從公元一九一九年的五四運動到公元一九二八年國民黨再度統一中國的過程，史稱「國民革命」。其目的是克服軍閥割據，完成國家統一，同時改革傳統社會，脫離列強獨立。而負責這個革命的是因國共合作而相互提攜的國民黨和共產黨。

國共合作和革命主體的形成

支撐國共合作的是蘇聯和第三國際。公元一九二三年的孫文和蘇聯外交官越飛的共同宣言，舉出中國的當務之急是國民統一和國家獨立，而蘇聯人民對此感同身受而約定給予援助。

國民黨獲得了地方軍閥的協助，在廣東組織軍政府，進行「國民革命」。公元一九二四年，中國國民黨召開第一次全國代表大會（一全大會），選擇採行「聯俄容共，扶助工農（援助勞工農民）」的新三民主義。黨的組織模仿蘇聯共產黨，採取民主集中制，四十一名中央、候補中央執行委員當中，有十名是共產黨員。在軍事方面，獲得第三國際所派遣的軍事顧問協助，設立黃埔軍校，由蔣介石擔任校長，共產黨的周恩來擔任政治委員，在蔣介石底下工作。

革命尚未成功

因政變而掌握政權的各軍閥領導者呼籲召開善後會議時，孫文響應呼籲出席參加，並提議成立國民會議。孫文於公元一九二四年造訪日本，進行有名的大亞洲主義演講。在演講上，孫文批評不斷實施霸道的日本，說應該順著王道，與蘇聯合作。

不久之後，孫文在天津病倒，公元一九二五年三月，留下「革命尚未成功」這句有名的遺言，因肝癌病逝北京。之後，國民黨雖然採

孫文獲得從蘇聯聘請來的政治顧問鮑羅庭的協助，改組了國民黨。

取了以汪精衛為政府主席的團體指導體制，但掌握軍事實權的卻是陸軍官校校長蔣介石。

五三〇事件

公元一九二五年二月，在上海日本人所經營的紡織廠發生了四萬多人參加的罷工活動，四月擴大到了青島。到了五月十五日，發生英國軍官對在上海租借地示威遊行的群眾開槍事件，造成十一人死亡、多人負傷。反日、反英的運動也因此擴大到了中國南部。在香港，抗議英國行為的勞工撤回到廣州，連續十五個月罷工，使整個香港荒廢停擺。列強雖然將軍艦集中到上海，在租借地實施戒嚴令努力鎮壓，但反帝國主義運動的火焰卻不見消滅。

●中國的國民革命

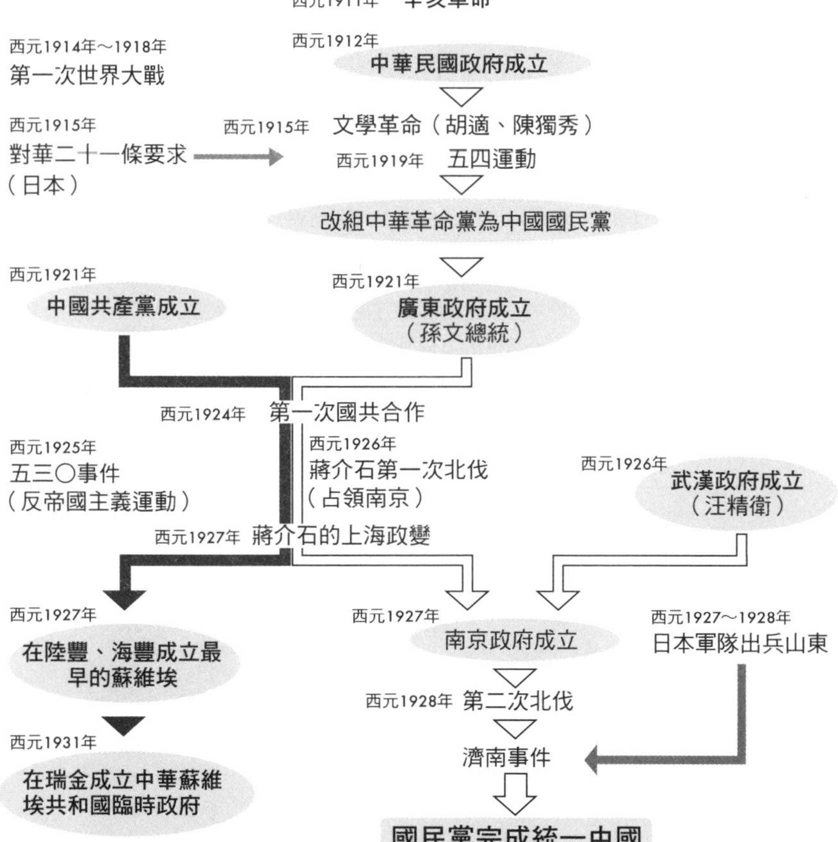

公元1926年～1928年　蔣介石的北伐

流於形式的國民黨統一中國

國共合作瓦解後，蔣介石的軍隊打倒北方各軍閥，國民黨大致上完成了統一。

北上的國民革命軍

在五三〇事件後的反帝國主義運動高漲下，公元一九二六年，蔣介石成為國民革命軍總司令，率領約十萬的軍隊（打倒北方各軍閥）開始北伐。國民革命軍在農民和勞工的支援下急速北上，半年後占領長江中游，公元一九二六年底，占領長沙、武漢、南昌等都市。面對勢力強大的蔣介石，國民黨左派和共產黨在武漢成立國民政府以示對抗。另一方面，民眾的活動也活絡了起來，除了上海兩度發生勞工暴動之外，英國在漢口、九江的租界地也被暴動的民眾占領。

蔣介石和四一二政變

隨著北伐，共產黨指導的勞工運動、農民運動也日益激烈。武漢政府就利用這樣的大眾運動為基礎，對蔣介石施壓。所以蔣介石在公元一九二七年四月十二日，於上海進行剿共，結果造成很多共產黨員犧牲。

之後，蔣介石於四月十八日在南京成立國民政府，與武漢政府形成對立，國民政府因此分裂成右派和左派。面對這樣的事態，武漢政府壓抑勞工運動、農民運動，藉以防止軍隊反共化。

就在這個時候，指導共產黨的第三國際武裝七萬多名的共產黨員推展土地國有化，表明改組武漢政府的方針，結果使國民黨左派和共產黨決裂，國共合作於是瓦解。

完成北伐

公元一九二八年四月，蔣介石再度揮軍北伐。害怕因此失去權益的日本，以保護日本僑民為藉口，派兵前往山東，在濟南與蔣介石的軍隊引發軍事衝突。但是，北伐軍仍繼續北上，六月將受日本人援助的軍閥張作霖趕出北京，完成了北伐。

歷史筆記　國民政府與軍閥妥協，大部分的田地稅租都給各省政府徵收。因此，中央政府的財政仍舊困難。

張作霖雖然從北京退到原來的根據地東北地方（滿州），但害怕受北伐波及的日本關東軍卻在奉天（瀋陽）用炸藥炸燬他所搭乘的火車，殺害了張作霖。

之後，繼承父親張作霖的張學良在公元一九二八年表示歸順蔣介石，國民黨於是完成統一中國。接著，國民黨宣布中國革命從軍政邁向訓政（國民黨的一黨獨裁體制）階段，以蔣介石為主席組織國民政府。

但是，統一僅止於形式上，只是妥協而臣服於國民黨的地方軍閥勢力猶在，共產黨也依然在農村保有勢力，國民政府仍處於不穩定狀態。

●北伐的路線

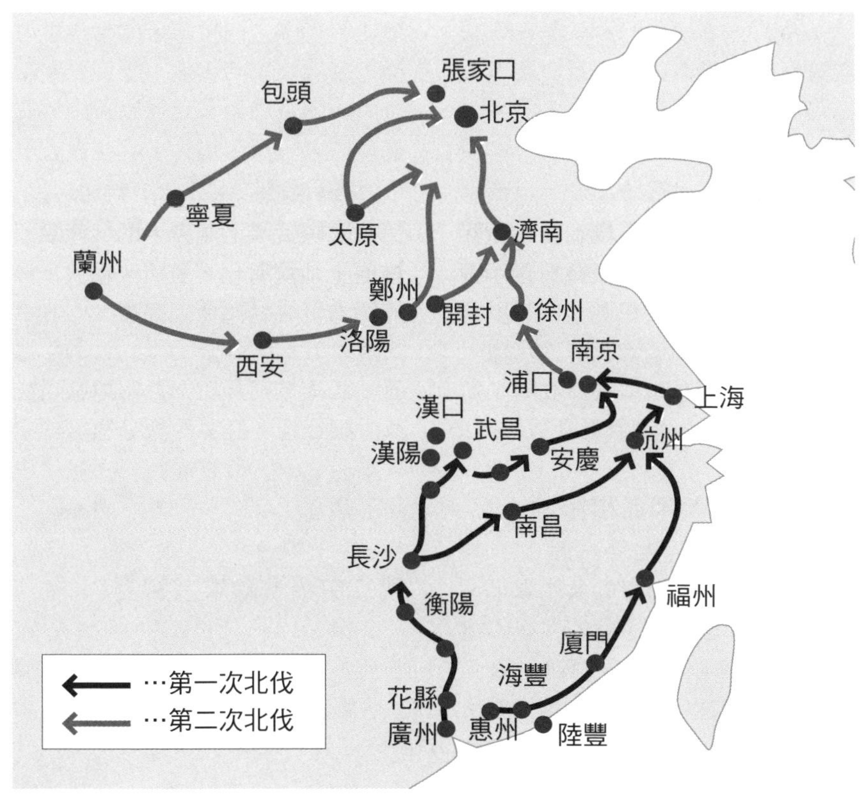

公元1931年　中華蘇維埃共和國成立

共產黨重整勢力和新的軍事對立

在都市戰中敗北的共產黨，以農村為根據地挽回頹勢，終於建立了地方政權。

共產黨的都市暴動失敗

公元一九二七年七月國共合作瓦解後，共產黨遵循第三國際的指示，在都市建立革命的據點。

八月，雖然約有二萬名的共產黨軍隊進攻南昌，並且一度占領南昌，但在三天激戰後卻失敗。之後，共產黨軍隊進入廣東省，占領了廣東省第二大都市汕頭，但後來還是敗退。到了十二月，數千名的武裝軍隊在廣州起兵，建立廣州勞農民主政府，但是經過三日的市街巷戰，幾乎全都被殲滅。就這樣，共產黨的都市暴動以失敗收場，僅殘留下極少數的共產黨軍。

建設農村成為革命根據地

公元一九二七年九月，毛澤東率領約一千名僅存的共產黨軍，在湖南省和江西省邊境的井崗山建立革命根據地。最後，到了公元一九二八年五月，聚集殘兵、農民軍，建立約一萬人的紅軍（軍長是朱德）。

成為黨代表的毛澤東，在嚴苛的環境下，努力建立服務人民、有紀律的軍隊。同年底，開始土地改革，沒收地主的土地，平均分配給農民。因為他們滿足了沒有土地的貧農需求，所以擴大了共產黨在農村地區的影響力。

公元一九二八年，第三國際認為革命已經進入退潮期，認同毛澤東在農村建設紅軍、推動土地改革的革命方針。到公元一九三〇年之前，共產黨總共在十五個地區建立革命根據地，紅軍的數量也增加到六萬名以上。共產黨終於在農村挽回了勢力。

成立中華蘇維埃共和國

從公元一九三〇年到公元一九三一年，國民黨三度以十萬到三十萬大軍包圍攻擊共產黨以江西省

歷史筆記　公元一九三一年，中國共產黨的領導權被蘇聯留學生派所掌握。他們推舉毛澤東為政府主席，奪取軍隊的指揮權。

南部為中心的革命根據地。而紅軍則以游擊戰對抗、脫困。因為戰爭而增加自信的共產黨，公元一九三一年十一月，在江西省南部的瑞金，宣布成立蘇維埃共和國臨時中央政府，選毛澤東為政府主席。雖然規模很小，但卻是共產黨在中國第一個宣布成立的地方政權。

●中華蘇維埃共和國成立的經過

西元1927年 4月12日 蔣介石的上海剿共

4月18日 蔣介石成立南京政府（國民黨右派）

7月15日 成立武漢政府（國民黨左派和共產黨），走上國共分裂

8月19日 武漢政府被南京政府合併

▼

國共合作瓦解（共產黨採武裝暴動路線）

▼

西元1927年 8月1日 共產黨在江西省南昌起兵（逐一被國民黨軍隊打敗）

西元1927年 9月 毛澤東等人在井崗山建立革命根據地

▼

利用土地改革擴大革命根據地

▼

西元1931年 11月 **成立中華蘇維埃共和國臨時政府**

公元1931年 滿州事變

關東軍在五族共和美名下的陰謀

就在國共內戰最激烈時，日本持續發動滿州事變、上海事變，最後建立了滿州國。

從昭和恐慌到世界恐慌

大戰結束後，日本的經濟從大戰時的景氣轉為戰後的不景氣，再加上關東大地震、金融恐慌，以及為了恢復金本位主義的通貨緊縮政策等因素，使經濟情勢更形艱困。而公元一九二九年始於美國紐約華爾街的世界經濟大恐慌，更使日本經濟遭受到正面的打擊。

到了公元一九三〇年，日本有三百萬勞工失業、農村也因為絹的輸出銳減而嚴重打擊養蠶農家，悲慘的狀況持續擴大。

此時，在中國東北部，軍閥張學良反日的態度變強，不斷推出各種政策，計畫興建與日本所經營的滿鐵平行的幹線鐵路、加強限制外國人開發礦山等。到了公元一九三〇年，日本的最大企業滿鐵也轉為赤字，日本的經濟前途被覆蓋上一層烏雲。

柳條湖事件和滿州事變

公元一九三一年九月十八日晚上，在奉天北方八公里的柳條湖附近，日本關東軍偷偷地炸毀約一公里的滿鐵鐵軌，嫁禍說這是張學良軍隊所為，然後發起軍事行動，一一占領了主要的城市，但害怕紛爭擴大的張學良下令不抵抗和撤退，所以日本關東軍僅花了五個月的時間便占領了整個東北地方（滿州）。這就是所謂的滿州事變。

抗日救國運動高漲

可是滿州事變一發生，包圍、攻擊共產黨軍隊的國民黨，卻僅對國際聯盟提出控訴而已，逃避直接與日本軍正面作戰。相對於國民黨的做法，在上海、北京等地則召開了規模高達二十萬名市民參加的抗日救國大會，決議對日抗戰和拒買日貨。在輿論一致要求抗日的聲浪下，蔣介石不得不暫時下野。

公元一九三三年，日本退出國際聯盟的同時，發動軍事行動，以長城為滿州國的國界，並以河北省東部為非軍事地帶。

當公元一九三二年一月，在上海發生一名日本和尚被殺、三人受傷的事件（之後明白是陰謀事件）時，擴大警備區域的日本陸戰隊和中國軍隊發生衝突，兩軍持續戰鬥了兩個多月，史稱上海事變。但是，其實這是一場為了要將焦點從東北地方（滿州）轉移開來的戰爭。

滿州國的建設

關東軍在國際聯盟的李頓（譯註：公元一八七六年～一九四七年，英國政治家。）調查團抵達之前，企圖將滿州事變形成既成事實，公元一九三二年三月一日，以清朝退位皇帝溥儀為元首（執政，之後改為皇帝），建立滿州國，首都「新京（長春）」。滿州國雖然高舉「王道樂土」和「五族（滿人、蒙古人、漢人、朝鮮人、日本人）共和的口號」，但實權卻掌握在關東軍的手上，以日本話為官方語言，並由占全體三成的日本官吏實質操縱政府。

日本在滿州國，實施統治色彩強烈的經濟建設，公元一九三七年以降，約有二十三萬的日本人從日本本土山地村落遷居到滿洲北部等地屯墾。

●滿州國建國前後的中日關係

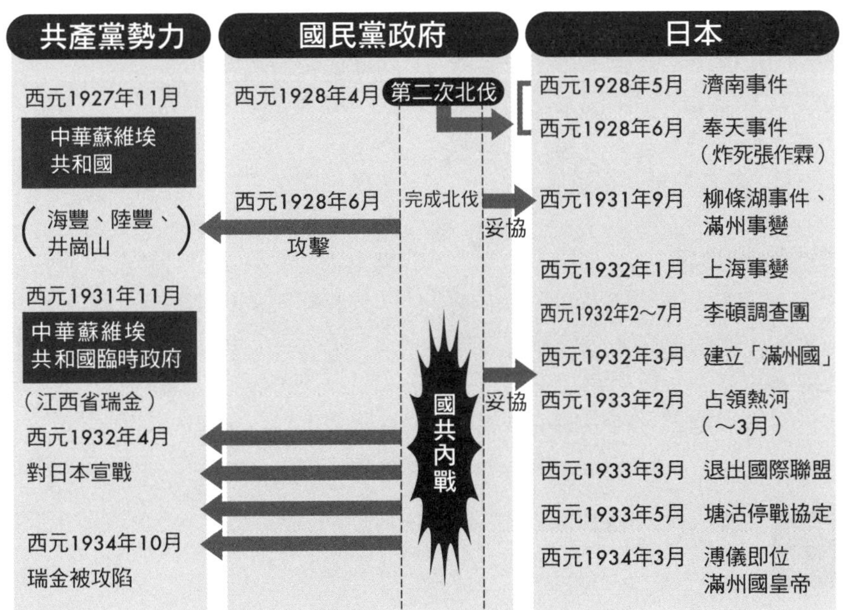

公元1934年～1936年 紅軍的長征

變成神話的萬里長征

紅軍的長征雖然不過是逃避國民黨軍的行為，但之後卻被神話成是革命的起點。

兩位德國軍事顧問的戰爭和放棄根據地

蔣介石穩固國內體制之後，主張應該要面對處理滿州國問題，並持續對共產黨根據地包圍攻擊。公元一九三三年，他雖然動員一百萬的軍隊進行大規模攻擊，但德國軍事顧問塞克特卻採取一邊建立堅固的堡壘，一邊慢慢縮小包圍範圍的作戰方式。而共產黨這一方，由第三國際所派遣來的德國人布勞恩也主張放棄以往的游擊戰，改採陣地戰，兩軍就這樣持續進行了一年的消耗戰。但是，手中沒有重武器的紅軍逐漸敗退，到了公元一九三四年十月，終於放棄了根據地。

被神話的長征

十萬名紅軍突破國民黨軍隊的包圍，開始逃亡（之後被稱為長征或大西遷）。這場當初不過是殘敗軍隊的大逃亡，在中國革命成功之後，卻被神話成是革命的起點。毛澤東後來陳述說：「長征是宣言書，是宣傳隊，是播下『革命』種子的機會」。

共產黨軍隊一邊閃躲國民黨軍隊追擊，一邊輾轉逃到了偏僻的貴州省。公元一九三五年一月，在貴州省遵義召開共產黨中央政治局擴大會議，認同之前被視為異端的毛澤東路線，明白確定所謂「北上抗日」的移動目的。在這個會議之後，完全由毛澤東指導共產黨直到革命成功。

共產黨軍隊橫渡長江上游的金沙江、大渡河，越過高四千公尺的大雪山，公元一九三六年十月終於來到陝西省的延安。這實際上是一場大約徒步行走了一萬公里的行軍（最長距離的行軍軍隊，走了有一萬二千五百公里）。

歷史筆記 紅軍來到貴州北部遵義的三個月裡，折損了七成的兵力。

八一宣言

共產黨為了與日本軍隊正面作戰，在華北行軍時的公元一九三五年八月一日，由第三國際以中國共產黨、中華蘇維埃政府的名義，提出應該停止內戰、團結所有國力（人力、財力、武力等）聯合抗日的八一宣言，呼籲連成統一戰線。這個宣言，與歐洲的反法西斯統一戰線相互呼應。

●紅軍的長征

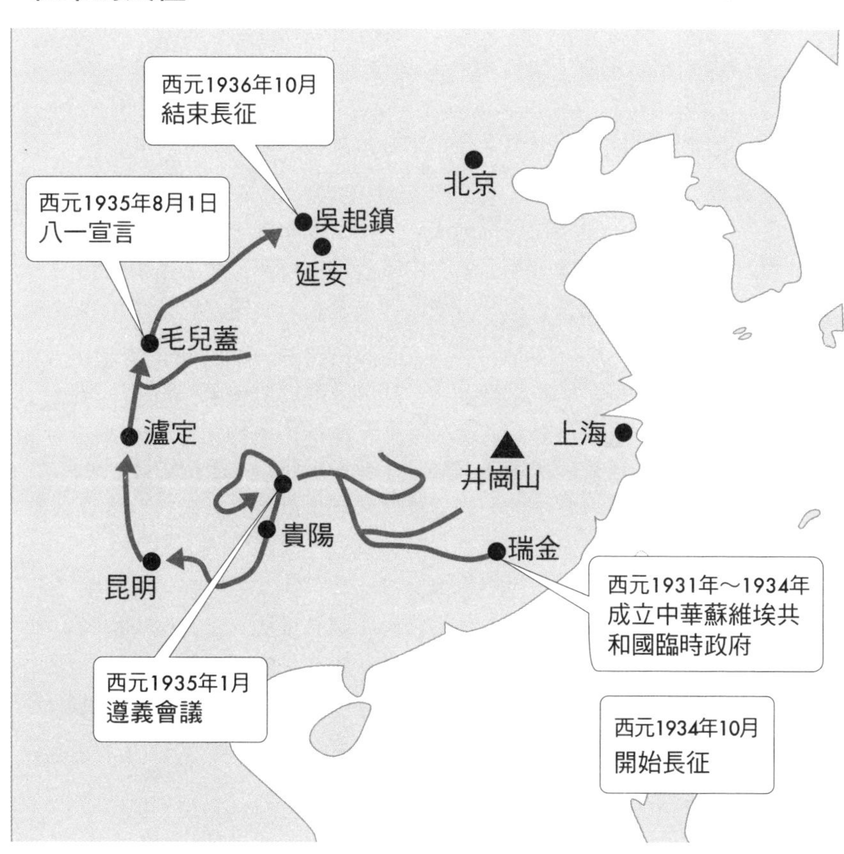

專欄

孫文「中華民族主義」思想的影響殘留至今日中國

在傳統的中華世界裡，並沒有所謂「民族」、「國民」的思想，所謂「民族」這句話也是日本在明治時期翻譯Nation、People所創造的和製漢語（譯註：即日本自己創造的漢語），然後再傳到中國。在中華帝國，「世界」被二分為漢字和禮儀普及的中華世界、以及野蠻的夷狄世界，認為中華世界漢化夷狄世界的過程就是世界史。

但是，到了直接面對列強侵略的十九世紀末，因為強烈受到歐洲民族主義的影響，中國人心中，所謂中華帝國如果不轉變成近代國家，就會面臨亡國、滅種（民族滅亡）命運的危機意識變強。

「國父」孫文主張推翻滿清、建立共和國的革命運動，就強烈受到所謂「滅滿興漢」的漢人民族主義的影響。

公元一九一二年，當孫文就任中華民國臨時大總統之際，他宣布：「漢、滿、蒙、回、藏五族共和。這就是民族統一」藉由五族共和論，主張直接將中華世界轉換成「國民國家」。之後，在公元一九二四年的「三民主義講話」裡，孫文更主張「在中國的民族裡，其他民族很少，可以說幾乎都是漢族。漢人擁有相同的血統、語言文字、宗教、風俗習慣，是同一個民族」。

這樣的主張影響現代中國欲將中華世界視為漢人世界，再直接轉換成「國民國家」的實驗。

世界大戰
和改變了樣貌的東亞

利用社會主義復活的中華秩序

⊙太平洋戰爭的經過

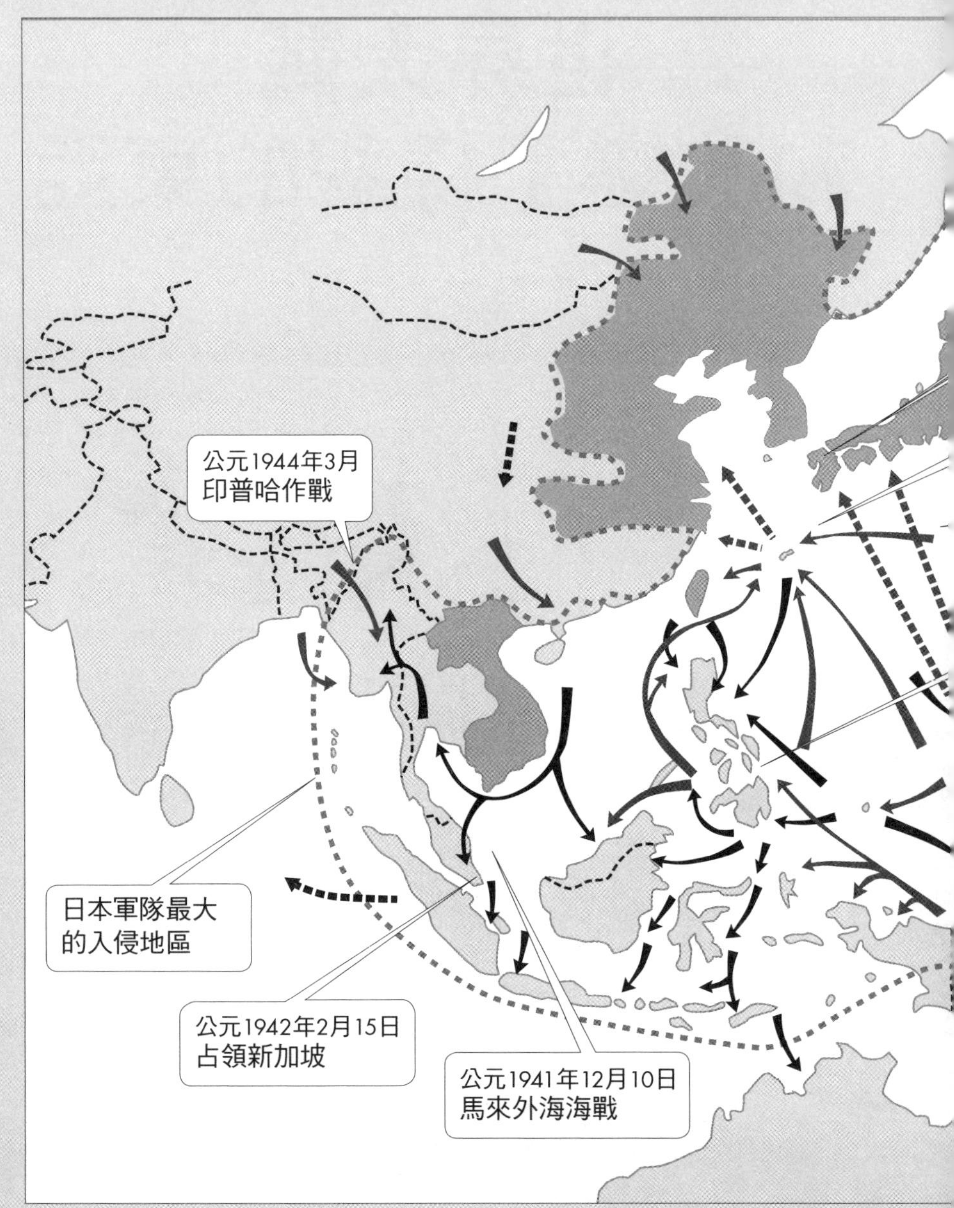

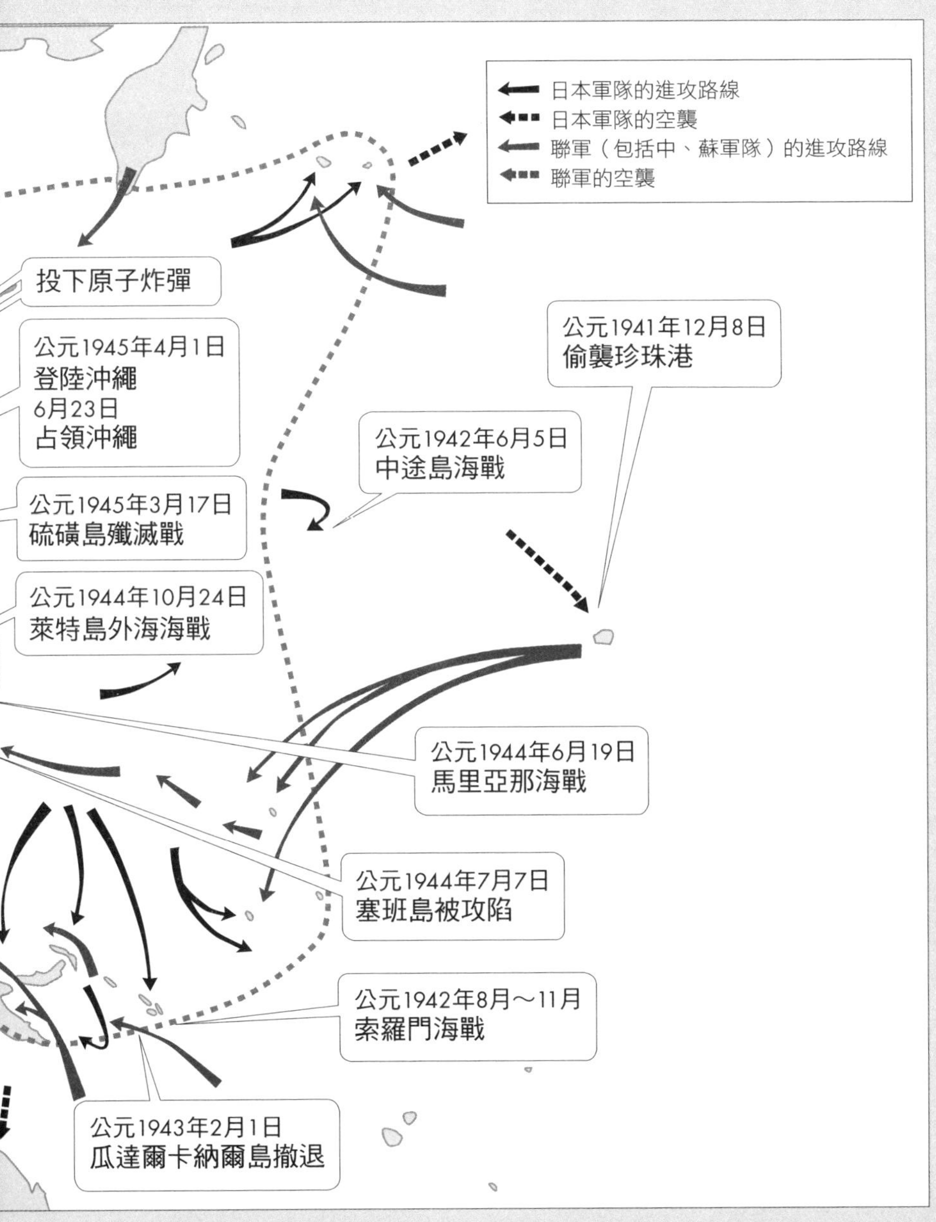
日本軍隊的進攻路線
日本軍隊的空襲
聯軍（包括中、蘇軍隊）的進攻路線
聯軍的空襲
投下原子炸彈
公元1945年4月1日
登陸沖繩
6月23日
占領沖繩
公元1941年12月8日
偷襲珍珠港
公元1942年6月5日
中途島海戰
公元1945年3月17日
硫磺島殲滅戰
公元1944年10月24日
萊特島外海海戰
公元1944年6月19日
馬里亞那海戰
公元1944年7月7日
塞班島被攻陷
公元1942年8月～11月
索羅門海戰
公元1943年2月1日
瓜達爾卡納爾島撤退

【戰局陷入膠著的中日戰爭】

公元一九三七年，因為盧溝橋事變所引發的局部軍事對立，在絲毫未公開宣戰下即陷入全面戰爭，開啟了長達八年的中日戰爭。日本軍隊雖然逐一占領了鐵路和主要的都市，但僅止於「點和線」的占領。另一方面，團結成抗日民族統一戰線的中國民眾，其抗戰意志卻很高昂，使戰事陷入了膠著。而令日本軍隊頭痛的是，占領區背後進行游擊戰的共產黨軍隊。在戰爭的過程裡，共產黨軍隊發展勢力，使國共兩軍的關係急速惡化。

【太平洋戰爭和美蘇霸權】

當中日戰爭陷入長期化時，公元一九四一年，日本偷襲了珍珠港，向美國宣戰，同時為了獲得石油、橡膠等戰略物資而擴大在東南亞的戰線。但是，物資豐富的美國，很快地就在翌年逆轉了戰局。日本因為沖繩被占領、本土遭空襲、被投下原子彈，再加上撕毀日蘇中立條約的蘇聯突然參戰，所以在公元一九四五年向聯合國無條件投降。

戰勝日本的美國因而確立了它在東亞的霸權，與占領滿州國的蘇聯，以朝鮮半島北緯三十八度線為界，分割勢力範圍。美國定位太平洋戰爭是「民主主義和法西斯主義」的戰爭，中國因此得以廢除不平等條約，

公元1936年	公元1937年	公元1941年	公元1945年	公元1949年
西安事變 ◆翌年，結成抗日民族統一戰線	中日戰爭（～公元1945年） ◆盧溝橋事變開啟戰端	太平洋戰爭（～公元1945年）	日本向聯合國無條件投降 ◆接受波茨坦宣言	中華人民共和國成立

並由與日本抗戰的中華民國（國民政府）擔任聯合國安全保障理事會的常任理事國。中華帝國此時復甦成為世界大國。

【中國的內戰和朝鮮戰爭】

國民黨和共產黨，為了戰後主導權之爭，從一九四六年開始內戰。內戰的結果，中國共產黨獲得勝利，在公元一九四九年成立了中華人民共和國。翌年，當北朝鮮軍隊進攻南韓而發生韓戰時，美國軍隊和中國的共產黨軍隊都參與了這場戰爭，而東亞世界也在此時被捲入了冷戰體制。

中華人民共和國以過去清朝的領土為固有領土，利用社會主義意識形態，建立集權的多民族國家。中華秩序在所謂社會主義的包裝下再度被重整。

【左右搖擺的社會主義中國】

在國際政治從冷戰轉移到和平共存的這段期間裡，社會主義的中國歷經了：1.建設蘇聯型的社會主義、2.大躍進政策及其失敗、3.調整期、4.無產階級文化大革命、5.「四個現代化」的階段，左右激烈搖擺著。

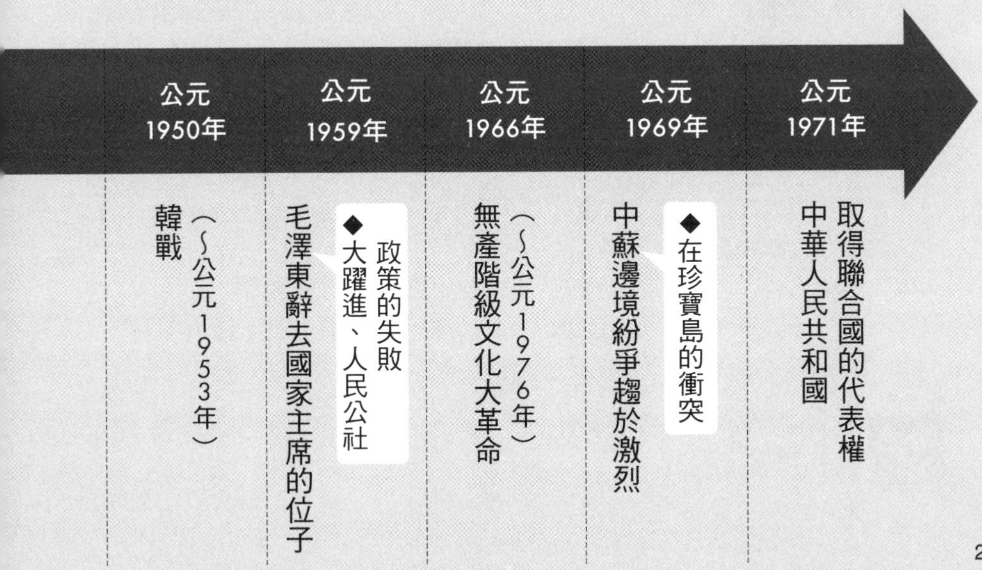

公元1950年	公元1959年	公元1966年	公元1969年	公元1971年
韓戰（～公元1953年）	毛澤東辭去國家主席的位子 ◆大躍進、人民公社政策的失敗	無產階級文化大革命（～公元1976年）	中蘇邊境紛爭趨於激烈 ◆在珍寶島的衝突	中華人民共和國取得聯合國的代表權

公元1936年 西安事變

中國對日本侵略華北深感危機

要求停止內戰和抗日的聲浪高張，經過西安事變後，國共第二次合作，形成抗日民族統一戰線。

連接英美經濟圈的中國

公元一九三五年十一月，國民政府接受從英國派遣來的財政顧問李滋羅斯的指導，進行幣制（通貨）改革。中國過去並沒有統一貨幣，一直使用銀子以及各種的紙幣。這項改革，是由政府購買銀之後，發行唯一貨幣「法幣」，禁止銀和舊有的紙幣流通。在國際上，因為「法幣」連結了英鎊（之後也連結美金），使日本被迫必須擴大日幣的通貨圈。

日本的華北分離工作

由於國民政府親近英、美兩國和民族運動的激烈化，日本軍部加強推動華北五省自治、以及形成華北經濟圈。公元一九三五年十一月，在河北省東部成立冀東政權，十二月成立脫離中央政府半獨立的冀東政務委員會（管轄河北、察哈爾二省），加強日本對華北的分離工作。同時在內蒙古也加強分離工作，日本的勢力範圍明顯地擴大。

再次站起來的學生們

當日本積極進行華北分離工作時，公元一九三五年十二月九日，北京的五千名學生進行了反對「華北自治」的示威遊行。儘管受到激烈的鎮壓，十六日還是有一萬人上街頭示威，這個行動很快便擴大到了全國各地。學生們組織救國宣傳團，告訴民眾亡國的危機。

公元一九三六年五月，全國各界救國聯合會成立，強烈要求「停止內戰、一致抗日」。

國民政府雖然逮捕運動的領導者，企圖鎮壓該運動，但並沒有成功，而共產黨更在此時提出「逼蔣抗日（逼迫蔣介石抗日）」的政策。

世界矚目的西安事變

結束「長征」的共產黨軍隊，

公元一九三七年二月，國民黨打出「容共抗日」的方針，第二次國共合作於是上了軌道。

雖然在陝西省北部建立了新的根據地，但卻被張學良所率領的東北軍和楊虎城所率領的十七路軍所包圍。可是，敵視日本軍、希望回故鄉的東北軍，到了公元一九三六年，便與主張「抗日」的共產黨軍維持停戰的狀態。

因此當公元一九三六年十二月十二日，蔣介石親自到西安督戰時，對蔣介石不抗日的態度感到不滿的張學良等人，便逮捕、監禁蔣介石，提出停止內戰等八項要求，史稱此為西安事變。因為蔣介石的態度使新的內戰一觸即發，但就在此時，過去曾經在黃埔軍校與蔣介石共事的周恩來介入調解。結果，蔣介石答應接受張學良等人所提出的這八項要求，獲得釋放。

●西安事變時張學良等人提出的八項要求

1. 改組南京政府，各黨各派共同承諾負起救國的責任。
2. 停止所有的內戰。
3. 立即釋放被拘禁在上海的愛國領導者。
4. 釋放全國所有的政治犯。
5. 不限制民眾的愛國運動。
6. 保證人民集會、結社等一切的政治自由。
7. 忠實實行總理的遺囑。
8. 立刻召開救國會議。

因第二次國共合作
而形成抗日民族統一戰線

公元1937年～1945年 中日戰爭

不因陷入泥沼戰而萎縮的鬥志

從盧溝橋事變開始，中國和日本進入了全面作戰，而中國軍隊團結一致的韌性，讓戰局陷入了膠著。

盧溝橋事變和中日戰爭

經過公元一九三六年底的西安事變後，到了公元一九三七年，國共兩黨急速接近，抗日運動的氣焰一舉高漲了起來。對劇烈的政治情勢變化感到焦慮的日本軍，認為在抗日體制建立之前必須要先有所行動，於是藉口說七月七日晚上，中國軍隊對在盧溝橋做夜間訓練的日本軍開槍，隔天早上便攻擊屯駐在附近的中國軍隊，開啟了一開始並沒有宣戰的全面戰爭。

當時的日本軍沒有想到這場戰爭會陷入膠著，原本認為僅要數個月就可以結束。但日本即使投入五十萬日軍，攻占了天津、北京、上海、廣州、以及首都南京，國民政府仍是不斷抗戰，使戰爭長期化。

抗日民族統一戰線

公元一九三七年九月，國共兩黨彼此保持獨立的同時，也互相協助，建立第二次國共合作，連成抗日民族統一戰線。共產黨所指導的紅軍重新整編華北的八路軍和華中、華南的新四軍，也將陝西省北部的蘇維埃政府改稱陝甘寧邊區政府納入國民政府的統治下。結果，中國團結為一，抗戰的力量明顯增強。

膠著化的戰局

資源缺乏的日本，無法承受長期的戰爭，希望能在短期內結束中日戰爭，但面對中國高漲的抗戰意識，卻完全找不到停戰的機會。而失去首都南京、武漢（遷都地）的國民政府，再將首都遷到中國內地的重慶，繼續抗戰。

日本軍隊雖然占領了北從綏遠、察哈爾兩省，南到廣東省的廣大區域，但都不過是連接都市、鐵路的「點和線」的占領，日本軍並沒有擴大占領區的餘力，到了公元一九三八年底，已經完全不可能再

日本軍隊於一九三七年八月提出「膺懲（懲罰）支那軍隊的暴戾（違反人道）」的聲明，開始全面戰爭。

擴大戰線。在此同時，日本軍更為共產黨所指揮的游擊戰所苦。

為何高喊「何日君再來」？

日本軍雖已占領中國主要都市，但對中國人抗戰意識仍堅強卻相當苦惱的日本軍，於是在各地組織傀儡政府，企圖摧毀中國人的戰鬥意志。公元一九四〇年，日本讓離開重慶、與蔣介石是競爭對手的汪精衛（汪兆銘）在南京組織國民政府，企圖統一各地的傀儡政府，但卻無法獲得民眾的支持。

在日本軍占領的地區，民眾將愛情電影主題曲「何日君再來」的「君」比做蔣介石，一邊哼歌，一邊祈求對日抗戰的勝利。

●中日戰爭的經過

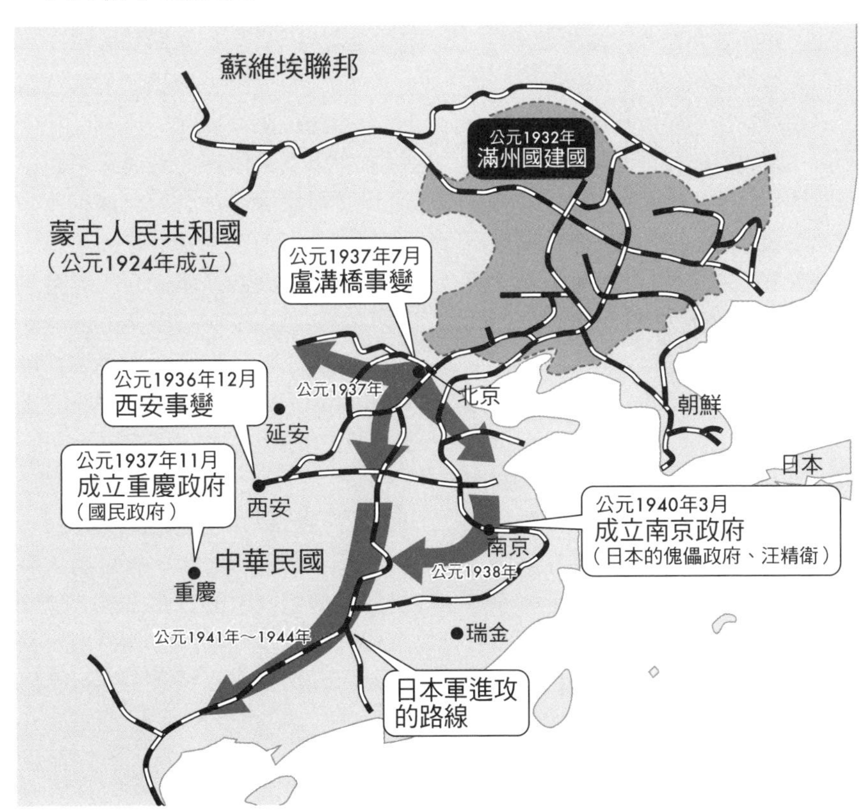

國共合作的破局和毛澤東的抬頭

將民眾組織起來的共產黨解放區，成為維持作戰的主要勢力，國共合作實質上已經瓦解。

游擊戰和共產黨勢力的擴張

當日本軍隊占領區域逐漸擴大時，國民政府的統治體制也隨之瓦解，民眾於是不得不自立對日抗戰。利用這樣的狀況，共產黨所指導的八路軍、新四軍將民眾組織起來，建立抗日根據地，培育成解放區。在日本軍占領地背後的廣大解放區，共產黨軍隊不斷反覆的強悍游擊戰，讓日本軍隊遭受痛苦的打擊。

公元一九四〇年時，八路軍從開戰當初的三萬人成長到四十萬人，而新四軍也從一萬多人急速成長到十萬人。

從公元一九四〇年八月開始的三個多月裡，四十萬八路軍以連繫河北和山西的正太鐵路沿線為中心，對日本軍占領下的鐵路網和屯駐地展開攻擊，這個嚴重打擊日本軍的「百團大戰」，是決定共產黨軍隊擴張勢力的大戰。（譯註：為打破日軍的「囚籠政策」，八路軍總部在發起破襲正太鐵路戰役時，規定參戰兵力不少於二十二個團，但實際參戰的兵力卻達到一百零五個團〔約二十萬人〕，所以稱為百團大戰。）

國共合作實質上瓦解

對共產黨勢力擴張懷有強烈警戒心的國民黨，公元一九四〇年十月，要求黃河以南的共產黨軍隊移動到黃河以北，加強對共產黨軍隊據點陝甘寧邊區的包圍。

公元一九四一年一月，發生了本來在安徽省南部作戰的新四軍，在往北移動的途中被八萬名國民黨軍隊消滅的皖南事件，國共兩黨的關係因此惡化，合作也實質上瓦解。

日軍的攻擊和解放區的危機

公元一九四〇年，在百團大戰遭受到嚴重打擊的日本軍隊，包圍游擊戰司令基地的陝甘寧邊區，從公元一九四一年到翌年，進行徹底

公元一九四〇年，八路軍四十萬人、新四軍十萬人，人口約一億的抗日根據地（解放區）形成。

的攻擊。結果，解放區急速縮小，人口減少了一半，八路軍也折損了十萬名士兵。

整風運動

共產黨面對這樣的危機，以自力更生的糧食增產運動和統一黨內思想的整風運動來克服渡過。這個運動提高了領導者毛澤東的權威。

認為毛澤東才是抗日戰爭領導者的想法，也因此深植在人民的心中。

●中日戰爭下日本軍隊勢力的膨脹（公元1941年底）

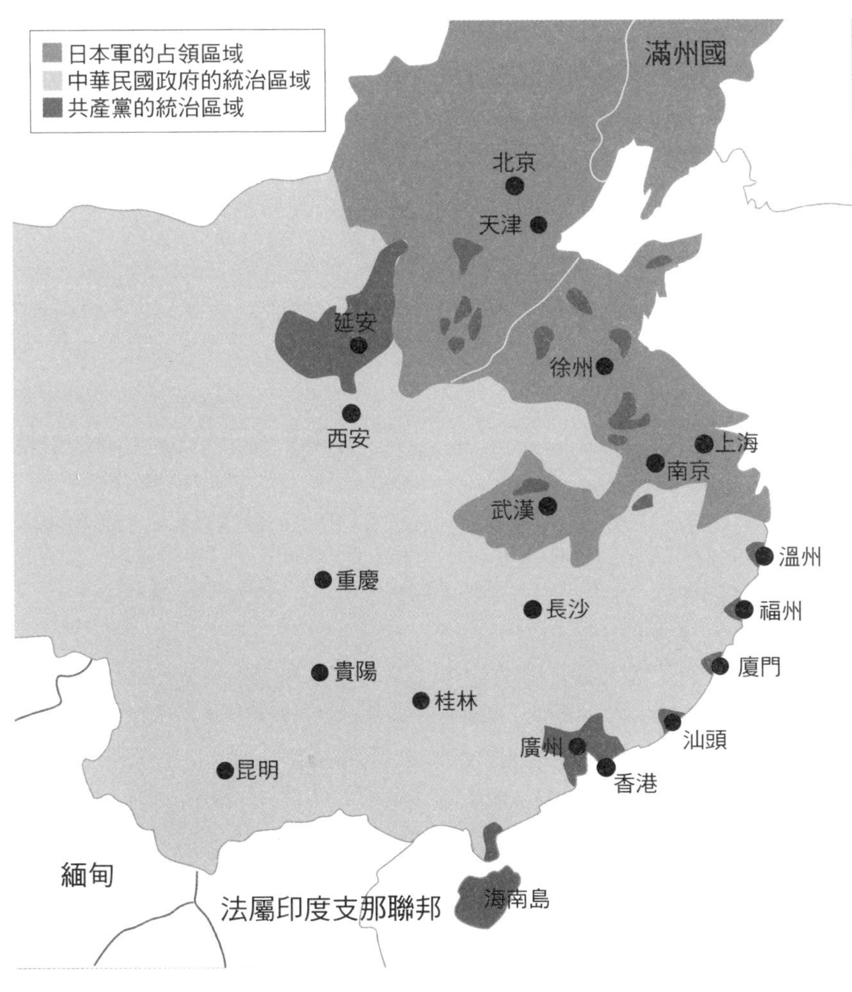

公元1941年～1945年　太平洋戰爭

與世界為敵的日本

日本偷襲珍珠港引發太平洋戰爭，中日戰爭於是變成第二次世界大戰的一部分。

世界局勢的激烈變化

當中日戰爭長期化、陷入膠著時，公元一九三九年七月，美國以自己在中國的通商權益遭到侵犯為由，通知日本將在六個月後解除美日通商條約。因此讓大部分戰略物資都仰賴美國的日本遭受到嚴重的打擊。

同年九月在歐洲，德國入侵波蘭，英國、法國因此對德國宣戰，第二次世界大戰自此展開序幕。

日本入侵印度支那

公元一九四〇年夏天，納粹德國攻勢盡出，短時間內就占領了法國，對納粹德國的實力評價過高的日本，與德國、義大利結成三國同盟，同時在九月占領法屬印度支那北部、翌年七月占領法屬印度支那南部。（譯註：法屬印度支那聯邦，是亞洲大陸東南部地區名稱，主要包括越南、柬埔寨、寮國地區。因為當初是法國屬地，所以又稱法印。廣義上還包括泰國、緬甸、馬來西亞西部。）

對於日軍的這項舉動，美國對日本實施了石油和鐵屑的禁運措施。雙方交涉時，美國要求日本從中國撤軍，但已經犧牲很多人的日本軍隊無法接受這個要求。

從中日戰爭到太平洋戰爭

公元一九四一年六月，德國軍隊入侵蘇聯，德蘇戰爭爆發。到了八月，英、美兩國發表大西洋憲章，呼籲保衛民主主義的團結，獲得了蘇聯等十五個國家的支持。

同年十二月八日，為了支撐中日戰爭，不得不轉而仰賴東南亞戰略資源的日本，偷襲馬來半島、夏威夷的珍珠港，引發了太平洋戰爭。因為美國不只對日本，也對德國、義大利宣戰，所以歐洲和亞洲的戰爭連成一線，中日戰爭於是變成第二次世界大戰的一部分。同年

聯合國共同宣言裡，約定不單獨講和。在這個宣言裡，第一次提出所謂「聯合國」的字眼。

十二月九日，中國的國民政府也向日本、德國、義大利宣戰。

公元一九四二年一月一日，美國、英國、蘇聯、中國等二十六個國家簽訂聯合國共同宣言，蔣介石成為中國戰區的最高統帥。

●太平洋戰爭下的日本處境

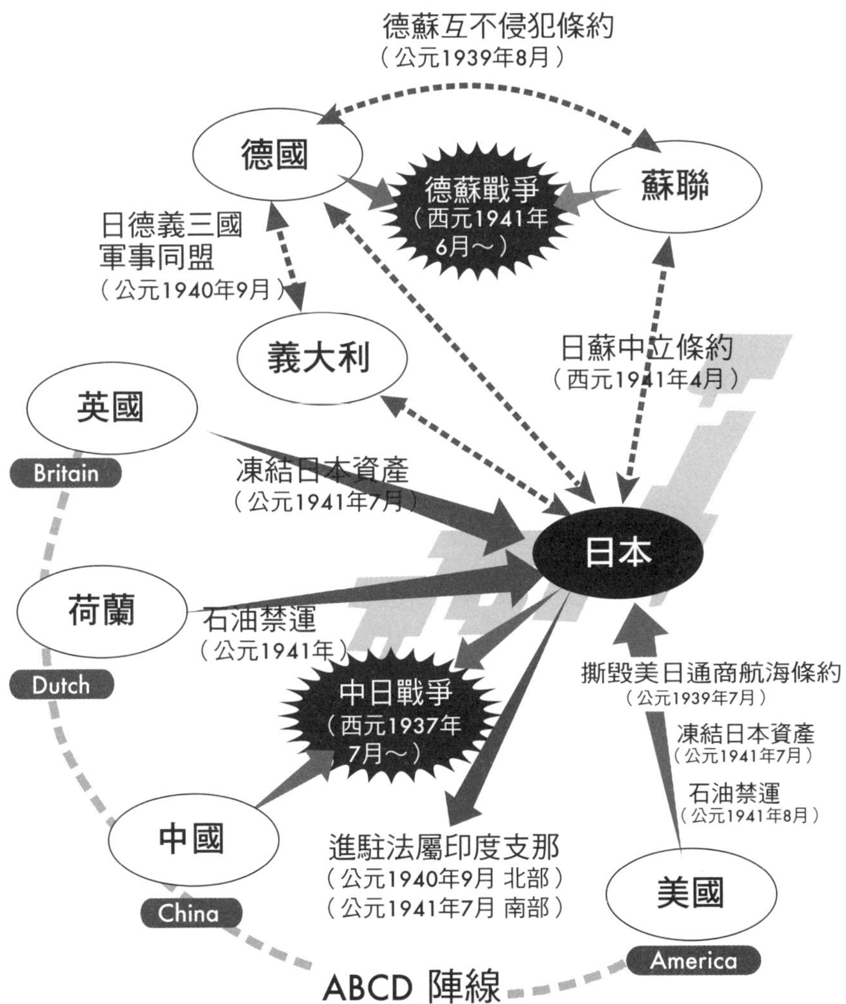

公元1942年～1945年　第二次世界大戰的轉變

美蘇主導終結戰爭

日本無條件投降結束了第二次世界大戰，由美國、蘇聯兩大國家主導進行戰後處理。

急速縮小的日軍占領區

太平洋戰爭的初期，日本占領了馬來、菲律賓、爪哇、蘇門答臘、緬甸等廣大的區域，戰局在日軍居優勢的情形下進行。但是，在物資方面占優勢的美國卻逐漸逆轉了戰局。公元一九四二年六月，中途島海戰獲勝的美軍，在瓜達爾卡納爾島一戰之後，逐漸一一奪回太平洋海域上的據點，公元一九四五年六月，沖繩一戰消滅所有的日軍，占領了沖繩。

美國加入中國戰線

從公元一九四四年四月開始，日本軍隊在中國戰線進行所謂「大陸打通作戰」的最後大規模作戰。日本軍隊占領了從北京到廣州的鐵路、以及建立在中國西南部的許多美國空軍基地。對此，美軍則從四川的成都基地開始進行空襲轟炸，給予日本軍隊嚴重的打擊。

美國在加強影響力的同時，總統羅斯福寫信給蔣介石，要求由美軍的史迪威將軍（譯註：公元一八八三年～一九四六年，美國將軍，第二次世界大戰期間任中、緬、印軍司令，綽號為Vinegar Joe）擔任中國美軍、國民黨軍、共產黨軍的最高指揮官。但是因為史迪威將軍也計畫給予共產黨軍隊軍事援助，所以蔣介石拒絕由他擔任。但由此可以明白美國在中國戰線的指導力量已經增強了。

到了公元一九四五年，不得不從太平洋諸地區撤退的日軍，為了將兵力集中在重要的據點，開始從中國占領區撤兵，而其在中國的戰線也因此瓦解。

由美國和蘇聯主導結束大戰

戰爭接近結束時開始有關戰後處理的討論，美、英、蘇成為執國際政治之牛耳的三大國。公元一九四五年二月所召開的雅爾達會

中日戰爭的死亡人數，中國軍隊有一百零三萬人、日本軍隊有四十萬五千人。

議（密會），美國總統羅斯福要求蘇聯的史達林撕毀日蘇中立條約，對日宣戰，並私下背著蔣介石答應蘇聯：1.恢復旅順的租借權；2.大連的國際化和保證蘇聯的權益；3.南滿鐵路的中蘇合併化；4.外蒙古維持現狀；5.歸還樺太（庫頁島）南部、千島群島給蘇聯等條件。

公元一九四五年七月二十六日，美國、英國、中國簽署波茨坦宣言，要求日本無條件投降。八月，日本廣島、長崎相繼被美國投下原子彈。且根據雅爾達會議（密約），八月九日，一百五十萬名以上的蘇聯軍隊橫渡五千公里，一舉進攻滿州國。八月十五日，計策用盡的日本，接受了波茨坦宣言，向聯合國無條件投降。中國的國民政府，八月十四日與蘇聯之間簽訂中蘇友好條約，八月十七日，滿州國的溥儀皇帝退位，由日本扶植的傀儡國家瓦解。

八月二十二日，占領滿州主要都市的蘇聯軍隊，迅速抵達遼東半島南端的大連、旅順，消滅各地的關東軍。

●太平洋戰爭的攻防

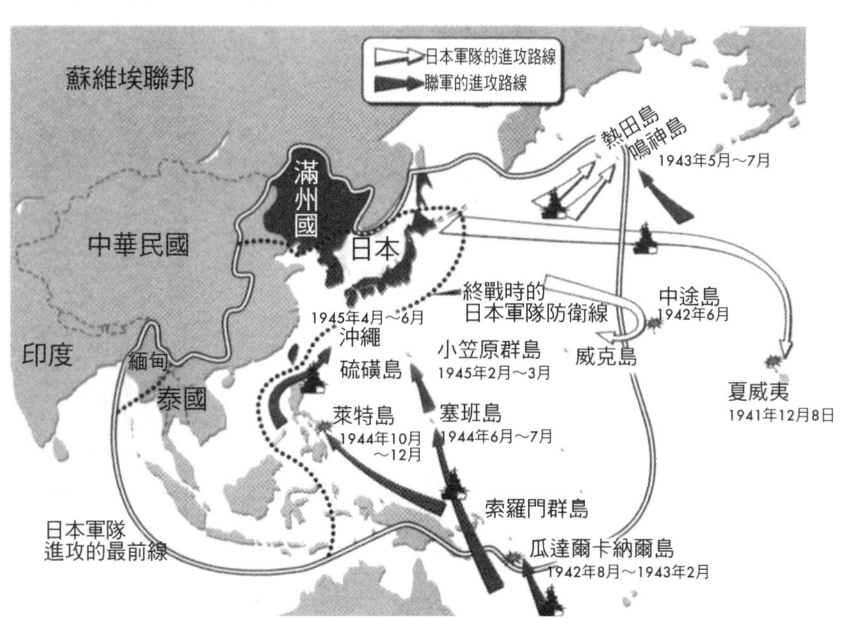

大戰後的世界和亞洲的改變

戰後國際秩序的形成雖然以聯合國為中心，但殖民地統治體制的瓦解，使東西對立更形激烈。

聯合國和國際新秩序

第二次世界大戰後的國際秩序，在聯合國和國際貨幣基金會（IMF）（譯註：IMF於一九四四年成立。）這兩個主軸體制下形成。

聯合國的構想是第二次世界大戰中由美國國務院所提出的構思。根據這個構思，公元一九四四年十月，在華盛頓郊外的敦巴頓橡樹園，美國、英國、蘇聯、中國的代表進行會商，做成聯合國憲章草案。公元一九四五年六月，在聯合國五十個會員國代表出席下，於舊金山召開聯合國憲章表決會議，然後在十月，由五十一個加盟國正式組成聯合國。

以美國總統羅斯福等「四人警察官」構想為基礎，由美、英、中、蘇這四個發起國和法國擔任擁有高於總會權限的「安全保障理事會」常任理事國，擁有否決權，以及掌握聯合國的意思決定權。安全保障理事會如果做出決定，則加盟國有經濟制裁、斷絕邦交的義務。而日本、德國等，在當時則被置於和平構想的體制之外。

在第二次世界大戰中，中國成功地廢除了不平等條約，獲得在亞洲戰線與美國一起站出來對抗「法西斯」勢力最前線的評價，而再度成為大國。

亞洲諸國的獨立風潮

第二次世界大戰日本的戰敗，也連帶使歐美列強的殖民地統治體制瓦解。民族獨立的浪潮從東亞、東南亞擴大到了西亞，從十九世紀以來，以歐洲諸國為中心的世界秩序瓦解。對此，英國、法國、荷蘭等舊宗主國，因為想透過武力再度統治殖民地，導致各地都展開了民族獨立抗爭。

歷史筆記 蘇聯過分低估中國共產黨的力量，一九四五年八月十四日承認國民政府是代表中國的政府。

冷戰開始

第二次世界大戰末期的一九四四年，蘇聯軍隊因追擊德國軍隊而向東歐進攻。在蘇聯軍隊進駐的東歐，共產黨勢力增強，並且建立人民民主主義政權。對此，公元一九四六年，英國前首相邱吉爾說：「從波羅的海的史特汀到亞得里亞海的的里雅斯特，鐵幕已經被放下來了」，充分表現出對社會主義圈擴大的危機意識。

公元一九四七年三月，美國總統杜魯門將杜魯門主義送交議會，採取對希臘、土耳其進行軍事援助，表明要將共產主義封鎖在一定範圍的「封鎖」政策。六月，國務卿馬歇爾發表了美國金援復興歐洲經濟的馬歇爾計畫。翌年，蘇聯、東歐與法國、義大利的共產黨共同成立國際共產黨情報局（Cominform）（譯註：全名為Communist Information Bureau, 共產黨及勞工黨情報局。公元一九四七年，以蘇聯為首的歐洲九國共產黨共同設立的情報交換、活動調整的聯絡機關。公元一九五六年解散），顯示出與以美國為首的自由主義圈對立的態度。

公元一九四八年發生的捷克斯洛伐克共產黨政變，使東西對立更形激烈，冷戰於是從歐洲擴大到了全世界。

●東西冷戰的結構

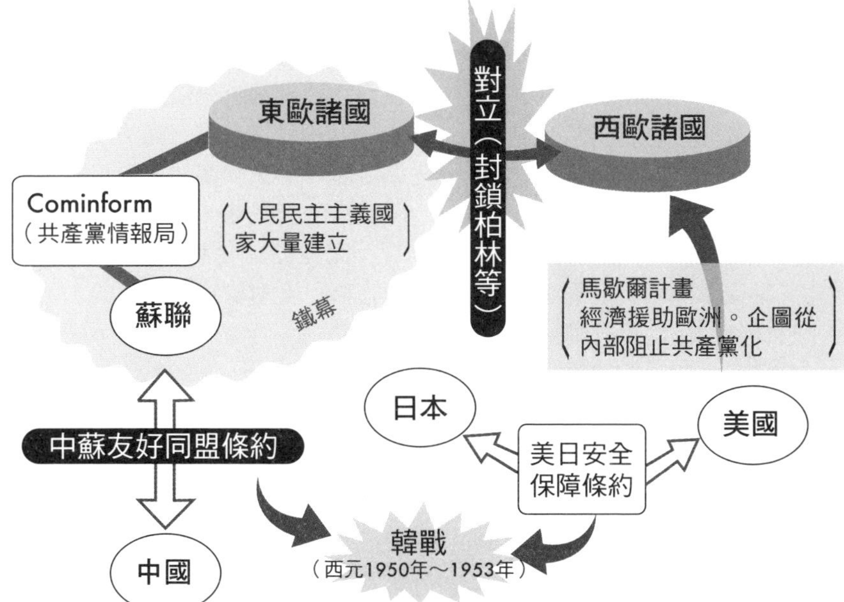

公元1949年　中華人民共和國的成立

國共內戰後出現的社會主義國家

從大戰後的和平氣氛一轉變成內戰的中國，毛澤東所領導的共產黨獲得勝利，中華人民共和國成立。

相爭的國民黨和共產黨

日本無條件投降和二次世界大戰的結束，讓新確立霸權的美國勢力全面進入了東亞。企圖透過國民黨擴大對中國影響力的美國，從太平洋戰爭爆發開始，就給予國民黨龐大的經濟援助。其總金額到戰爭結束為止，約有十六億美金；之後到公元一九四九年國民黨政權遷往台灣為止，共約援助了四十四億美金。

雖然對日抗戰時不斷在解放區擴大勢力的共產黨，與希望建立統一政權的國民黨之間，主導權之爭已經到達了頂點，但在軍事上居於劣勢的共產黨，卻希望以和平的方式解決鬥爭。

公元一九四五年八月，蔣介石、毛澤東在重慶舉行會談，共產黨一方大幅讓步，約定解除八個解放區、削減軍隊等。結果雙方在十月十日締結避免內戰的雙十協定，並於公元一九四六年一月締結國共停戰協定等，使得以和平的國家體制重建祖國的氣氛高漲。

從農村包圍都市

公元一九四六年三月，國民黨在第二次中央委員會（二中全會），急速變更之前的和平統一路線，開始對華中、華北的解放區進行總攻擊。當時，擁有美式裝備的國民黨軍隊有四百三十萬人，而裝備惡劣的共產黨軍隊是一百二十萬人。僅四個月，國民黨軍隊就占領了解放區的一百零五個都市。並在內戰開始不久的公元一九四六年五月，將首都自重慶遷回到南京，十一月國民黨一黨召開的國民大會制定了中華民國憲法，翌年選出蔣介石擔任總統。

從內戰無法避免的一九四六年以降，共產黨沒收地主的土地分配給農民，實施土地改革，吸收農民當兵（公元一九四七年三月改稱

將重點放在安定歐洲的美國，希望中國避免內戰並協助國民黨建立安定政權，所以派遣特使馬歇爾來到中國。

「人民解放軍」），採取從農村包圍都市的作戰。另一方面，國民黨所統治的都市地區，因為中日戰爭所留下的傷害仍存在，每個人都為失業和糧食不足所苦。

公元一九四七年三月，十年來一直都是共產黨中央機關所在的延安被國民黨軍隊占領。人民解放軍九月從農村開始反攻，公元一九四八年十月，整個東北地方被人民解放軍所占領，四十七萬的國民黨軍隊投降。公元一九四九年二月，國民黨不得不放棄長江以北，同年底除了西藏、台灣之外，全都被共產黨所占領。

中華人民共和國的成立

公元一九四九年九月，在北京召開中國人民政治協商會議，制定臨時憲法，由毛澤東擔任主席、周恩來擔任總理。十月一日，在天安門廣場聚集三十萬的民眾，毛澤東宣布建立中華人民共和國。社會主義的中國就此誕生。

另一方面，失敗的蔣介石逃到台灣，國民政府（中華民國政府）經由重慶、成都、廣州，同年十二月終於在台北落腳。

●解放區的擴大

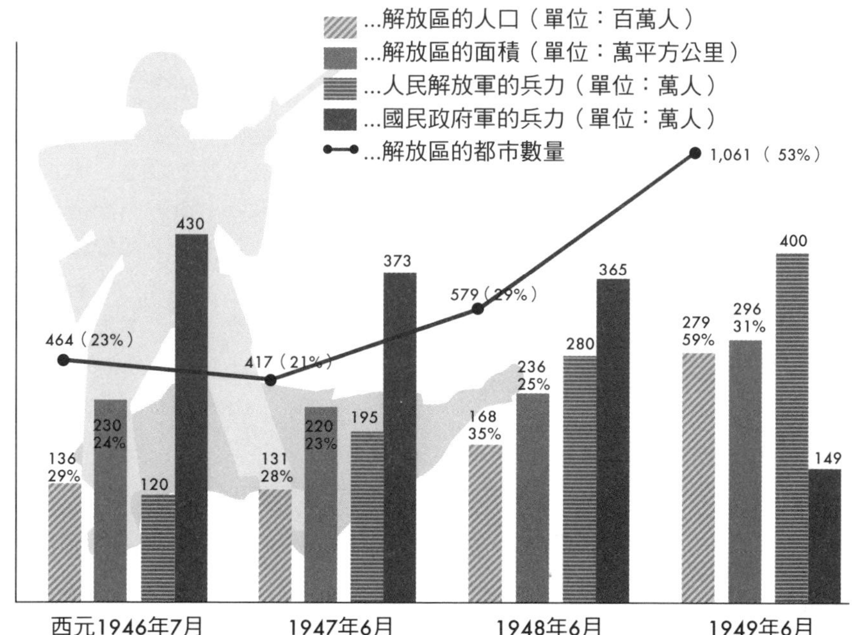

公元1950年～1953年　朝鮮戰爭

至今仍持續對立的分裂國家

在朝鮮半島，大韓民國和朝鮮民主主義人民共和國成立，爆發了可說是由美蘇代理的韓戰。

美蘇對立下的朝鮮半島

日本投降之後，脫離日本殖民統治的朝鮮，以北緯三十八度線為暫時界定線，北半邊由蘇聯統治、南半邊由美國統治。當初，雖然約定統治期限最長是五年，但隨著冷戰的進行，南北分離的態勢也逐漸增強。就在美蘇冷戰下，公元一九四八年八月，南朝鮮以李承晚為總統，成立「大韓民國」；九月北朝鮮以金日成為首相，成立「朝鮮民主主義人民共和國」。

北朝鮮進攻南韓

公元一九五〇年六月二十五日北朝鮮軍隊越過北緯三十八度線入侵南韓（武力入侵），韓戰爆發。當時的背景是：六月駐韓美軍已經撤退完畢；西歐的柏林封鎖失敗；蘇聯必須恢復威信、對逐漸在中國建立政權的毛澤東強化立場等。

北朝鮮軍隊最初居於壓倒性優勢，八月將美國軍隊和韓國軍隊追趕到了釜山。但就在這個時候，為了革命後的社會主義中國能在聯合國取得代表權，蘇聯抵制安全保障理事會，安全保障理事會於是決議「擊退北朝鮮的武力攻擊，恢復這個區域的國際和平和安全」，決定以美軍為主，派遣聯合國軍隊前往朝鮮。

聯合國的司令部設在東京，九月，麥克阿瑟所率領的美國軍隊進行仁川登陸戰，收復漢城，越過北緯三十八度線直抵中國邊境。但十一月，革命後不久的中國軍隊卻站在北朝鮮這一方，派遣中國人民義勇軍加入戰爭，使戰局變得更加激烈，雙方在北緯三十八度線陷入膠著狀態。公元一九五三年七月，雙方勢力以北緯三十八度線上的板門店為界休戰。

公元一九五四年一月，美國國務卿杜勒斯警告中國說：「如果進攻台灣，美國將反擊大陸。」

擴大到世界的冷戰

美國總統杜魯門利用韓戰積極讓冷戰世界化。美國一年的軍事預算，也從一百三十億美金一舉暴增到三百五十億美金。韓戰一爆發，美國就派遣第七艦隊來到台灣海峽，防守高呼要反攻大陸的國民政府，凍結國共戰爭。另一方面，公元一九五一年九月在美國召開的舊金山和平會議上，日本和西方四十八個國家締結和平條約，恢復了獨立。此外，日本和美國還簽訂美日安全保障條約，成為西方陣營的一員。

●在東亞的東西對立——韓戰

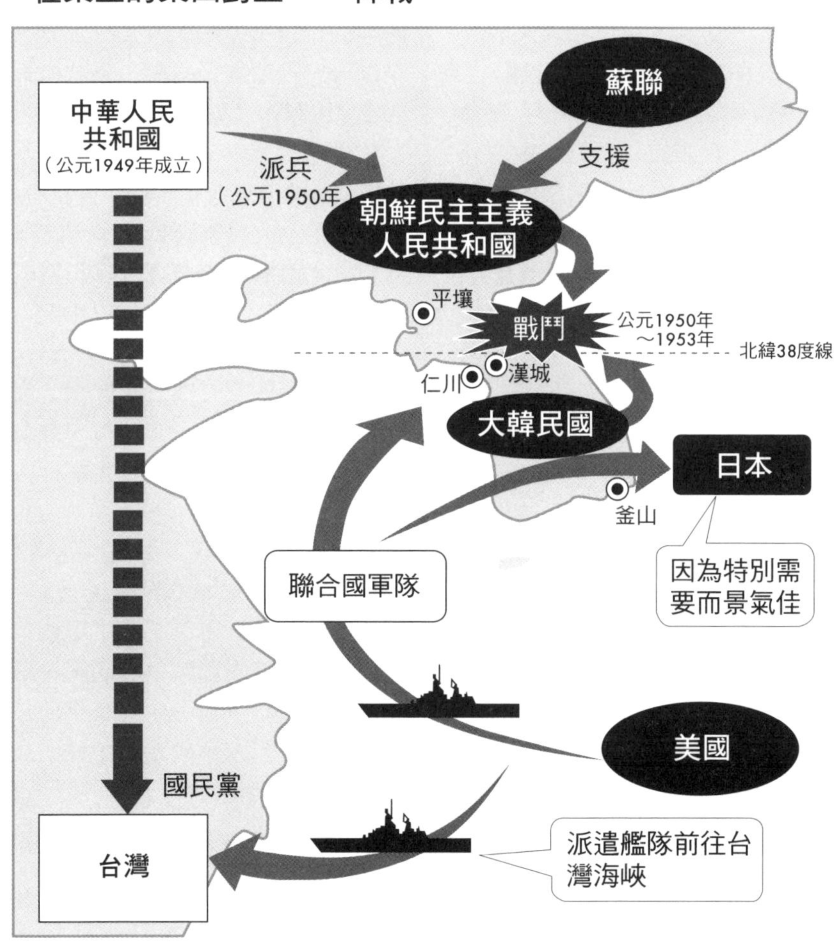

開始建設新中國

中華人民共和國建國之初努力於復興經濟和安定民生，之後致力於蘇聯、東歐式的經濟建設。

繼承一百一十年的積弊

繼承了鴉片戰爭後的殖民化、內戰和中日戰爭等所累積下來的貧困經濟，對中華人民共和國來說，復興經濟和安定民生是一大課題。

中國將公元一九四九年到公元一九五二年設定為建設社會主義國家的準備期。進行全國性的土地改革、接收外國資本與企業、國民黨體系官方資本、克服通貨膨脹等措施，終於在西元一九五二年將經濟水準恢復到中日戰爭前的公元一九三六年的水準。

到了公元一九五〇年，中蘇締結中蘇友好互助條約，公元一九五三年以降，開始嘗試進行蘇聯式的經濟建設。還有，西元一九五一年軍事占領西藏，將西藏納入中華人民共和國的版圖。

因韓戰而覺醒的富國強兵政策

韓戰時，所派遣的將近一百萬軍隊（中國人民義勇軍）占國家財政四成以上的軍費支出，帶給中國沉重的負擔。再加上戰後西歐諸國的經濟封鎖，中國從公元一九五三年以後，開始進行蘇聯、東歐模式的經濟建設。

公元一九五三年，訂定國家改造成為社會主義過渡期的「過渡時期總路線」。將重點放在農業的集團化、工商業的國有化、重工業的建設上。

從公元一九五三年到公元一九五七年的第一次五年計畫，在蘇聯的援助下，建立了鋼鐵、電力等的基礎，農業的集團化也進行得較為順利。

企圖成為亞洲外交的盟主

公元一九五四年，為了調停越南和法國印度支那戰爭的國際會議在日內瓦舉行。當時中國首相兼外交部長的周恩來，成為新中國成立

歷史筆記

公元一九五六年，中國的工業生產額達到公元一九五二年的一八四%，提早一年達到第一次五年計畫的目標。

後的第一位出席國際會議代表，主張由印度支那人民自決。

會議休會中，周恩來和印度、緬甸一起提出五項和平原則的共同聲明，確立了新興獨立國之間的外交原則。這項精神後來擴大到了整個亞洲、非洲，公元一九五五年四月，在印尼萬隆召開了亞洲、非洲共二十九國政府代表參加的第一次亞洲、非洲會議（萬隆會議）。會議中決定反殖民地主義、互相協助、和平共存、非同盟等萬隆十項原則。

●現代中國政策的變遷

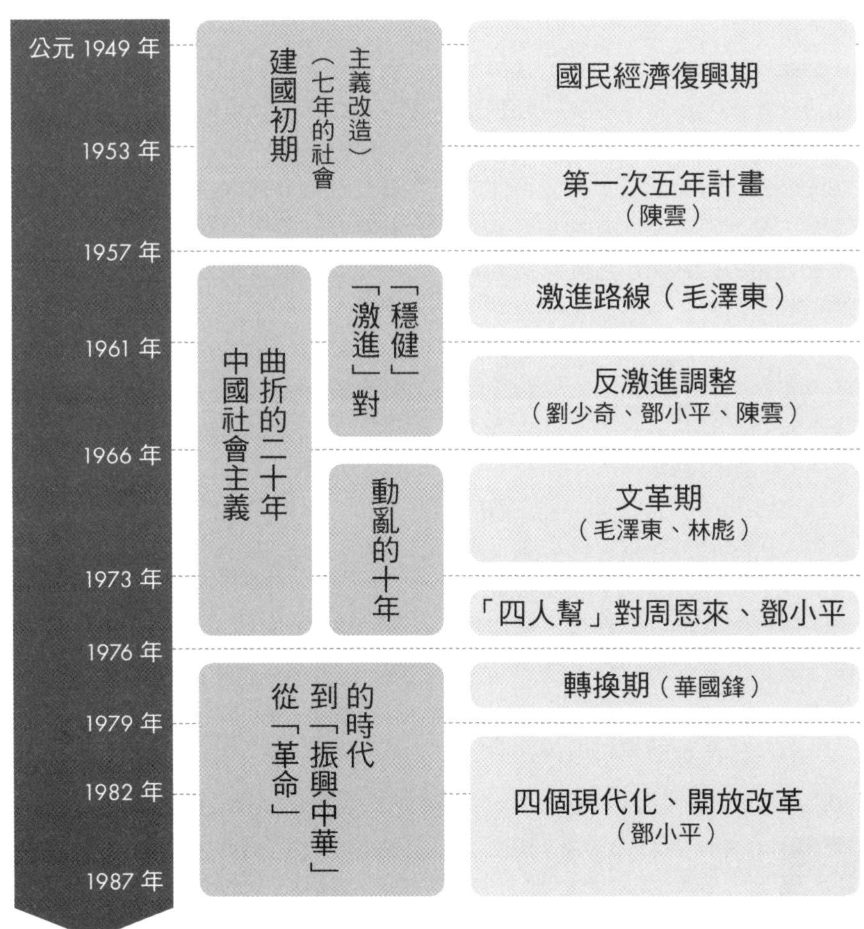

毛澤東式經濟建設的悲慘結局

毛澤東的「大躍進」和「文化大革命」帶來極大的傷害，而中蘇對立則因為武裝衝突而浮上檯面。

批判史達林和大躍進

公元一九五六年蘇聯共產黨二十次大會上，黨第一書記赫魯雪夫（譯註：公元一八九四年～公元一九七一年，蘇聯政治家）對史達林的批判，大大地影響了中國的社會主義建設。赫魯雪夫主張在所謂謀求國民經濟均衡的同時，進行穩健的經濟建設，建立朝向社會主義式的民主主義之完備法律，防止個人崇拜的聲浪高漲。

對此，毛澤東在「東風壓倒西風（社會主義的優勢）」的國際認識下，公元一九五八年，打出「大躍進」的激進總路線。毛澤東無視於經濟合理性，只注重精神主義的農村人民公社（管轄共同農業、農村工業、民政、民兵的組織）、土法煉鋼的農村工業建設、農作物的深耕密植等經濟政策，最後完全失敗了；更雪上加霜的是，公元一九五九年異常氣象所引發的農作物嚴重歉收，結果造成二千萬人死於飢餓，大躍進運動於是悲慘結束。

暫時回歸現實路線

由於毛澤東的革命路線，和尋求和平共存的蘇聯之間嫌隙擴大，到了公元一九六〇年，蘇聯停止對中國的一切技術援助、設備提供，一舉從中國撤回將近一千四百名的技術人員。

公元一九五九年劉少奇就任國家主席後，到公元一九六五年為止，中國國內實施務實的經濟調整政策。在這段期間裡，公元一九六四年中國核子試爆成功，成為擁有核武的國家之一。

無產階級文化大革命和社會混亂

因為大躍進失敗而失去勞工、農民支持的毛澤東，最後可以依靠

現在的中國認為，無產階級文化大革命是毛澤東錯誤的決定，造成了巨大損害的內亂。

的是在社會主義教育下成長的青年們。利用建國後所累積的社會矛盾、越南戰爭、中蘇對立等種種困難，毛澤東以「打倒黨內走資本主義路線實權派（走資派）」為名，組織動員名為「紅衛兵」的青年群眾運動，破壞既有的所有制度、黨組織，以自己為最高領導者，建立統治中國的體制。這就是所謂的「文化大革命」。

在那段期間，劉少奇失勢，並遭到永遠剝奪黨籍的處分。到了公元一九七一年，更發生毛澤東盟友林彪武裝政變失敗死亡的事件。

文化大革命的破壞力極大，經濟上的損失超過五千億元、社會上有超過一億人受害。

在文化大革命下，中國與蘇聯的關係日益惡化，公元一九六九年，兩國軍隊發生了武力衝突。此時，因越南戰爭陷入困境的美國，想在外交上利用中蘇兩國的對立而親近中國，就在美蘇的共同同意下，公元一九七一年，聯合國的代表權從台灣的中華民國轉移到了中華人民共和國。

●十年的無產階級文化大革命

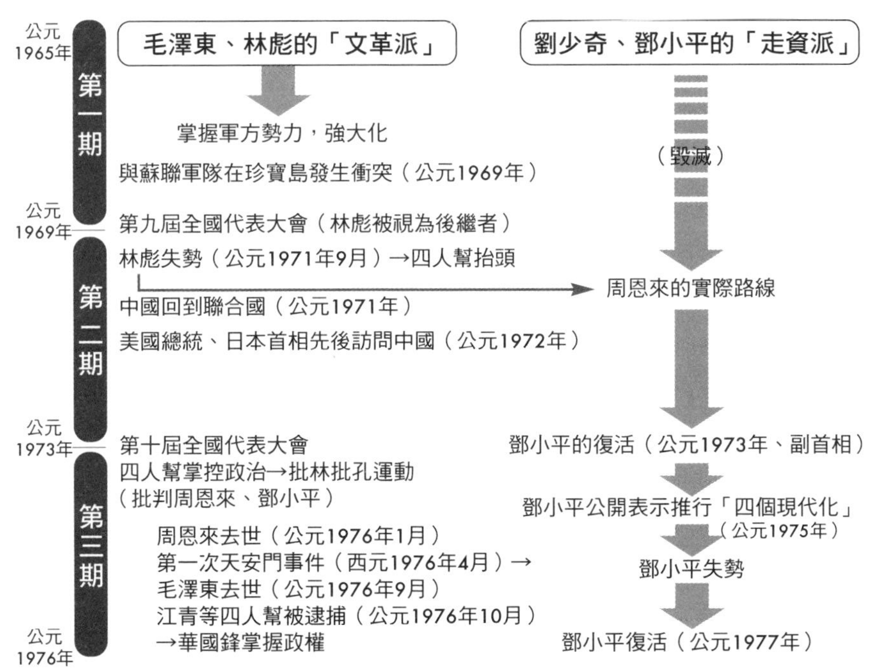

公元1959年～1989年 中蘇對立和中美親近

因冷戰結束而站在歧路上的中國

蘇聯、東歐的解體和冷戰的結束，社會主義下的中國在外交上面臨了嚴苛的考驗。

中蘇的衝突

脫離蘇聯和第三國際指導、服膺毛澤東思想、從農村包圍都市進行革命的中國共產黨，原本要求脫離蘇聯的自主性傾向就很強。

在台灣海峽危機之際，公元一九五九年，蘇聯拒絕提供中國核子、導彈技術，是兩國決裂的決定性因素。公元一九六〇年，蘇聯停止對中國的一切技術援助，一舉召回所有在中國的蘇聯技術人員。公元一九六四年，中國核子試爆成功。

到了公元一九六九年，中蘇兩國的軍隊在烏蘇里江的珍寶島發生軍事衝突，中蘇的爭論演變成軍事對立，也因此使得中國對外的路線，不得不改為親近美國。

中國和美國的接近

想盡辦法要打破越戰困境的美國，對中國傳送親善的秋波。而在中國，周恩來等人，也為了避免同時與美、蘇兩國正面作戰，所以改變了對美的政策。公元一九七一年，在美、蘇的同意下，聯合國的代表權轉移到了中華人民共和國。公元一九七二年，美國總統尼克森訪問中國，發表共同宣言，表明反對蘇聯霸權主義；公元一九七八年締結加入霸權條例的中日和平條約；公元一九七九年，美、中建立邦交。

攻入越南的中國

當公元一九七八年，越南與蘇聯締結友好協助條約，表示向蘇聯靠攏的態度時，與越南一直有國界之爭的中國軍隊，於公元一九七九年二月進攻越南，爆發中越戰爭。三月，中國撕毀中蘇友好同盟相互援助條約，中蘇兩國的關係一舉惡化。

脫離社會主義的潮流

在冷戰體制下，擴張軍備競

追求民主化的學生、民眾，公元一九八九年五月，在天安門廣場不斷高呼反失業反飢餓的示威，但中國政府卻在六月說他們是「反革命暴亂」而加以鎮壓。

爭失敗、體制上矛盾擴大的蘇聯，公元一九八五年由戈巴契夫就任共產黨書記長，他企圖透過重建、改革、情報公開來躲過嚴重的經濟危機。戈巴契夫在公元一九八九年訪問當時因為學生民主化運動（之後演變成第二次天安門事件）而動搖的中國，在緊張的情形下改善了蘇聯與中國的關係。

六月四日，中國在槍聲下進行了造成二千六百人死亡、約一萬人受傷的鎮壓行動，此舉雖然結束了天安門事件，但卻遭到美國等西方各國的強烈譴責，甚至採取了制裁的措施。但在公元一九九〇年的波斯灣戰爭、公元一九九一年日本再度借款給中國之後，中國脫離了國際對它的孤立。（譯註：美伊戰後美國與反戰的中國簽訂自由貿易協定）

公元一九八九年，美蘇首腦在馬爾他宣示冷戰結束；公元一九九〇年東、西德統一，蘇聯的勢力持續退出東歐；公元一九九一年，蘇聯共產黨解體，蘇聯消滅，這使社會主義國家的中國在外交上面臨了嚴苛的考驗。

●冷戰中的危機和緊張的緩和

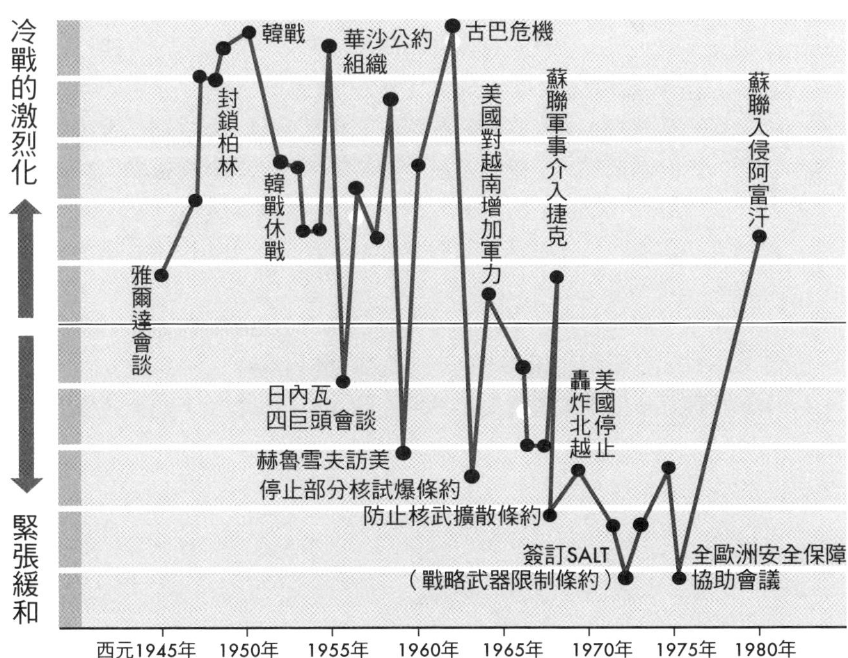

專欄

誤判國共內戰情勢的美國和蘇聯

在中日戰爭進入末期的公元一九四四年七月四日，中國共產黨機關報《解放日報》刊登了內容描述「美國是民主世界的兵工廠，第二次世界大戰的重要承擔者、太平洋戰爭最大的承擔者，並且已經建立了不朽的偉業」的新聞。

當時在延安所展開的共產黨路線，是採取尋求脫離蘇聯共產黨獨立、以民主革命為主軸的路線，總司令史迪威等駐紮在中國的美國人，都認為應該協助國民黨和共產黨，建立聯合政府才對。所以美國傾向扮演居間調停國民黨和共產黨的對立、在中國成立聯合政府的角色。

但到了十月，當美國政府所派遣的哈雷獲得蘇聯不援助中國共產黨的情報時，美國轉向認為由國民黨統一中國，因此不軍事支援共產黨，而改全面支援蔣介石政權的方針。在公元一九四五年二月的雅爾達密會裡，美國確認蘇聯支持國民政府；公元一九四五年八月，國民政府與蘇聯之間締結中蘇友好條約。美、蘇兩大國共同描繪了由國民黨統一中國的戰後世界秩序藍圖。於是，對情勢充滿自信的國民黨，加強排除共產黨的動作，到了公元一九四六年六月，國共開始內戰，十二月制定中華民國憲法，實現單一的政權。

但是，在中日戰爭下建立動員農民戰爭手法的共產黨勢力，遠超出美、蘇兩國的想像，公元一九四九年十月，共產黨建立了中華人民共和國，美國錯失了將中國納入自己影響之下的大好機會。

第10章

朝向全球化革命的時代

二十一世紀的東亞將如何改變？

⊙公元1970年代以後的東亞世界

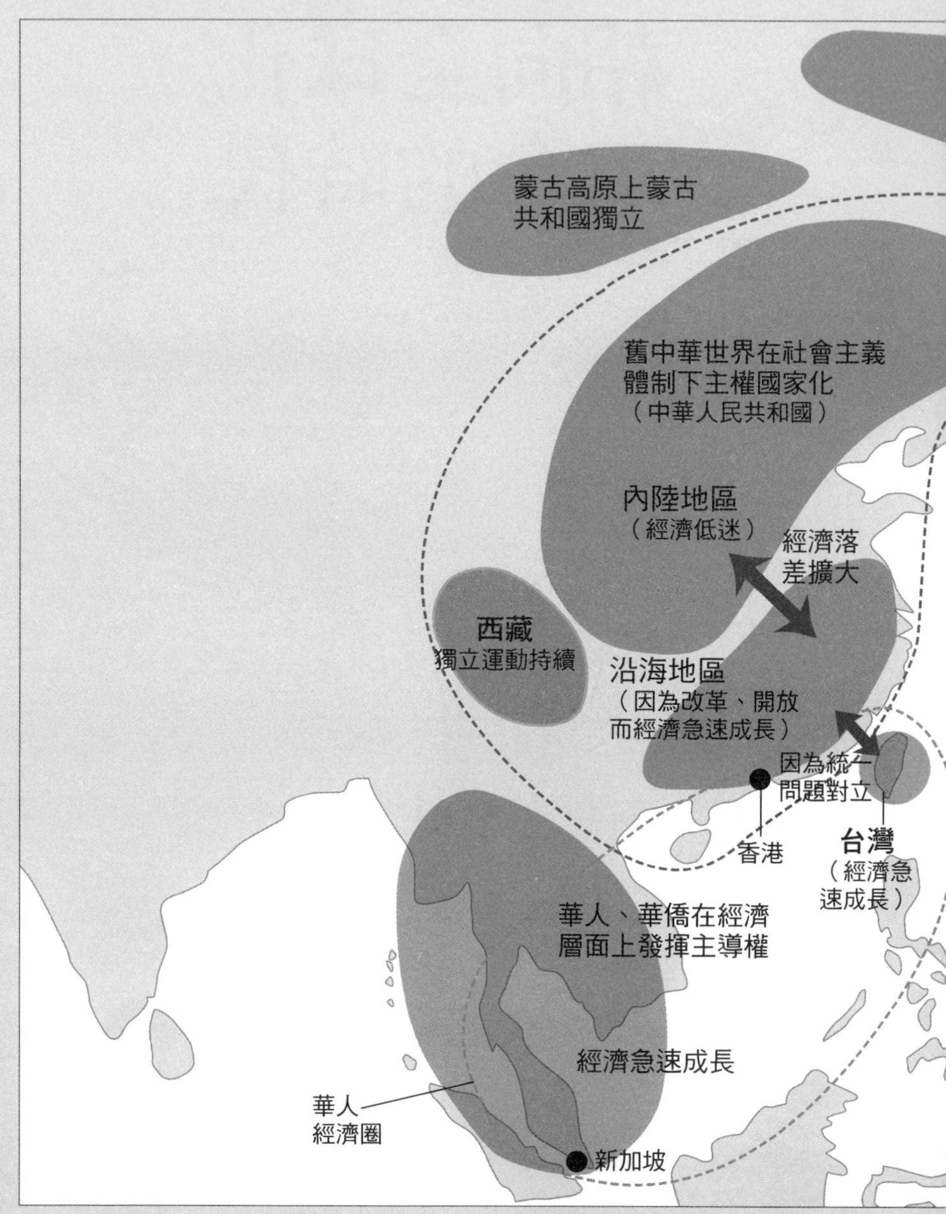

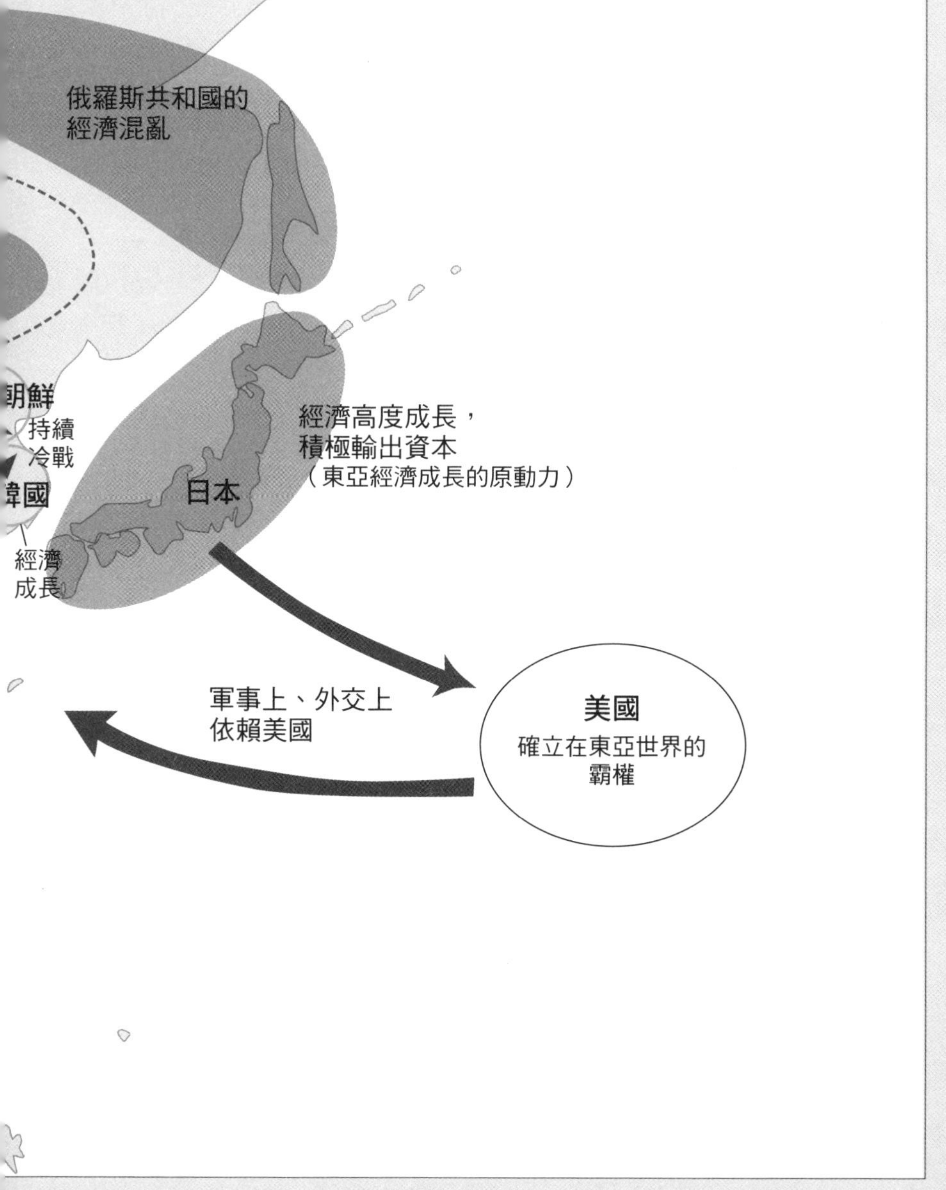
俄羅斯共和國的
經濟混亂
朝鮮
持續
冷戰
韓國
經濟
成長
日本
經濟高度成長，
積極輸出資本
（東亞經濟成長的原動力）
軍事上、外交上
依賴美國
美國
確立在東亞世界的
霸權

【東亞世界的經濟成長】

二次大戰後，公元一九五〇年代後半以降，達成高度經濟成長的日本經濟，成為牽引東亞世界的火車頭角色。進入七〇年代，因為美金衝擊和石油危機，世界景氣陷入長期的不景氣，全球規模的競爭也更形激烈。急速全球化的經濟，轉向浮動匯率制，公元一九八五年G5（譯註：指美、英、法、西德、日本五大工業國）在紐約的花園飯店達成協定（Palza Accord）讓日圓大幅升值。日本為了恢復經濟競爭力，積極地將資本、技術輸往韓國、台灣、香港、新加坡，這幾個國家的經濟因而急速成長。

當公元一九八七年的巴黎羅浮會議決定讓新興工業化經濟體諸國（譯註：是指台灣、香港、新加坡、南韓，亦即亞洲四小龍）的貨幣升值時，為了尋求廉價勞工，資本再度移轉到泰國、馬來西亞、印尼等東南亞國家，以及轉向實施經濟開放政策的中國、越南。東亞經濟完全成為世界經濟的一環。

【再度朝向海洋世界的中國】

人口壓力嚴重的中國，在公元一九七〇年代末提出四個現代化政

公元1978年	公元1978年	公元1979年	公元1980年	公元1985年
中國公布新憲法 ◆推動「四個現代化」	中日締結中日和平友好條約	台灣與美國斷交中美建交，	設置經濟特區在深圳、珠海、汕頭、廈門 ◆推動開放政策	人民公社解體 ◆鄉政府重新整編

策。從西元一九八〇年代以降，更以沿海為中心設置了很多的經濟特區、開放地區，努力引進外資，中華世界再次向睽違已久的「海洋世界」尋求活路。散布在東南亞的華人網也與持續不斷開放的中國經濟結合，展開多方面的活動。不過，中國沿海地區與內陸地區的經濟差距日益懸殊，也形成一個嚴重的社會問題。

【「東亞奇蹟」是真的嗎？】

在公元一九九五年的階段，東亞的國民生產毛額（GNP）總值和北美自由貿易協定諸國（NAFTA）、歐洲共同體（EU）並駕齊驅，被認為是經濟成長率最高的地區，牽引著二十一世紀的世界經濟。但是，公元一九九七年的泰銖暴跌帶動了貨幣、股價大跌，影響更波及了亞洲四小龍台灣、香港、新加坡、南韓（NIES諸國）。雖然起因是來自避險基金等的投機，但一直被掩蓋的衰弱經濟體質也在此時完全暴露無遺。現在，東亞各國已經進入經濟的調整期。

公元1987年	公元1989年	公元1992年	公元1997年	公元1997年
羅浮會議決定讓台灣、香港、新加坡、南韓（NIES）的貨幣升值 ◆日本的資金急速移往東南亞各國、中國	第二次天安門事件	中韓建交	英國歸還香港 ◆實施「一國兩制」	東南亞各國、東亞各國的通貨危機 ◆泰銖暴跌所引發

廉價勞工所帶來的資金移動

戰後由殖民地成為獨立國家的東亞諸國，以品質高而廉價的勞工為武器，達成急速的經濟成長。

飛躍成長的亞洲四小龍

二次世界大戰後，脫離殖民地、恢復政治獨立的新興獨立國家，在邁向工業化的過程中，藉由高關稅、政府的低利融資、限制輸入等政策，培植自己的工業發展實力。但是，這種仰賴政府和外國援助的工業化，卻無法展現成果。

相對於此，公元一九六〇年代以來，韓國、台灣、香港、新加坡這四個國家（地區），開始積極引進外國資金，建立以輸出為導向的工業，利用廉價的勞工進入國際市場。尤其是公元一九七〇年代以後，在嚴重不景氣使工業先進國家競爭更加激烈下，日本等國的資金進入、技術轉移，讓上述四國的經濟急速成長，因而被世界稱為新興工業國家（NIES）。比較公元一九六五年和一九九三年的工業製品所占的輸出比例，韓國從五十二%激增到九十三%、台灣從二十四%激增到九十三%、香港從九十二%增加到九十五%、新加坡從三十四%激增到八十%。

而且這段期間的經濟成長也很明顯，以韓國為例，其經濟成長率，公元一九六〇年代是七·六%、公元一九七〇年代是九·三%、公元一九八〇年代是八·〇%、公元一九九一年到公元一九九五年是七·七%。

以一九九六年為例，NIES四國在世界貿易上所占的市場比例，輸出達十·五%（日本占七·九%），輸入達九·六%（日本占六·一%）。

國際資本流入東南亞各國和中國

當公元一九八五年在紐約花園飯店召開的G5（美、英、法、西德、日本）會議決定讓日圓升值時，輸出競爭力變弱的日本資金便

歷史筆記 中國從公元一九八〇年代以後，加強與香港、台灣等NIES各國的經濟關係，成功建立了沿海經濟圈。

大量進入台灣、香港、新加坡、南韓（NIES）四國和東南亞各國，之後公元一九八七年的羅浮會議決定讓NIES四國貨幣升值之後，資金又再度移轉到工資低廉的泰國、馬來西亞、印尼等東南亞各國，以及中國和越南。

結果，例如在越南，工業製品所占的輸出比例，從公元一九八〇年代的二十八%提高到七十三%；印尼則從二%激增到五十三%；中國則從四十八%提升到八十一%。

中國的經濟成長在公元一九八〇年代是九・七%，從公元一九九一年到公元一九九五年，則是十・二%，有很顯著的成長。

●亞洲四小龍（NIES）的成長

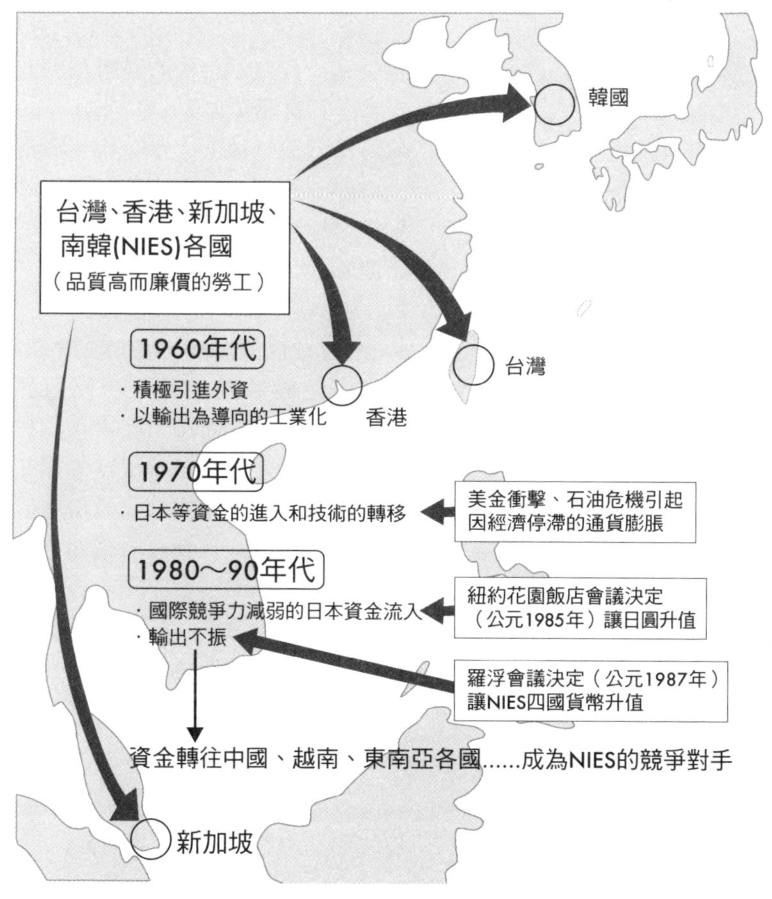

公元1949年～現在　中國的經濟成長

不斷蛻變為市場經濟的中國

鄧小平時代的中國，高舉脫離文革和開放改革路線，希望獲得高度成長和市場經濟化。

從毛澤東時代到鄧小平時代

自公元一九四九年中華人民共和國成立後的歷史，大致上可分為四期：革命第一代的毛澤東時代（公元一九四九年～一九七六年）、過渡時期的華國鋒政權、革命第二代的鄧小平時代（公元一九七九年～一九九七年），和革命第三代的江澤民時代（公元一九九四年～）。

第一期是浪漫主義的社會左傾時期，中間有公元一九五〇年代中期的農業集團化、公元一九五八年～一九六〇年的大躍進、公元一九六六年～一九七六年的文化大革命。

第二期，華國鋒逮捕江青等「四人幫」，終結文化大革命，是企圖繼承毛澤東路線的時期。

第三期，鄧小平上台高呼脫離文革和改革開放，中間有西元一九八〇年代前半廢除人民公社；公元一九八〇年代後半開放沿海地區設置經濟特區，並積極引進外資；公元一九八九年發生鎮壓學生要求民主化的運動、維持共產黨獨裁體制的第二次天安門事件；以及公元一九九〇年代的經濟高度成長，進而領導政治等。

第四期是後鄧小平時代，負責上海經濟改革的技術官僚江澤民掌權，是積極朝向市場經濟化道路的時期。

以開發為優先的中國共產黨

以建設共產主義社會為目標而成立的中國共產黨，在中華人民共和國成立之後，雖然反覆搖擺在意識形態和近代化之間，但現在已經一切以經濟成長為優先來建立國家。

從中央、省、縣到基層各階級的共產黨黨委員會，由任期五年（基層是二～四年）的委員構成、

歷史筆記　公元一九九二年，中國共產黨第十四屆全國代表大會，再次肯定十多年來的經濟改革，不斷朝向市場經濟化的方向前進。

進行集權式的運作。還有，國務院等行政機關、軍事、司法機關等所有的系統單位都設有黨組織，由共產黨員擔任要職。

邁向市場經濟的過程

公元一九九三年，中國共產黨揭示五十條邁向市場經濟的條文。其內容大致上是：1.國有企業公司化；2.建立中央銀行、政策銀行、商業銀行組成的金融制度；3.完備投資制度；4.區分中央稅和地方稅、導入流通稅等財政改革；5.各企業自由對外貿易、培養綜合貿易商社等貿易制度的改革。

中國根據上述的方針，轉向大膽進入證券市場急速成長的市場經濟時期。但同時，中國共產黨幹部的腐敗、貪污等問題也浮上了檯面。

●中國領導者的世代交替

	領導者	政策、課題	其他主要的領導成員
公元 1949 年 第一代 公元 1976 年	革命家 毛澤東 （公元 1893 年～1976 年）	革命、建國	周恩來、 劉少奇、 朱德　等
公元 1978 年 第二代 公元 1992 年	實用主義者 鄧小平 （公元 1904 年～1997 年）	脫離文革、 改革開放	陳雲、 楊尚昆、 胡耀邦、 趙紫陽　等
公元 1992 年 第三代	技術官僚 江澤民 （公元 1926 年～）	市場經濟化	李鵬、 喬石、 朱鎔基、 李嵐清　等

公元1978年～現在　控制人口政策和糧食問題

一胎化政策有成果了嗎？

煩惱人口過剩的中國雖然實施一胎化，但將來還是很有可能發生嚴重的糧食問題。

養世界平均三倍的人口

中國的國土面積雖然僅占世界的七%，但生活在其上的人口卻超過了十二億，約占世界總人口的二十一%。這也就是說，中國國土與人口的密度，是世界面積與人口比例的三倍。

煩惱人口過剩的中國，從公元一九七八年以後，嚴格執行一胎化政策，公元一九八〇年代後半，僅限農村第一個孩子是女兒時，才可以再生第二個孩子。但另一方面，未遵從政府政策的「黑孩子」（無法報戶口的孩子）也持續增加。

在公元一九五〇年代以後的四十多年裡，中國人口增加了六億，變成原來的二倍之多。雖然因為一胎化政策，人口增加率有減少的傾向，但預估到公元二〇三〇年，中國人口將成為十六億，達到高峰。要如何養活這樣龐大的人口，是中國目前面臨的嚴重問題。

民主國家化的中華世界

繼承最大中華帝國清朝領域的中國，除了漢人之外，還居住了五十四種少數民族，共同組成中華世界。其中，面積超過日本的省份有新疆、西藏、內蒙古、青海、四川等八個之多；人口超過韓國的省份也有十個之多，人口最多的四川省，約等於整個日本的人口。如果大小全部加在一起，約聚集了有三十個國家的人口。

嚴重的糧食問題

就如俗諺所云：「民以食為天」，中國自古以來，確保糧食無虞一直是執政者最重要的工作。中國政府在二〇〇〇年的十三億人口所需的糧食為五億噸（編按：根據中國國家統計局統計，公元二〇一七年年末總人口數為十三．九億人），中國政府雖然認為可以生產養活公元二〇一〇年預估人口的五．五億噸糧食，

北京大學校長馬寅初在公元一九五七年，因為提出抑制人口的《新人口論》而遭到批評、失去校長的職務。但公元一九七九年恢復了名譽，九十八歲時成為名譽校長。

但對於人口高峰時期的糧食是否可以自給自足，卻因為生活水準的變化，而無法有明確的答案。但也有學者預估公元二〇三〇年的中國，有二億噸到三億噸的糧食必須仰賴輸入（編按：根據中國國家統計局與海關總署統計，公元二〇一七年糧食產量為六．一七億噸；糧食累積進口量為一．三億噸）。

順帶一提的是，公元一九九三年的世界穀物輸出量不過只有二億二千萬噸。如果中國變成上述狀態的話，糧食供需將會失衡，造成世界性的糧食價格高漲、引發嚴重的糧食不足。現在，對於已經過度開發的中國，是否還有糧食增產的餘地，是世界關心的焦點。

●激增的中國人口

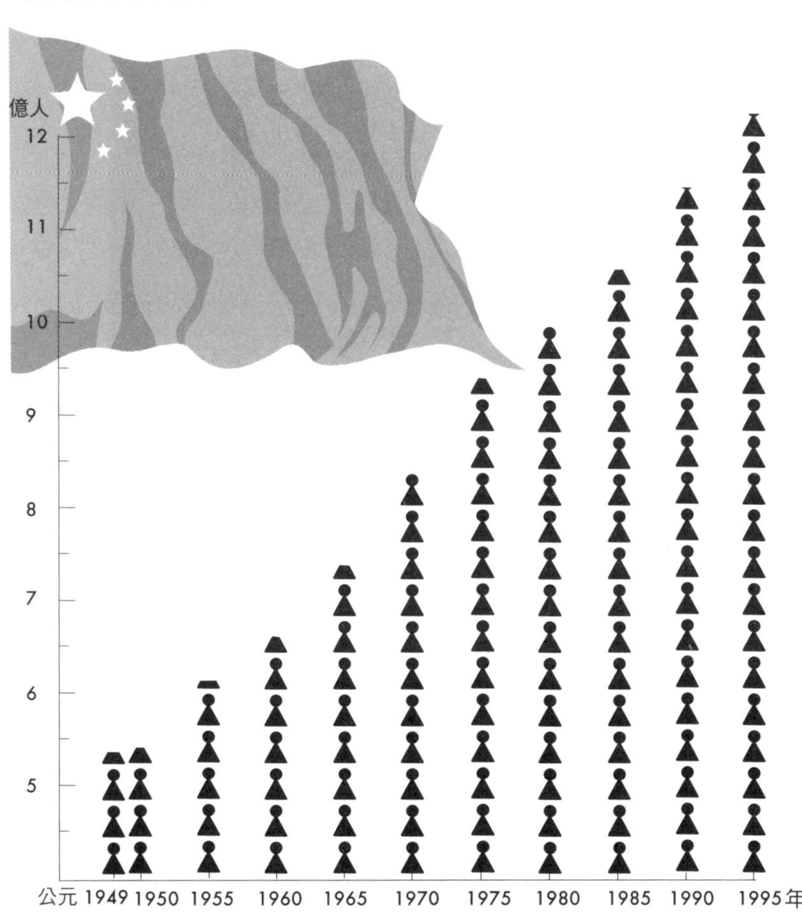

公元1978年～現在　經濟特區

以沿海地區為中心的中國經濟

根據改革開放政策，中國在沿海地區設置經濟特區，積極引進外資、招攬企業。

外資的利用和短期的經濟成長

公元一九七八年年底，中國開始引進外資和擴大貿易，轉採經濟開放政策。公元一九八〇年代，在沿海開放地區設置了很多經濟特區等，發展利用廉價勞動力的委託加工貿易。到了公元一九九〇年代，範圍更擴及內陸地區、邊疆地區，且為了引進外資，還不斷進行相關法律、制度的建立。香港、台灣、東南亞等華人資金對中國的投資變得活絡；到了公元一九九〇年代，甚至有投資過熱的傾向，而進入調整的狀態；公元一九九〇年代，對外資企業的輸出也持續增加。中國的經濟成長率在西元一九八〇年代是九・七%，但從公元一九九一年到公元一九九五年則高達十・二%（編按：二〇一七年經濟成長率為六・九%）。

但是，公元一九九七年七月以降的東南亞各國通貨危機，也帶給中國經濟極大的影響。

經濟特區的擴大

中國政府以製造業為中心，招攬國內外企業。為了培育以輸出為導向的產業，設置「經濟特區」，並且對外資企業給予減稅、免除關稅等優惠；另一方面，也讓外資企業扮演技術移轉、經營管理、知識導入以及做為對外政策的橋樑等窗口的功能。

公元一九八〇年，中國先是在福建、廣東的深圳、珠海、汕頭、廈門設置經濟特區；公元一九八三年在海南島；公元一九八四年開放大連、天津、上海等十四個沿海港都；公元一九八五年以降，開放長江三角洲等五個地區為沿海開放地區，然後在公元一九九〇年以降，設置國際分業加工基地，以及設置做為外資企業活動的十三個據點，給予外國企業各種稅務上優惠的保稅區。結果，北從遼東半島的大連，南到廣東北海的條狀地帶，做

歷史筆記　根據公元一九八九年因第二次天安門事件下台的趙紫陽所提出的「沿海開發論」，中國展開了開放政策。

為牽引中國經濟發展的開放地區，將廣大內陸地區置於後方成為參與世界經濟的最前線。

經濟落差擴大

沿海地區經濟發展策略產生的結果，造成了沿海地區和內陸地區經濟落差大幅擴大。例如：公元一九九六年的每人平均國內生產毛額（GDP），相對於最高的上海市二萬四百五十二元（人民幣），內陸地區的甘肅（二千八百九十五元）、西藏（二千六百五十四元）、貴州（二千零二十九元），可以說是極低的。每人平均GDP為全國平均值四倍的上海，是貴州省的十倍，這樣的地區落差，造成勞動人口的流動化，產生很多人變成盲流、從內陸地區來到沿海地區打工的現象。

●沿海地區的對外經濟開放區域

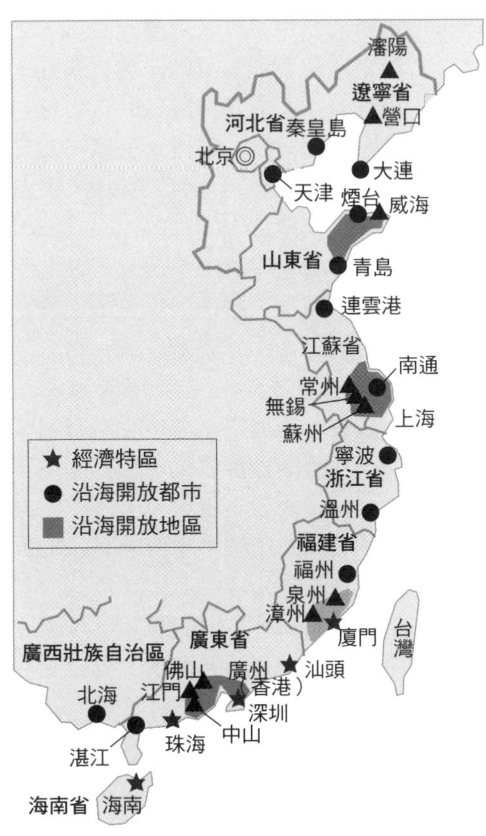

■人均每GDP的地區落差（公元1996年）

順位	地區	平均每人GDP	
1	上海	20,452元	沿海地區
2	北京	12,833元	
3	天津	11,629元	
4	浙江	9,547元	
5	廣東	9,365元	
26	雲南	3,690元	內陸地區
27	陝西	3,317元	
28	甘肅	2,895元	
29	西藏	2,654元	
30	貴州	2,029元	

（人民幣）

資料來源：《中國統計年鑑1997》

■編按：2017年人均地區GDP

順位	地區	平均每人GDP	
1	北京	128,994元	沿海地區
2	上海	126,634元	
3	天津	118,944元	
4	江蘇	107,150元	
5	浙江	92,057元	
6	福建	82,677元	
7	廣東	80,932元	
27	西藏	39,267元	內陸地區
28	廣西	38,102元	
29	貴州	37,956元	
30	雲南	34,221元	
31	甘肅	28,497元	

（人民幣）

（資料來源：中國國家統計局）

公元12世紀～現在　華僑和華人

廣及世界的華人網

在商業、流通業獲得成功的華僑、華人，建立了以亞洲各國為中心的一大經濟網。

有水的地方就有華僑

遷居海外的中國人，分為仍擁有中國國籍的華僑和已經取得當地國籍的華人。在轉為開放政策之前，害怕受到中國革命思想影響的各國，不只禁止新來的移民，甚至還強迫華僑歸化當地的國籍，使目前華人的比例約占所有海外中國人的九成。

華僑、華人的總數，雖然在一〇九個國家、地區裡約有二千三百萬人，其中有九成，約二千萬人居住在亞洲的二十三個國家。當中有八十三%的一千八百萬人居住在東南亞國協（ASEAN）各國，他們在新加坡、泰國、印尼、馬來西亞等國，擁有左右國家經濟的巨大實力。

移居海外的大浪潮

華僑有很多是出身自廣東、福建、海南三省，他們大多因為人口增加、海外貿易的發展、災禍、政治混亂等原因而遷居海外。中國從南宋時期即有移民遷居東南亞等地，清朝時期雖然因為人口膨脹造成穀物輸入增加，而有更多人遷居海外，但到了鴉片戰爭時為止，遷居人口也不過一百萬人左右。之後，歐美各國為了確保經營農莊、經營礦山所需廉價勞力的苦力貿易（公元一八三〇年代～公元一九二〇年代）盛行，造成勞力大量流出，中間還加上因為政治混亂、天然災害的人口流出。公元一九七〇年代末以後，越南戰爭、越南的社會主義化、中越戰爭，使一百三十萬以上的華僑、華人變成難民，大量從越南逃出。之後香港歸還中國、台灣的經濟成長，也都產生了人、金錢的大規模移動，而在轉向開放政策的中國，也開始有新的人口流出現象。

華僑、華人在世界各地建立「唐人街」，透過同族、同鄉、同

香港資金、經由香港的台灣資金、以及東南亞的華僑資金，讓中國沿海經濟產生爆發性的成長，這每一個都是來自華僑的資金。

業，或是信用、關係、情感，建立正式、非正式的網絡，互相幫助的同時，進行以商業、流通為中心的經濟活動，發揮創業家的精神累積財富。根據《富比士》雜誌的記載，在東南亞地區，在十一位資產十億美金以上的大富豪中，就有十個人有中國血統。

另一個中國

華僑、華人提供了清朝末年的革命運動（孫文說華僑為「革命之母」）、中日戰爭的抗日資金，透過送錢回故鄉，協助建設新中國。到了公元一九八〇年代，福建的華僑、華人以台灣、新加坡為中心；廣東的華僑、華人以香港、新加坡為中心，在東南亞展開多重的網絡，成為新興國家工業（NIES）的重要推手，隨著經濟網絡的擴大，華人文化也深深影響了東南亞各國文化。

華僑、華人建立「華人經濟圈」，積極對採取開放政策的中國進行投資、貿易。

他們的外匯存底，規模可以匹敵美日兩國的總和。

●亞洲各國總人口中華僑、華人所占的比例（公元1987年當時）

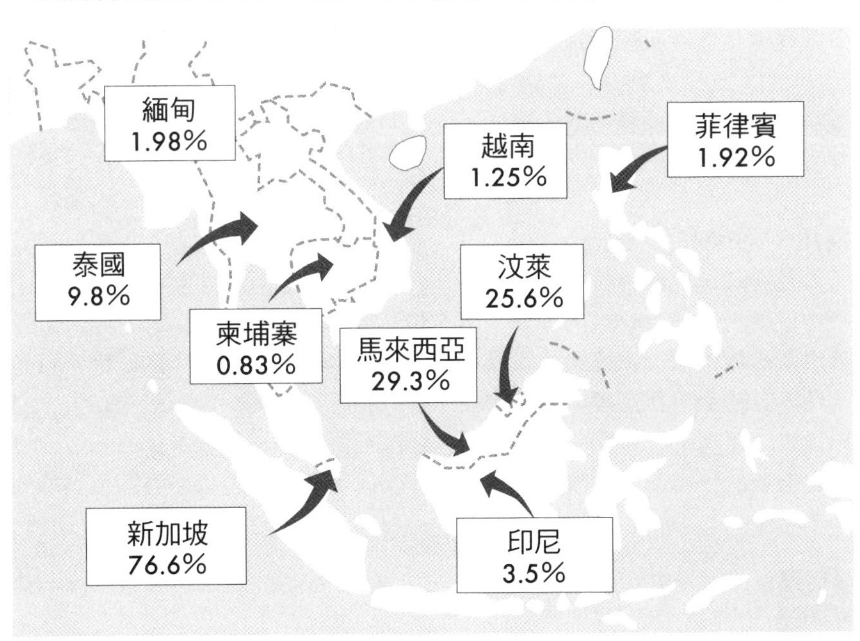

公元1960年代～現在　中國的能源政策

因急速工業化而惡化的環境

現在的中國因為能源的改變和基礎設備落後，形成生態系被破壞等嚴重問題。

仰賴煤炭能源的中國

現在中國能源約七十五％是煤炭，石油不過占十七％而已。因此從大產地山西運送煤礦到大消費地的沿海地區，是一件大規模的工程，大約有五十％以上仰賴鐵路運輸。

在不斷工業化的華東、華中、華南、西南地區空氣污染嚴重，伴隨著酸雨所排出的二酸化硫磺（SO2）的排出量，截至公元一九九二年當時，預估占全世界的二十％以上。受到酸雨影響的區域，高達國土總面積的三十％，範圍廣及中國東部、北部。

河川的污染和沙漠化

在中國，工廠所排出的廢水有四十％以上不符合排放的標準，而都市所排放出來的家庭廢水，僅有十八％有經過污水處理。農藥的使用量也年年增加，伴隨工業化和都市化的進展、農業生產的增加，河川的污染日益嚴重，生態急速遭到破壞。

還有，森林面積本來就很少的中國，因為乾燥所引起的沙漠化在內陸地區大規模擴大。在公元一九八〇年代，每年約有二千一百平方公里的土地變沙漠。

長江流域的開發和三峽大壩

長江流域占中國人口、耕種面積的三分之一、工農業生產的二分之一，已經成為世界規模產業移轉的重要據點。為了提供大量開發所需要的能源，中國政府計畫從海外調度資金，在長江中游興建高一百八十五公尺、寬二千三百零九公尺的三峽大壩，預計公元二〇〇九年完工（編按：三峽大壩已於二〇〇三年開始蓄水）。三峽大霸的儲水量是日本所有水壩總儲水量的二倍，發電量占中國一年發電量的一成。完成後，每年將可以節省四千萬噸到

在塔里木盆地的東南部（七萬平方公里），引進了一兆日圓的外資，進行開採石油、瓦斯的大計畫。

五千萬噸的煤炭。

但是，這項大計畫造成超過一百萬的人民被迫遷居、破壞長江流域的生態系、且水壩日後有可能因為泥沙淤積而不能使用等問題存在，所以反對的聲音也很多。犧牲環保、積極開發，可以說已經成為象徵現今中國的問題。

●大壩預定地和酸雨的觀測地區

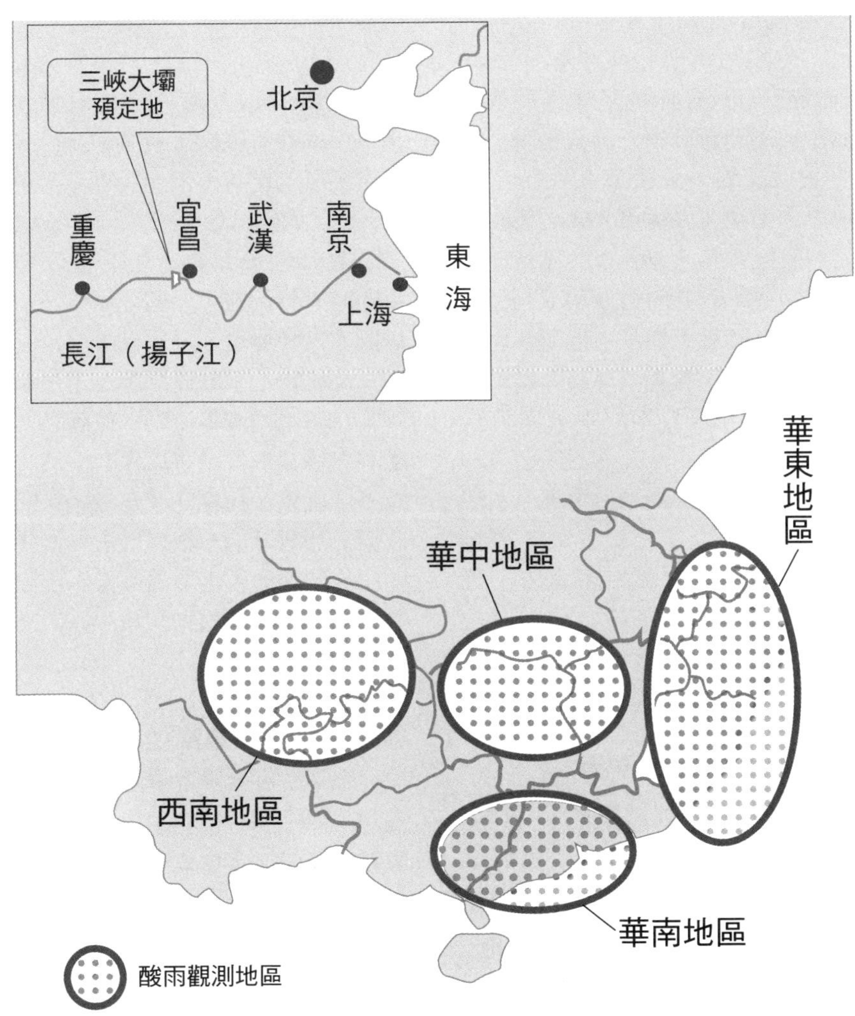

公元1997年　香港歸還

一國兩制下的香港將如何改變？

回歸社會主義國家的資本主義社會香港，今後樣貌會變成怎樣呢？

香港為什麼歸還中國？

英國因為鴉片戰爭，在公元一八四二年迫使清朝割讓了香港島；因為亞羅戰爭（英法聯軍）後的北京條約，迫使清朝割讓了九龍半島南端（九龍市）。之後在公元一八九八年，以九十九年為期租借了新界。新界的租借期限在公元一九九七年就到期了，但因為單獨歸還新界，保有香港有其困難，所以根據一九八五年的中英聯合宣言，決定在公元一九九七年七月一日也將香港一併歸還給中國。在歸還當天，舉行了交接儀式，最後一任的香港總督彭定康離去，香港回歸中國。葡萄牙也約定在公元一九九九年十二月二十日歸還澳門，西歐各國從此失去了進出中國的據點。

成為新中國經濟據點的香港

香港是繼紐約、倫敦等國際金融市場的另一貿易中繼據點，貿易量居世界的前十名，經濟實力驚人。自從採取改革、開放政策以來，中國在香港調度資金和技術，學習經營的情報知識，將香港當做委託加工的輸出港。

當公元一九九七年香港歸還中國時，中國在「一國兩制」（一個國家兩種制度）、「港人自治」和「高度自治」的原則下，不僅繼續維持香港的資本主義、保護私有權利，還採取香港可以保有經濟、貿易、金融、教育等決定權的保障政策。想藉此繼續維持過去支撐中國開放政策的香港貿易中心、國際金融中心、以及國際情報中心的功能。

香港、中國和東南亞國協

因為香港的歸還中國，不但香港資金對中國的投資大增，中國企業對香港的投資也激增，連中國的

歷史筆記　中國政府對香港承諾往後五十年都視其為特別行政區，承認其高度自治、維持其資本主義經濟、保護各外國的經濟利益。

中央政府也積極對香港進行投資。中國的企業和香港、海外的華人資本結合起來，利用香港的網絡積極投資東南亞國協（ASEAN）各國。結果，東南亞國協（ASEAN）各國雖然期待中國資金流入東南亞，促進當地經濟成長，但對東南亞華人經濟圈透過香港與中國資金結合而增強一事，也還懷有強烈的警戒心。

無論如何，因為中國資金的積極活動，香港正急速地中國化。

●香港從割讓到歸還的過程

公元 1842 年	因為鴉片戰爭，香港割讓給英國
公元 1860 年	因為亞羅戰爭（英法聯軍），九龍半島南部割讓給英國
公元 1898 年	新界以九十九年為期限租借給英國
公元 1949 年	人民解放軍來到深圳即停止前進，沒有解放香港
公元 1951 年	英國承認中華人民共和國
公元 1985 年	「中英聯合聲明」宣示「中國政府決定在公元1997年7月1日恢復行使對香港的主權。英國政府在同一天將香港歸還中國」
公元 1987 年	「中國葡萄牙聯合聲明」宣示「中國政府決定在公元1999年12月20日恢復行使對澳門的主權」
公元 1990 年	在全國人民代表大會上，通過「中華人民共和國香港特別行政基本法」
公元 1997 年	7月1日香港回歸中國

公元1997年～現在　東亞經濟的失速

東亞的經濟奇蹟已成歷史了嗎？

亞洲經濟雖然泡沫化，但為了求得復活，各國都在尋求加強和改善經濟體質之道。

二十一世紀是亞洲的世紀嗎？

從公元一九五〇年代開始的日本高度經濟成長、公元一九六〇年代中期開始的台灣、香港、新加坡、南韓（NIES）各國的經濟成長、公元一九八〇年代以後開始的東南亞國協（ASEAN）各國，以及中國的發展，帶來了世人稱為「東亞奇蹟」的驚人經濟成長。公元一九九五年，東亞的國民生產毛額（GNP）總金額達世界的四分之一，與北美自由貿易協定（NAFTA）、歐洲共同體（EU）兩大經濟圈並駕齊驅。到了一九九〇年代，經濟成長率仍高居不下，有牽引世界經濟成長跨越二十一世紀的氣勢。

泰銖的暴跌和亞洲經濟的失速

公元一九九七年七月，泰銖暴跌所引發的東南亞各國通貨、股價大跌，也波及到了韓國，造成經濟危機。

造成經濟急速崩潰的理由，雖然各國各有不同，但其共通點是：1.伴隨經濟急速成長的經濟泡沫化和破綻；2.政府和特定企業掛勾、同家族經營、情報公開遲緩等的不成熟經濟市場；3.往附加價值高的產業轉移失敗；4.匯率政策失敗等。

經濟如果成長，國民的薪資就會上升，而國際競爭力也會相對降低，所以一定要建立新的產業根基才行。但因為東亞各國仍持續採行經濟急速成長時期的散漫政策，沒有將資金投向新的設備投資，反而投向迅速簡單的不動產投資、股票投資，使泡沫現象急速升高。而以獲利為目的，從外國流入的短期資金，則更加速了泡沫化。當泡沫瓦解時，銀行、企業的經營瞬間惡化，失業人口大增，短期資金流向國外，並且造成匯率的急速下滑。

中國將沿海地區納入國際經濟的大循環中，採取以此為武器「振興中華」的戰略。

亞洲經濟的轉機

引發經濟危機的導火線雖然是來自像避險基金等尋求投機機會、徘徊在世界各地的巨大投機資金，但東亞各國經濟體質的老舊和脆弱也是問題所在。

現在，東亞各國正在進行處理不良債券、調整過剩的設備和人員、尋求產業升級、脫離仰賴外資等，迎向新的成長轉換期。

●亞洲各國經濟成長率的推移（GDP）

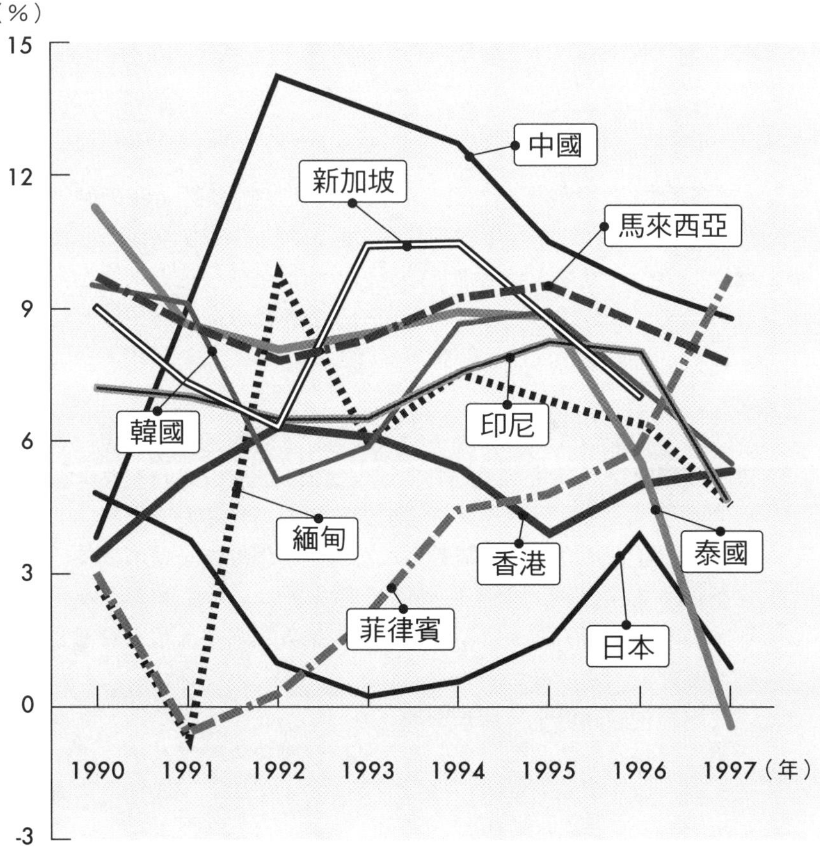

專欄

一味走向開放和開發之路的中華世界和華人網

在全球經濟急速衰退的公元一九七八年，鄧小平為了讓龐大的中國人民生活安定、在農業和工業軍事等層面強化國力，決定在社會主義經濟裡引進市場原理。其架構如下所述：

1. 在沿海地區設置經濟特別區域（經濟特區）
2. 為引進外國資金的優惠關稅制度
3. 藉外國企業加入競爭使國有企業活潑化

這個行動在公元一九九二年鄧小平「南巡談話」時開始啟動。公元一九九四年，中國的國民生產毛額（GNP）實質上已經僅次於美國、日本，位居世界第三位。按照其成長的態勢，世界銀行預估到公元二〇一〇年，中國的GNP將急速成為世界第一位（編按：公元二〇一七年，中國的GDP與GNI皆僅次美國，為世界第二位）。

三峽大壩的建設、塔里木油田的開採、連接北京—上海—香港的高速鐵路、高速公路的興建、上海與香港的中心（Hub）機場的建設、沿海六千公里海底電纜的鋪設、連接北京與巴黎之間的橫跨歐亞大陸鐵路的興建等巨大計畫，不僅促進了經濟成長，也不斷將中國經濟納入了世界經濟體系之中。即使還有很多困難，但無庸置疑的是，中華世界在現今世界經濟中已經占有重要的地位。

引發中國經濟急速成長的是，人口超過二千三百萬人、人稱「第二個中國」的華僑、華人網。他們實質上支配了台灣、東南亞各國的經濟，積極對中國進行投資。香港、台北、新加坡、雅加達等都是他們的經濟據點。

東洋史的現代意義

「東洋」通常只用於日本

「東洋」這兩個字雖然直譯自英文Orient一字，在拉丁語裡，是指比義大利半島更「東方」的世界，也就是指希臘。而中文裡的「東洋」，原本是元代時期所產生的航海用語；當時稱麻六甲海峽以西的海域為「西洋」，麻六甲海峽以東的海域為「東洋」。到了明朝時期禁止民間貿易以後，麻六甲海峽以西的航海幾乎完全停止，而麻六甲海域以東的狹窄海域則被分為「東洋」和「西洋」，「東洋」於是變成僅指日本、琉球等有限海域、地區的語詞。

如果照這樣思考，「東洋」這兩個字，實際上已不太使用，且幾乎已經成為死語。

明治時代和東洋史、西洋史、日本史

模仿歐洲各國，希望建立民主（近代）國家的明治日本，積極學習歐洲的各種制度和文明，因而引進以十九世紀歐洲為中心的世界史觀。但是，明治維新以前的日本，早已經從中國學習了很多的文明，中華思想的歷史觀已經根深柢固。於是為了說明近代國家發展而重新建構的「日本史」架構，就同時以這兩個新舊歷史觀為基礎。

中日甲午戰爭是積極引進歐洲制度的日本從內部瓦解中華秩序的戰爭。

在那個時期，根據嘉納治五郎（譯註：公元一八六〇年～一九三八年，柔道家、教育家。是日本第一位國際奧林匹克委員會委員）等人的提案，決定將學校的歷史教育分為日本史、東洋史（以中華世界為中心的亞洲史）、西洋史（歐美史）。到了日俄戰爭時期，大學的歷史課程也同樣被區分為三部分。而其背後有相對於歐美歷史，以東亞為中心建立自己國家勢力範圍的思維存在。

東洋史的現代意義

與亞洲史不同的中華世界歷史（古舊意義上的東洋史），在以全人類為對象的世界史已經普及的今天，好像被認為已經沒什麼意義。但是，我們今天卻鄰接面積有日本二十六倍大、有五十多個民族、擁有世界五分之一人口的中國。

目前日本正面臨一些難題，包括日本與中國、美國、俄國這三個世界建立什麼樣的關係？還有，包括東南亞各國在內的東亞世界要朝怎樣的方向、道路前進才有可能達成統合？不管我們喜不喜歡，如果不了解中國這個巨大世界的形成與動向，日本就很難在不斷邁向全球化的二十一世紀保有獨立性。

當中國世界不斷地從各層面加深與日本未來關係的今天，學習東洋史，知道中國世界的特性與其形成的經過，我想是極具現代意義的。

（編按：本書日文版原書名為《東洋史》）

古名	今名
大都	北京
大輪田泊	兵庫港
中都	北京
巴達維亞（Batavia）	雅加達
日南郡（Hue）	順化
王險	平壤
占婆（Champa）	林邑，亦即占城
尼布楚（Nerchinsk）	涅爾琴斯克（Nerchinsk）
平城	大同
白江口	錦江口
交阯郡（Hanoi）	河內
江都	揚州
汴州	開封
夜郎	貴州
奉天	瀋陽
明州	寧波
林邑	越南占城
直沽	天津
建康	南京
洛邑	洛陽
條支（Syria）	敘利亞
涿郡	北京附近
慶元	寧波
樂浪	平壤
餘杭	杭州
樺太（Sakhalin）	庫頁島
龜茲（Kucha）	庫車
臨淄	山東淄博
鎬京	陝西長安

十劃

十一劃

十二劃

十三劃

十四劃

十五劃

十六劃

十七劃

十八劃

十九劃

二十劃

二十一劃

九劃

十劃

十一劃

十二劃

十三劃

十四劃

十五劃

十六劃

十七劃

十八劃

十九劃

二十劃

二十一劃

二十四劃

二十五劃

二十九劃

國家圖書館出版品預行編目資料

圖解東亞史 / 宮崎正勝作 ; 葉婉奇譯. -- 修訂一版. -- 臺北市 : 易博士文化, 城邦文化出版 : 家庭傳媒城邦分公司發行, 2019.02　面；　公分
譯自 : 早わかり東洋史
ISBN 978-986-480-070-4(平裝)
1.歷史 2.東亞
730.1　　107020894

DK0086

圖解東亞史【更新版】

原著書名／早わかり東洋史
原出版社／日本實業出版社
作　　者／宮崎正勝
譯　　者／葉婉奇
選 書 人／蕭麗媛
執行編輯／呂舒峮

業務經理／羅越華
總 編 輯／蕭麗媛
視覺總監／陳栩椿
發 行 人／何飛鵬
出　　版／易博士文化
城邦文化事業股份有限公司
台北市中山區民生東路二段141號8樓
電話：(02) 2500-7008　傳真：(02) 2502-7676
E-mail: ct_easybooks@hmg.com.tw
發　　行／英屬蓋曼群島商家庭傳媒股份有限公司城邦分公司
台北市中山區民生東路二段141 號11樓
書虫客服服務專線：(02) 2500-7718 、2500-7719
服務時間：週一至週五上午09:30-12:00 ；下午13:30-17:00
24小時傳真服務：(02) 2500-1990 、2500-1991
讀者服務信箱：service@readingclub.com.tw
劃撥帳號：19863813
戶名：書虫股份有限公司
香港發行所／城邦（香港）出版集團有限公司
香港灣仔駱克道193號東超商業中心1樓
電話：(852) 2508-6231 傳真：(852) 2578-9337
E-mail：hkcite@biznetvigator.com
馬新發行所／城邦（馬新）出版集團【Cite (M) Sdn. Bhd. (458372U) 】
11, Jalan 30D/146, Desa Tasik, Sungai Besi,
57000 Kuala Lumpur, Malaysia
電話：(603) 9056-3833 傳真：(603) 9056-2833
美術編輯／簡至成
封面構成／簡至成
封面插畫／黃郁芳
製版印刷／卡樂彩色製版印刷有限公司

■2004年12月27日初版
■2019年2月12日修訂一版
■2022年3月18日修訂一版2.3刷

城邦讀書花園
www.cite.com.tw

ISBN 978-986-480-070-4
定價520元　HK$ 173

Printed in Taiwan